Aristotle
亚里士多德

〔英〕大卫·罗斯 著

王路 译

张家龙 校

商务印书馆
The Commercial Press
创于1897

William David Ross

ARISTOTLE

根据英国伦敦 Methuen & Co. Ltd 1960 年版译出

译 者 的 话

W. D. 罗斯(William David Ross，1877—1971)是英国著名的亚里士多德学者、哲学家和伦理学家；生于苏格兰，先后在英国的爱丁堡皇家学校、爱丁堡大学和牛津大学学习。曾任牛津大学副校长(1941—1944)、代副校长(1944—1947)；英国科学院院长(1936—1940)；并从 1940 年起任英国皇家哲学研究院理事会会长；1947 年任国际学术研究协会主席。

罗斯在学术研究中颇有建树。他编辑了亚里士多德著作的牛津译本(于 1908—1931 年出版)；翻译了亚里士多德的《形而上学》、《伦理学》，出版了一些亚里士多德著作注释校订本，如《前分析篇》、《后分析篇》、《形而上学》和《物理学》。出版了专著《亚里士多德》。此外，他还研究柏拉图的思想，写了《柏拉图的理念论》(牛津，1951)，这本书研究了柏拉图思想中理念理论的发展过程。

罗斯对哲学的主要贡献在伦理学方面。他写的《权利与善》(牛津，1930)成为著名的伦理学经典著作。他还写了《伦理学基础》(牛津，1939)。

罗斯写的《亚里士多德》一书是西方公认的介绍亚里士多德的权威著作。该书对亚里士多德的生平及思想做了较为全面而通俗的介绍，特别是对亚里士多德的逻辑学、自然哲学、生物学、心理学、形而上学、伦理学、政治学、修辞学和诗学进行了一些深入浅出的阐述和解释。该书自1923年出版以来，多次再版，至今不衰，正如《英国哲学百科全书》所说，该书至今仍是用英文全面解释亚里士多德著作的最好的书。

亚里士多德是古希腊哲学的集大成者，是逻辑学的创始人。他的学术研究包括逻辑学、哲学、自然科学、伦理学、政治学等等，几乎涉及他所处时代的一切领域，而且几乎都有独到的见解。他的思想对西方文化的根本倾向和内容产生了重大影响，因此他在西方逻辑史、哲学史，以及在整个西方文化历史上占有十分重要的地位。对亚里士多德进行全面研究，批判地继承他的丰富遗产，是我国学术工作者的一项重要任务。十多年以前在研究亚里士多德的时候，我翻译了这本书，希望它对我国这方面的研究有一定的帮助。由于译者水平有限，错误难免，敬请读者批评指正。

本书根据伦敦1960年版译出，中国社会科学院哲学研究所张家龙研究员校对了全部译文、注释及索引；中国社会科学院哲学研究所傅乐安研究员帮助翻译了书中出现的拉丁文。北京大学西语系张隆溪教授帮助翻译了书中一段英文诗。译者谨在此对以上同志表示衷心的感谢。

目　　录

序　言

关于亚里士多德有几种类型的书，写法很有趣，读起来兴许有益。一类书大概是要表明，亚里士多德的全部思想几乎是对前人思想的模仿，但由于他天才的力量使之变成独具特色的体系。另一类书企图追溯亚里士多德思想的发展年代；最近，W.耶格教授在一本书中卓有成效地完成了这一工作，如果我在本书付印前能够看到他的书，我会得到许多帮助。还有一类书探讨亚里士多德对后世哲学的深刻影响。这些都不是我为自己确立的任务。本书仅仅试图根据亚里士多德的著作忠实地论述他的哲学特点，基本没有批判。"世界的历史就是对世界的裁判"，如果正是这样的话，那么，哲学史就更是对早期思想体系的含蓄批判。亚里士多德思想的真谛已成为所有受过教育的人的文化遗产的一部分，并且是相当大的一部分；亚里士多德思想的谬误已逐渐被抛弃，所以今天几乎不必进行明显的批判。

首先应该感谢 R. P. 哈迪先生和 J. A. 史密斯教授，我对亚里士多德的知识主要受教于这两位老师；其次要感谢 A. S. L. 法夸尔森中校，他进行了本书的校对工作，并且提出了许多有价值的建议。在现行著作中，H. 梅尔教授的《亚里士多德的三段论》，A. 曼松教授的《亚里士多德物理学导论》和 H. H. 乔基姆教授编辑的《论生灭》对我最有帮助。

W. D. 罗斯

1923 年 9 月 15 日

第 二 版 序 言

借发行这一修订版之机,我要感谢 H. H. 乔基姆教授,他对第一版进行了全面而仔细的评述,并且非常慷慨地将评述送给我;还要感谢已故的 W. 里斯·罗伯兹教授和 H. W. B. 约瑟夫先生,他们给我一些有价值的启示。我希望这一版从他们和各种评论家的建议中获益良多。

第 三 版 序 言

这一版做了进一步修改,而且补充了参考书目,使之反映最新成果。为方便读者,我附加了一份本书使用的亚里士多德著作名称的缩写目录。①

第 四 版 序 言

这一版做了进一步修改,并补充了参考书目,使之反映最新成果。

第 五 版 序 言

这一版再次补充了参考书目,使之反映最新成果;1953 年重印本也是如此。

---

① 本译文对亚里士多德著作名称没用缩写,故删去此份目录。——译者

第一章　生平与著作

亚里士多德的生平 [1]

公元前384年，亚里士多德出生在斯塔吉拉。这座小城位于哈尔基季基半岛的东北海岸，现在叫斯塔夫罗斯。有人曾企图[2]找出他的非希腊性格特征，并据此认为他出生在北方。但是斯塔吉拉是一座地地道道的希腊小城，是安德罗斯和哈尔基斯的殖民地，讲各种各样的爱奥尼亚方言。亚里士多德的父亲尼各马可属于阿斯克勒皮亚德氏族或集团。大概[3]这个家族是在公元前八世纪或七世纪从美塞尼亚迁居至此。亚里士多德的母亲菲思蒂丝的家族隶属哈尔基斯，亚里士多德晚期在这里避难。亚里士多德的父亲是马其顿艾门塔斯二世的御医和朋友，亚里士多德可能在王室所在地佩拉度过了一段童年。我们有理由认为，亚里士多德对于物理学，尤其是

---

① 研究亚里士多德生平的主要权威是第欧根尼·拉尔修（三世纪初期），哈利加拿苏斯的狄奥尼修（鼎盛期公元前30—前8年）给阿莫斯的第一封信也提供一些情况，其他古代人物是新柏拉图主义者或拜占庭人。第欧根尼列的年代表主要根据雅典阿波罗多罗斯的权威说法（鼎盛期公元前144年）。

② 伯奈斯和 W. 冯汉伯尔特。

③ 参见威拉莫维奇·麦伦道尔夫：《亚里士多德和雅典》I. 311。

对生物学的兴趣,是由于出身于行医世家。盖伦告诉我们[①],阿斯克勒皮亚德家族对其子孙进行解剖训练;可能亚里士多德也受过这样的训练,他还可能帮助父亲做过外科手术。大概这就是他被指控为当过巫医的根由。父母去世时,他尚未成年,受到亲戚普罗克斯努斯的监护。后来他收养了这个亲戚的儿子尼卡诺。

　　十八岁时,他进了雅典的柏拉图学园,待了十九年,直到柏拉图去世。我们无须猜想是对哲学生活的向往使他来到学园,但他的确受到了希腊所能提供的最好教育。无论他加入学园的动机是什么,柏拉图哲学对他一生显然有很大影响。亚里士多德这样一位思想巨匠不可能会盲目地接受柏拉图的全部学说。他与柏拉图在一些重大观点上的严重分歧变得越来越明显。但是除了科学著作以外,他的哲学著作没有一页不带着柏拉图主义的痕迹。甚至当他攻击柏拉图的某些学说时,他也常常与他所批判的那些人为伍并提醒他们不要忘记他们的共同原则。[②]如同古代其他伟人一样,他也遭到一些人的诽谤。后来就有人指责他对柏拉图的态度十分傲慢。他曾一度深受柏拉图的赏识,被他称为卓越的“讲师”,“学园才子”;后来当他的观点离经叛道时,他们的关系可能就不大亲密了。但是柏拉图在世时,亚里士多德一直是学园忠诚的成员。在一段很出名的话中,[③]他审慎地谈到,批判与他亲如家人的柏拉图学派的那些成员是一件令人不愉快的事情。

---

　①　《解剖·管理》ii,I,第 ii 卷 280K。
　②　例如,《形而上学》990^{b}16。
　③　《尼各马可伦理学》11—17,参见《政治学》1265^{a}10—12。

然而，我们不可认为在这二十年中他只是当学生。古代哲学学派是以共同精神结合起来并具有相同的基本观点的人的集体，但是他们相对独立地进行自己的研究工作。亚里士多德更是如此。可以想象，在这些年中，他在自然科学方面的研究所达到的高度，远远超过他从柏拉图学派的其他成员那里所得到的知识。他好像还讲过学，但也许只讲过修辞学并且是针对艾索克利特斯。他似乎不曾从师于艾索克利特斯，但是他那种严肃、平和、流畅的文风 ① 却在很大程度上学自对希腊文和拉丁文风格产生极大影响的"那位雄辩老人"，这种风格适于准确而简练地表达思想并能强烈地感染人。在《修辞学》中，他（除荷马的话外）不常引用其他作家的话。但是他和柏拉图一样看不起艾索克利特斯，认为他思想贫乏，把演说的成功置于追求真理之上。因此亚里士多德在年轻的时候，就批评这位演说家。对此，艾索克利特斯学派大为不满。在这一段时期，大概他写了一些著作，但已遗失。在这些著作中，他多少表达了一般的而不是很有独创见解的哲学原则。另外，在这一段时期，他似乎已经开始动笔撰写某些现存著作。

公元前 348—前 347 年，斯彪西波接替柏拉图的教席，他代表着柏拉图主义的发展趋势。亚里士多德对这种趋势，尤其是对"把哲学变成数学" ② 的趋势最为不满。这时，他无疑不愿继续待在学园，但显然也没有意识到要建立自己的学派。也可能，奥林索斯的衰亡和希腊联邦的毁灭在雅典引起反马其顿情绪的爆发，这使有马

---

① 例如，《天文学》I. II；《动物的分类学》I；《形而上学》Λ；《尼各马可伦理学》X；《政治学》VII，VIII。

② 《形而上学》992ª32。

其顿亲缘的异乡人深感不安。但是这个理由对色诺克拉特几乎没有影响。他是学园成员，却陪着亚里士多德一起从雅典出走。不管是什么原因，亚里士多德接受了赫米阿斯的邀请。后者是他以前在学园的同学，现在已从奴隶成为密细亚的阿塔尔努斯和阿索斯的统治者，并在这里以他为核心建立了一个柏拉图主义的小团体。亚里士多德在这个团体中大约度过三年，娶了赫米阿斯的侄女和养女皮迪阿斯为妻。皮迪阿斯为他生了一个女儿，也叫皮迪阿斯。好像在他最后快要离开雅典的日子里，他的妻子去世了。皮迪阿斯死后，他和斯塔吉拉当地人赫皮利丝同居，白头到老，并生一子尼各马可。《尼各马可伦理学》就是以他为名。

亚里士多德在那个团体度过三年以后，搬到莱斯博斯邻岛的米提棱奈。是什么原因使他来到这里，我们不得而知。似乎可能是岛上一个居民，以前他就认识的学园成员德奥弗拉斯特为他找到一个合适的住所。他的生物学领域的许多研究都是住在阿索斯，特别是 4 米提棱奈时进行的。他在著作中大量列举的自然史事实都是在皮洛阿附近，特别是岛上的环礁湖[1]观察得来的。

大约在这个时候，艾索克利特斯提到[2]一些在吕克昂崛起的，对他不太尊重的哲学家。一般认为这是指亚里士多德和其他学者。如果真是这样，那么亚里士多德在这段时期一定访问过雅典，对此古代传记作者一无所知。但是这种猜测似乎毫无根据。马其顿的菲力普与亚里士多德年龄相仿，也许小时就知道亚里士多德，一定

---

[1]　提及的其它地方是安坦德里拉，阿格努瑟，莱克特姆，波多色林，普罗科奈色斯，斯卡曼德，锡各姆，克桑图斯，赫莱斯蓬，普罗蓬蒂斯。参看，汤普森译：《古代史》vii 页；同上，《亚里士多德：生物学家》12。

[2]　12. 18 及以下。

从赫米阿斯那里听说过关于他的情况。公元前343—前342年，他请亚里士多德去教只有十三岁的亚历山大。亚里士多德愿意恢复与马其顿王朝的老关系，我们从《政治学》也可以看出，他很重视对未来统治者的教育，因此他接受了邀请。他的地位使他对马其顿王朝产生影响，并使他能够成功地替斯塔吉拉对雅典和埃雷萨斯（德奥弗拉斯特就出生在这里，后来，他随亚里士多德一起到了佩拉）进行调解。我们一点也不知道亚里士多德给他这位著名的学生传授过什么知识。他讲述的主要课题大概是荷马和剧本作家，这是希腊教育的主题。据说，亚里士多德为亚历山大修订了《伊利亚特》的原文。但是他的学生亚历山大已不是小孩，应该从更先进的教育中吸取营养。亚里士多德肯定和他讨论过统治者的责任和治国艺术。他为他撰写著作《君主国》和《殖民地》，这两个题目对这位未来最伟大的希腊国王和殖民者具有特殊的意义。我们可以想象，当亚里士多德与亚历山大待在一起时——开始在佩拉，后来在它邻近的梅扎皇家城堡——他的注意力主要在政治课题方面，并且形成了他后来的《政制》丛书收集的基本思想。亚历山大的天才使自己一生不是读书而主要是行动——征服亚洲（对此亚里士多德警告过菲力普）并试图结合希腊和东方的文明，这与亚里士多德的希腊人必

5　然优于野蛮人的信念格格不入。他们两人的关系似乎从来也没有完全破裂，但是在公元前340年亚历山大学生时期结束，被任命替父摄政之后，就看不出二人之间还有真正的亲密关系。那时，亚里士多德大概定居在斯塔吉拉。在与亚历山大相处的日子里，毫无疑问他与马其顿结成了永恒的友谊，即他与安提珀特尔的友谊。后者不久被亚历山大任命为他不在亚洲时的摄政者，因此成为希腊最重

要的人物。①

公元前 335—前 334 年，菲力普去世不久，亚里士多德回到雅典，开始了他一生最多产的时期。在雅典城外东北部，大概位于里卡柏图斯山和伊利苏斯之间，有一片祭祀吕克欧的阿波罗和缪斯的小树林，以前这是苏格拉底常喜欢去的地方。②亚里士多德在这里租了一些房子③——作为一个异乡人，他不能购买这些房子，——建立了自己的学派。在这里，他每天早上与学生在凉廊或林中散步④，讨论最深奥的哲学问题；下午或晚上，他向更多的人讲述比较简单的问题。讲授知识有私授的（或高等的）和公开的（或通俗的）之分，这种传统由来已久。这种区别无疑很大，但是并非像有人想象的那样，他私授的知识有某些神秘的东西，或者他公开讲授的就是获得真理的实用方法。逻辑学、物理学和形而上学这些更抽象的课题要求更深入细致的研究，因此感兴趣者较少；而像修辞学、辩论术或政治学这样的课题适合更广泛的需求，因此能够以更通俗的方式进行讲述⑤。

在这里亚里士多德大概还收集了几百份手稿，形成第一个大图书馆，它成为后来亚历山大图书馆和帕加马图书馆的雏形。他大概 6
还收集了一些地图和一屋子讲课用的实物，特别是讲自然历史用的

① 亚历山大在遗嘱中把事务移交给安提珀特尔；但这似乎只是求助法律保护的一般形式。

② 柏拉图：《尤息弗罗篇》2ᵃ；《李思篇》203ᵃ；《尤息底莫斯篇》271ᵃ。

③ 在德奥弗拉斯特的遗嘱中（见第欧根尼·拉尔修 V. 51）我们读到 τὸ μουσεῖον 和 τὸ ἱερόν（大概是缪斯和阿波罗的圣地），并且读到大小凉廊。

④ 逍遥学派因此得名。

⑤ 在《哲学通讯》XXXV, 191—203，亨利·杰克逊教授从亚里士多德的著作设想出他的讲堂以及他的讲演的某些有意思的特点。

实物。据说亚历山大给他八百名能干的人使他能够收集到材料，并且还责令马其顿帝国的所有猎手、渔夫向他报告他们所看到的有科学意义的东西。上述人数肯定夸大了，亚里士多德对于帝国更边远地区的知识也不是可以指望从上述命令得到的。但是这种说法大概不会是凭空杜撰。我们听说，亚里士多德为自己的学派提出一种制度，根据这种制度，所有成员轮流管理，每人一次，"统治"十天。这种制度可能主要意谓一个人在这十天中充任领袖，提出与所有参加者不同的论题，这种方式在中世纪大学中变得非常普遍①。我们听说，他们粗茶淡饭，一个月开一次专题讨论会，亚里士多德为讨论会制定规则。但是对于学派的工作和内部分工，我们知道得很少。亚里士多德的现存著作是当时的教学笔记，这大概主要是他在领导吕克昂学派十二三年的时间内写成的。即便我们猜想有些艰苦的准备工作是学生们为他所做的，但是其内含的思想和研究成果仍意味着无与伦比的思维能力。在这段时间里，亚里士多德确定了科学分类的主要轮廓，这种形式至今未变；他把大部分科学推进到前所未有的高度；在有些科学领域中，如逻辑学②，他完全可以宣称前无古人，而且几百年内后无来者。与此同时，由于对伦理学、政治学这样的应用课题感兴趣，吕克昂学派对普通生活的影响不亚于苏格拉底或柏拉图，而且比当时柏拉图学园那些隐居学生的影响大得多。

　　公元前 323 年，亚历山大去世，雅典再次成为爆发反马其顿情绪的中心。亚里士多德由于和马其顿的关系而成为怀疑的对象。可能柏拉图学派以及艾索克利特斯学派的敌意一起在政治上反对

---

① 　布·莱克斯雷：《亚里士多德生平》63。

② 　《辨谬篇》183^b34—$184^b 3$。

亚里士多德。不管怎样，根据他为赫米阿斯写的一首赞美诗和墓志铭，他被指控为亵渎神灵。由于决心不使雅典人"两次有罪于哲学"[①]，他把学校交给德奥弗拉斯特，自己回到深受马其顿影响的哈尔基斯。公元前 322 年，他在这里死于长期沾染的一种疾病。第欧根尼为我们保留了他的遗嘱。在遗嘱中，他为他的亲戚做了细心的安排，保证他的奴隶不被卖掉，并实行了《政治学》中的一条建议，为几名奴隶的解放做了安排。我们有时候很容易认为亚里士多德只是一个理智的化身；但是他的遗嘱却清楚地证明他是一个通情达理的人。

我们不知道他的仪表或生活方式[②]。一种可靠的说法把他描述成秃顶，细腿，小眼睛，说话口齿不清，衣着极其讲究。他的敌人不怀好意地把他说成过着娇若女子，放荡不羁的生活。根据他表达的观点，我们完全可以相信，他的生活习惯不会是禁欲主义的。据说他有嘲笑别人的气质，这在他的表达中自然而然地流露出来；还有第欧根尼·拉尔修引用的几句格言，也表明他有随机应变的才智。

亚里士多德的著作

亚里士多德的文字作品可以分为三大部分。第一部分是他自己出版的比较一般的著作，第二部分是为科学论文所准备和收集的材料，第三部分是科学著作。除了《雅典政制》以外，现存的著作

---

①　见安莫纽：《亚里士多德简历》。

②　但是斯杜尼兹卡在《亚里士多德画像》（莱比锡，1908）中充分证明可以把一批现存塑像看作代表亚里士多德本人。

全集，只要可靠，都属于第三部分。我们对于其它著作的了解依赖
于古代作家保留的一些残篇和从古代传流至今的三份书单。其中
最早的一份是第欧根尼·拉尔修（公元三世纪初）保留的。① 这份
书单一开始列举十九部著作，内容似乎一般，大部分是模仿柏拉图
以对话形式写成的。这些对话好像总不如柏拉图早期对话那样激
动人心，但是毫无疑问，它们的写作比现存著作更注重文学效果。
西塞罗和昆提良赞誉亚里士多德语言流畅华丽（flumen orationis
aureum）②，雄辩又有说服力（eloquendi suavitas）③，一定是指这一
点。他的这种写作方式属于早期，那时他还是柏拉图学派的成员。
这种猜想很自然，而且有些柏拉图式对话的题目——《政治学》、
《智者篇》、《米纳仁纳篇》、《会饮篇》——及其内容方面的柏拉图
式的基本特点，也证实了这种猜想。

　　在最早的对话中，大概有《修辞学》，又名《克里鲁斯》。克里
鲁斯是死于曼提尼亚大战（公元前 362—前 361）的色诺芬的儿子。
这篇对话大概写于大战后不久。早期的另一篇对话是《欧德穆斯》
或《论灵魂》，它以亚里士多德的朋友，塞浦路斯的欧德穆斯为名，
后者死于公元前 354—前 353 年，这篇对话仔细模仿《斐多篇》，完
全接受了预先存在、轮回和回忆等柏拉图学说。这一时期的另一
篇著作大概是《规劝篇》④，这是对塞浦路斯王子泰秘索所作的关于

－－－－－－－－－－

　　① 这个目录不可能完全根据安德罗尼柯（公元前一世纪初）的目录，因为它遗漏
了许多现存著作，而这些著作是安德罗尼柯亲自编辑的；这个目录也不意谓补充了安德
罗尼柯的目录，因为它包括几篇现存著作。它很可能是根据赫米普斯（约公元前 200 年）
制定的一个目录，那时漏掉了许多后来由安德罗尼柯编辑的著作。

　　② 《学园问题》2. 38. 119。

　　③ 10. I. 83。

　　④ 这是一篇对话还是连续的演说，一直争论很大。提出的论据一般偏向于后一
种观点。

哲学生活的谏言，这篇著作在古代非常流行，并为艾姆布利库斯的《规劝篇》提供了材料，为西塞罗的《霍顿修斯篇》提供了样本。晚些时候的对话应该是《论哲学》，其中，亚里士多德描述了人类的进步，他的基本特点符合柏拉图，但是在断定世界永恒的预先存在方面又不同于柏拉图，最后明确反对理念说和理念的数的学说。这篇对话与《形而上学》的最初部分大约属于同一时期。再往后，到他在马其顿王朝时期（或者更往后），著作有《亚历山大或殖民主义者》（或《殖民地》？）和《君主制》。其它只知名字不知内容的一些著作是《论正义》、《论诗人》、《论财产》、《论祈祷》、《论出身高贵》、⁹《论教育》、《论快乐》、《耐林特》（*Nerinthus*）和《论性欲》。

可以与这些著作相提并论的还有他的诗和书信，其中有三首诗的样本保留下来。在我们掌握的书信残篇中，写给安提珀特尔的那些似乎是可靠的。

对于已经佚失的那些资料摘要和材料汇集①以及科学著作无需谈论。有二百多篇据信是亚里士多德时期的著作，它们保存在上述三种古代的目录中。但是这些著作题目常常相互重复。我们有充分的理由设想这些书单是手稿的目录而不是成书的目录。第欧根尼·拉尔修保留的书单中，许多条目初看不熟悉，然而却似乎提到现存著作的某些部分②。在这一点上必须看到，流传时间较长的著作不是统一的整体，而是论述有联系的题目的论文的汇集。单篇的论

---

① 这些材料汇集有时是由亚里士多德与别人合作搞成的；特尔菲城的碑文表明，特尔菲城运动会中优胜者名单是亚里士多德和他的侄子卡利斯丹斯合作开列的。

② 例如，第 31, 32, 53, 57—60（罗斯：《亚里士多德残篇》，1886）大概指《论辩篇》的部分，第 36 指《形而上学》的 Δ 卷。

文是最初部分，有些被亚里士多德，有些被他的著作编者①结合起来了，如《形而上学》那样。就一些佚失的著作而言，其大量的残篇被古代作家所引用。根据这些情况，我们可以形成对其内容相当准确的认识。据传，在佚失的著作中，至少有一本以缩写本形式出现的著作是亚里士多德写的。②探索佚失和现存著作之间的可能联系，花费了许多学者的精力，而且是有成果的。但是仅现存著作就足以使我们相当全面地了解亚里士多德涉猎的各种课题，尽管不能
10 使我们了解他大量的写作活动。

在现存著作中，我们可以首先考虑一系列逻辑论著，至少从六世纪以来，它们就以《工具论》或思维工具而闻名。按照通常的顺序，其第一篇是《范畴篇》。这篇著作的可靠性已被否认。那些公认的亚里士多德的真作与它没有十分清楚的联系。但是在古代，它被完全接受③，而且从公元三世纪的波菲利开始，许多注释家都把它当成真作来评注。诚然，接受它的事实可以追溯到安德罗尼柯（公元前一世纪初）④。从亚里士多德学说的观点出发⑤也得不出排斥它

---

① 这是由耶格在《亚里士多德的形而上学的形成发展》（148—163）中清楚说明的，这本书是对亚里士多德著作的产生方式的最好的讨论。

② 帕兹以确凿的论据说明《论尼罗河的兴起》（莱比锡，1909）源于亚里士多德。

③ 一个不出名的批评家除外，他在《注释》33ª28 被明确提到（柏林编辑亚里士多德著作第 4 卷）。

④ 但他排斥后范畴，《注释》81ª27。安莫纽（《注释》28ª40）说，德奥弗拉斯特和欧德穆斯模仿亚里士多德的著作写《范畴篇》。

⑤ 它们的最新表述是 E. 杜普雷尔所做，《哲学史文献》XXII. 230—251。他正确地提请人们注意这部著作的呆板、教条的风格，这种风格与亚里士多德以自由讨论解决难点的通常办法极为不同。我愿意把这种特点（也见于《解释篇》和大部分《前分析篇》）归于下述事实：在亚里士多德看来，逻辑对科学和哲学来说是基础性研究。讲给程度不太高的学生们听的几卷自然口气上更教条一些。

的论证，它的文笔①和风格完全是亚里士多德的。其最后六章论述所谓后范畴，角度有所不同，它们受到安德罗尼柯的怀疑，而且与全书的目的无关。但是它们仍然可能是亚里士多德的著作。

《解释篇》也受到安德罗尼柯的怀疑，其根据显然②是书中提到了《论灵魂》③，却没有任何与之相应的内容。可是在亚里士多德确切无疑的真作中，有许多这样的提法，并且对此有多种方式的解释。在这篇著作以外可以找到其可靠性的有力证据。德奥弗拉斯特和欧德穆斯写的一些著作似乎就是以它作前提，而且安莫纽告诉我们，安德罗尼柯是唯一对它提出质疑的批评家④。这篇著作的风格和文笔似乎是纯亚里士多德的。真正能够对它提出反对的地方就是大部分内容都是比较初等的，而亚里士多德讲学无疑是既讲初等的内容也讲高深的内容⑤。

《前分析篇》和《后分析篇》毫无疑问是真作。《论辩篇》⑥和《辨谬篇》也是如此。亚里士多德引用《辨谬篇》时用的是《论辩篇》的篇名，《辨谬篇》的结束章节是《论辩篇》全书的结尾。

物理学论著首先是一批确切无疑的真作，《物理学》、《天文学》、《论生灭》和《气象学》。《物理学》最初写成两篇不同的论文，第一篇包括I—IV卷，第二篇包括V，VI，VIII卷。亚里士多德通

---

① 亚里士多德的文笔和伪亚里士多德著作的文笔的详细证据，可见于尤肯：《亚里士多德的研究方法》和《论亚里士多德的语言习惯》（关于冠词和介词的使用）。

② 《注释》97ᵃ20。

③ 《解释篇》16ᵃ8。

④ 《注释》97ᵃ13。

⑤ 这部著作的可靠性得到 H. 迈尔精心地成功地辩护，《哲学史文献》XIII. 23—71。他提议，应该把在16ᵃ8的论述移到16ᵃ13，并且与《论灵魂》III. 6联系起来。

⑥ V卷可能是例外。

常称第一部分为《物理学》或《论自然》，称第二部分为《论运动》。后来的逍遥学派也有很多这种区分的痕迹。但是亚里士多德也用"物理学"一词包括后面几卷以及其它物理学论著。欧德穆斯修订这篇著作时，忽略了 VII 卷，确切地说，这一卷具有备课笔记的性质 ①。《气象学》的 IV 卷肯定不是真作 ②，它可能是顶替了佚失的一卷的。

全集接下来的论著是《宇宙生成论》，根本不能把它看成亚里士多德的真作。这是一本通俗哲学读物，结合了大量的斯多葛派的东西和许多真正的亚里士多德学说。它特别应归于波西多尼乌斯，它的日期可能在公元前 50 年到公元 100 年之间。

然后是一系列可靠的心理学著作，《论灵魂》和合称为《自然短论》的著作，即《论感觉》、《论记忆》、《论睡眠》、《论梦》、《论睡眠中的预兆》、《论寿命的长短》、《论生死》、《论呼吸》。《论生死》的前两章被编者加上标题《论青年和老年》，但是，尽管亚里士多德在其它地方曾表示要用这个题目写一本书，却不能肯定他到底有没有写。当然这两章没有论述这个题目。

《论精神》是心理学著作中的最后一本，但它不是亚里士多德的手笔，因为它认识到血管和动脉的区别，而亚里士多德并不知道这一点。它似乎反映了著名医生艾拉希斯特拉图斯的观点，因此可能出现在公元前 250 年左右。

12　　心理学著作之后是关于自然历史的著作。第一篇是《动物志》；

---

① 也许是由一个学生记录下来的。参见尤肯：《亚里士多德的研究方法》II。
② 一位评论家最近把它归于斯特拉托。

其第 X 卷, 大概还有第 VII 卷、第 VIII 卷 21—30 章和第 IX 卷都是伪作。很可能公元前三世纪就有了。《动物志》是事实的汇编。在随后的著作中, 亚里士多德阐述了自己基于这些事实的理论。首先是《动物的分类学》, 其第一卷是生物学的概论。《动物的运动论》被许多学者看成是伪作, 主要因为被认为参考了《论精神》①, 但是近来的看法有利于它。它的风格是亚里士多德的②, 内容上也并非与作者不符。《动物的演进论》和《动物的起源论》完全可靠, 后者的最后一卷既是《动物的起源论》的末卷, 也是《动物的分类学》的末卷。

　　生物学著作之后是一些伪作。据说《论颜色》是德奥弗拉斯特或斯特拉托写的,《论音响》更可能是斯特拉托写的。《论形相》(？公元前三世纪) 是由两篇论文组成的, 两篇可能都是逍遥派所作。在全集的所有著作中,《植物学》是一本最有特殊经历的著作。根据亚里士多德的说法, 他似乎写过一本关于植物的书, 但是这本书在阿弗罗狄西亚的亚历山大时代被毁掉了。现存的这篇著作译自拉丁文译本, 拉丁文译本又译自阿拉伯文译本, 而阿拉伯文译本的原件的作者大概是大马士革的尼古拉, 他是奥古斯都时期的逍遥学派成员。名为《论现象》的著作十分有趣, 包括 (1) 德奥弗拉斯特和其他人的生物学著作节选; (2) 大部分从陶罗迈耶姆的蒂迈欧 (约公元前 350—前 260) 到波西多尼乌斯得来的历史摘抄; 这两部分的合并大概不会早于哈德里安时期; (3) 一份附录 (约公元 152—

---

① 703ª10 法库哈森先生在翻译中提到其它一些著作, 这些参考可能就是指它们。
② 尤肯在其文笔上也没有发现不是亚里士多德的东西。

178），它可能最晚成于六世纪。《力学问题》似乎属于早期逍遥学派，大概属于斯特拉托或者他的一个学生。他们讨论杠杆、滑轮、平衡力，并且相当成功地讲述了静力学的某些主要原则——虚速度定律、力的平行四边形定律和惯性定律。

13　　《问题集》虽然主要依赖于亚里士多德的一些预先假设，却显示了后期逍遥学派许多特有的唯物主义迹象。这部著作似乎是在五世纪或六世纪以后由各种问题汇集组成的，包括数学、光学、音乐、生理学和医学方面的问题。这些问题集主要引自德奥弗拉斯特全集，但也大量引自希波克拉底学派著作，还有少许引自亚里士多德的现存著作。这部著作对亚里士多德激励他的学生从事多种多样的研究提供了有趣的证明。总的说来，《音乐问题》最有意思，它包括两份汇编，分别早至公元前 300 年，晚至公元 100 年。

　　《论不可分割的线》原来是针对色诺克拉提的，不管怎样这本书大概不会比他晚多久。它的学说很像是德奥弗拉斯特的。辛普利丘就把它说成是德奥弗拉斯特的。斯特拉托也曾被当成是它的作者。《论风的位置》是《论朕兆》一书的一段节选，后者通常被认为是德奥弗拉斯特所著，因此可追溯到他的时期。《论色诺芬尼、芝诺和高尔吉亚》（更严格地说是《论麦里梭、色诺芬尼和高尔吉亚》）大概是根据可靠的亚里士多德著作，但是实际上这部著作是公元一世纪的一个折中产物。

　　据我们掌握，最早提及《形而上学》之名的是大马士革的尼古拉斯，自此，《形而上学》一名不断出现。因此完全可以猜想这是他同代的长者安德罗尼柯编辑的著作，它只是意味着那些置于安德罗尼柯编辑的物理学著作之后的论著。赫西修斯编辑的亚里士多德著作的目录提到十卷本的《形而上学》。这大概就是现存的除了（1）α卷《形而上学》，α卷的标题表明它只是在原书完成后才加的。这一卷不是形而上学的导论，而是物理学或一般理论哲学的导论，它符合亚里士多德的特点，但是古代的传统说法认为它是欧德穆斯的侄子帕西克勒斯写的①。这种说法好像比认为它是更为著名的人所写的说法正确些。十卷本《形而上学》肯定要排除（2）Δ卷，这一卷在赫西修斯的目录中单独作为《论词的各种意义》一卷出现；还要排除（3）K卷，K卷的第一部分不过是BΓE几卷的缩写本，后一部分则是《物理学》II，III，V卷的一系列节选。K卷的文笔有些不像亚里士多德②，它肯定是一个学生的笔记③。最后，十卷本《形而上学》大概还排除（4）Λ卷，这一卷不涉及其它几卷，它形成关于第一原因的专门论著（初步描述了自然的实体）。

　　《形而上学》的最早部分大概是A，Δ，K（第一部分），Λ，N，K后来由BΓE取代；M（是后来对N所做的差异很大的改写）加到N之前；A、B、Γ、E、Z、H、Θ、I、M、N被构成一个相互参照，互相联系的严密的整体。这一点完全可以追溯到亚里士多德本人。

　　接下来是伦理学著作：《尼各马可伦理学》、《大伦理学》、《欧德穆斯伦理学》。许多学者以为《欧德穆斯伦理学》是后来亚里士多德的学生欧德穆斯写的一部著作，但是对《尼各马可伦理学》和《欧德穆斯伦理学》两个标题最自然的解释是：这是分别由尼各马

14

---

① 　《注释》589ᵃ41。
② 　尤肯：《亚里士多德的研究方法》10，11。
③ 　亚历山大只评注第一部分。

可和欧德穆斯根据亚里士多德的两次伦理课编辑而成的著作 ①。最详细研究亚里士多德文法的学者 ② 认为《欧德穆斯伦理学》是亚里士多德的文笔。最近还有人指出，这部著作与从《规劝篇》到《尼各马可伦理学》的发展直接有关 ③。很可能这部著作相当早，像《形而上学》的最早期部分一样在公元前 348 到 345 年之间，亚里士多德待在阿索斯时。使许多学者好奇并且做出各种各样解释的原因在于这一事实：在《欧德穆斯伦理学》第三卷结尾（相应于《尼各马可伦理学》第四卷），手稿说明接下去的三卷与《尼各马可伦理学》接下去的三卷等同，即从第四卷直到它们称为第七卷的地方。这三卷书属于《尼各马可伦理学》还是属于《欧德穆斯伦理学》，还是部分属于前者，部分属于后者？是论述这些卷所探讨的课题的两部论著当真存在，还是我们手中唯一的那部《尼各马可伦理学》改写本
15 当真存在？对于这些问题有各种各样的可能的回答，有些回答还有引人入胜的论证作依据。对此，意见至今尚未统一。在这些卷和这两部论著的其它卷之间的大部分类似之处或相互参照的地方，可以找到其它同样近似的地方。然而，下述几个问题却没有得到应有的重视：(1)亚里士多德著作最早的目录（第欧根尼·拉尔修编）只提到一篇《伦理学》，并标明它有五卷；这只能是不带有那些疑卷的《欧德穆斯伦理学》。次早的目录只包括一篇《伦理学》，并标明它有十卷，这只能是带有那些疑卷的《尼各马可伦理学》；如果像一般以

---

① 亚历山大告诉我们（《注释》760ᵇ20）《形而上学》同样是由欧德穆斯编辑的，参见埃斯克里皮乌斯（《注释》519ᵇ38）。

② 尤肯。

③ 耶格：《亚里士多德》237—270；参见凯斯：《大英百科全书》II, 512—515。

为的那样，这两个目录都是根据赫米普斯，则我们会发现这些疑卷早在公元前 200 年就已属于《尼各马可伦理学》而不是《欧德穆斯伦理学》。(2) 在《欧德穆斯伦理学》中看到的某些文法特征，在那些有争议的卷中没有出现 [1]。

上述三卷大概属于《尼各马可伦理学》。《欧德穆斯伦理学》大概一度有它自己相应的章节，因为：(1) 在《欧德穆斯伦理学》中，有些提法似乎意味着处理三中心卷内容的方法极为不同，(2)《大伦理学》紧接《欧德穆斯伦理学》，在相应章节中引入了我们手中的这三卷所没有的内容。《大伦理学》显然出现在公元前三世纪初，它带有德奥弗拉斯特学说的痕迹，它的语言在某些方面也晚些 [2]。《论善恶》大概出现在公元前一个世纪或后一个世纪，它企图调和逍遥学派和柏拉图学派的伦理学。

《政治学》肯定是亚里士多德的著作。对于其各卷的"固有"顺序有许多争论。然而，它确实包括一些原来相互独立的论文，它们没有完全编成一体 [3]。

《经济学》的第一卷是以《政治学》第一卷和色诺芬的《经济论》16 为基础的一篇论文，大概出自德奥弗拉斯特或其他第一代或第二代逍遥学派的手笔。第二卷大概出现在公元前 300 年，是说明各种财政计划的历史事件的汇编。第三卷只存在于一篇拉丁文译文中，可

---

① 参见尤肯：《亚里士多德的研究方法》9,34；《亚里士多德的语言运用》10。这些特征可能属于欧德穆斯。

② 但是冯·阿尼姆认为它是这三篇伦理学论著的最早一篇，这一观点值得细心研究（参见 377 页）。

③ 参见 25, 294 页。

能等同于赫西修斯的目录提到的《夫妻法》，但不是亚里士多德所著，据认为它的一部分是公元前 250 年到前 30 年间的逍遥学派所作，一部分是公元 100 年到公元 400 年间的斯多葛学派所作。

《修辞学》就其头两卷而言，肯定是亚里士多德的著作，第三卷一度受到怀疑，但其可靠性现在已得到充分证实①。过去有些学者认为《与亚历山大谈修辞学》是比亚里士多德更早的兰萨库斯的阿那克西美尼所作，但是它含有亚里士多德学说的成分，很可能出现在公元前三世纪初叶②。全集最后是《诗学》，它是真作，却也是残篇。在佚失的亚里士多德著作中，最遗憾的莫过于记载了他描述 158 个希腊城邦的《政制》。1890 年，在埃及有幸发现一份抄稿，它包括这些描述的第一篇《雅典政制》。

　　一般认为，亚里士多德的全部或几乎全部现存著作是在他主持吕克昂学园时期写成的。于是自然产生这样一个问题：这些著作与他口头教育的关系是什么。常常有下面这种猜测：他的许多著作之所以有粗略的和未完成的状态以及重复和离题，是由于它们不是准备出版的著作，而是亚里士多德自己的讲学笔记，或是他的学生的听课笔记。许多人排除后一种假设。很难设想学生的笔记会产生像现存主要著作那样如此联贯和明白的结果，或者不同学生的笔记（因为我们几乎不能设想一个学生负责全集的笔记）会表现出如此

---

　　①　代尔斯表明（《普鲁士研究院论文》1886）III 卷原来是一篇独立的论文，也许是 περί λέξεως，它出现在第欧根尼的目录中。

　　②　凯斯先生在《大英百科全书》II，515 页说，这是一部真作，早于《修辞学》。他成功地说明，如果它早于《修辞学》，则一定是亚里士多德所作，因而不能是阿那克西美尼所作。但是其语言在某些方面似乎属于晚于亚里士多德的某个时期。

一致的风格 ①。把这些著作看成仅仅是亚里士多德自己讲学的粗略的笔记,也不可能。有的章节的某些部分的确表现得非常粗略 ②,其它简洁得难以理解的章节 ③ 似乎也有类似毛病 ④。但是大部分著作不是这样。它们表达完整,注重文字形式,这与仅仅是粗略的备课教案有天壤之别。有两段话曾被人们用来证明亚里士多德是针对听众而不是读者的,但都不令人信服 ⑤。然而,他的大部分著作与在吕克昂的讲学无疑有密切联系 ⑥。亚里士多德可能先写出完整讲稿,然后才去讲课;他的著作可能就是这种意义上的讲稿。但是可能他讲课更为随便,而现存著作是他后来写的授课摘要,以便给那些落课的学生看,这对于他的观点的记录比他的学生的记忆或笔记所能提供的要准确得多。对于在他著作中出现的观点重复和一些离题要这样解释:他处理一个题目不是一劳永逸,而是几经反复。由于亚里士多德著作的编者不愿意牺牲作者写下的任何东西,因而常常笨拙地保留了他考虑同一个问题的两三种说法。

---

① 《物理学》VII 卷,《形而上学》ᵃK 可能是亚里士多德的学生的听课笔记。

② 《形而上学》Λ1—5 只有一次提到另一部著作,两次(1069ᵇ35、1070ᵃ4)使用 μετὰ ταῦτα ὅτι 这一短语:"那一点要说的是",参见《前分析篇》24ᵃ10—15。

③ 例如,《论灵魂》III。

④ 杰克逊教授在《哲学通讯》XXXV, 196—200 清楚地揭示了亚里士多德著作中许多讲课者的习惯方法。

⑤ (a)《辨谬篇》184ᵇ3—8。πάντων ὑμῶν ἢ τῶν ἠκροαμένων 区别了听讲的学生和更广泛的听众——显然是读者(参见 θεασαμένοις ὑμῖν)。(b)《尼各马可伦理学》1104ᵇ18, ὡς καὶ πρῴην εἴπομεν。但是, πρῴην 很像是意谓"稍退回一些",比如"前天"。在所有著作中,《伦理学》最频繁地提到听众(1095ᵃ2 及以下, 12, ᵇ4, 1147ᵇ9, 1179ᵇ25)。

⑥ 在手稿上,《物理学》的标题是"物理学课程",《政治学》的标题曾是"政治学课程"。

也许大部分现存著作都与亚里士多德第二次居住雅典（约公元前 335—前 323）有联系，这一点基本上由这些著作中可见的时间记载所证实。从雅典到底比斯的路，到爱琴海的航行，酒神节和初果节，演员西奥多勒斯对嗓音的应用[1]，所有这些偶然提及的事都预设了一个雅典观光者。雅典的纬度比佩拉的纬度更适合观测星宿日冕的位置[2]。偶然提及吕克昂学园[3]，意味着亚里士多德第二次而不是第一次居住雅典。对于历史事件的提及也说明同样的问题。在《气象学》中，亚里士多德提到尼各马可执政（公元前 341）[4]。《政治学》提到谋刺菲力普（公元前 336）[5]。《修辞学》提到公元前 338—前 336 年间的事件[6]。《雅典政制》不会早于 329—328 年[7]。《形而上学》Λ 卷提到的卡利普斯的天文学理论几乎不会出现在公元前 330—前 325 年以前。此外《气象学》371^a31 提到烧毁埃菲稣圣殿（公元前 356），《政治学》1312^b10 提到狄奥尼修二世被戴恩驱逐出叙拉古（公元前 357—前 356），这些都是当时已经发生的事情；从这里看出，这些著作可能开始于亚里士多德第一次居住雅典期间。

如果我们要问，从心理学角度说，亚里士多德著作最有可能的

---

① 《物理学》202^b13；《形而上学》$Δ. 1015^a25, 1023^b10$；《修辞学》1404^b22。参见《政治学》1336^b28，《诗学》1448^a31。

② 《气象学》362^a9. 然而，却有理由怀疑这一段的真实性。

③ 《范畴篇》2^a1；《物理学》219^b21；《修辞学》1385^a28，但是，头两段中吕克昂和广场的联系使我们想到这些是苏格拉底喜欢常去的地方。选它们作地点例子可能比亚里士多德学派的奠基要早得多。

④ 345^a1。

⑤ 1311^b1。

⑥ $1397^b31, 1399^b12$。

⑦ 见第 54 章，7 页。

写作顺序是什么，那么回答一定是：他的著作可能要反映出不断地摆脱柏拉图的影响。以此作指导原则，并使用我们掌握的少数日期线索，我们可以说他一开始写柏拉图式的对话，但是最后的一些对话开始显露出他反对柏拉图把形式与可感觉的事物"分离"的态度。这些对话大概主要是他在学园时期写成的。《工具论》[①]、《物理学》、《天文学》、《论生灭》、《论灵魂》的第三卷、《欧德穆斯伦理学》、《形而上学》和《政治学》的最早部分[②]，这些现存著作带有大量柏拉 _19_

---

① 《论辩篇》可能以这种顺序写成的：II—VII. 2, VII. 3—5, I, VIII。H. 迈尔在《亚里士多德的三段论》II. 2. 78. 就这样认为。这部著作的主要部分 II—VII. 2 基本属于柏拉图思想范围之内。

F. 索尔姆森在《亚里士多德逻辑和修辞学的发展》中说，亚里士多德首先（在《论辩篇》中）创造了论辩的逻辑，然后（在《后分析篇》中）创造了科学逻辑，最后（在《前分析篇》中）创造了形式逻辑，它既适用于论辩，又适用于科学。参见 J. L. 斯托克斯，《古典问题》XXVII(1933). 115—124. 这个观点在几个方面很有吸引力，但一直没有得到充分的检验，尚未得出有关其已出现的真实性问题的任何清晰的结论。如果《后分析篇》写于《前分析篇》之前，这些结论后来必定被大大地改进了。

H. 迈尔在《哲学史文献》XIII. 23—72 为下述观点辩护：《解释篇》在所有现存著作中最晚，而且亚里士多德没有写完它。但是，凯斯先生在《大英百科全书》II. 511 指出，《解释篇》中关于判断的分析比《前分析篇》中的分析更简单，更近似于柏拉图的《智者篇》261e 中的分析。

② 近来关于《政治学》各卷年代的讨论很多，主要人物是 W. 耶格（《亚里士多德》第 6 章）和 H. 冯·阿尼姆（《亚里士多德的〈政治学〉的形成与发展》）。耶格认为各卷年代顺序是 III, II, VII, VIII；IV, V, VI；I；冯·阿尼姆则认为是 I, III；IV, V；VI, I；II；VII, VIII。讨论这个问题的也有 B. 霍克米勒（《语言学著作》，1928），他是冯·阿尼姆的追随者，还有 A. 曼松（《新经院哲学评论》XXIX(1927). 451—463），J. L. 斯托克斯（《古典问题》XXI. (1927) 177—187），E. 巴克（《古典评论》XLV(1931) 162—172），A. 罗森堡格（《音乐修辞》LXXXII(1933). 338—361），和 W. 西格弗里德（《语言学》LXXXVIII(1933). 362—391），他基本上是耶格的追随者。研究这些讨论使我得出这样的看法：即 VII, VIII 卷在 IV, V, VI 卷之前已经清楚，但是 I, II, III 这三卷独立的论著与其它卷的关系仍令人怀疑。这个问题非常复杂，不能在这里讨论。参见 294 页及以下。

图色彩，它们的最早形式是亚里士多德在特罗德、勒斯波斯和马其顿期间写成的。我们大概还必须为这些著作加上《动物志》的最早部分。他的其它研究著作是他第二次居住雅典期间写成的:《气象学》、心理学和生物学著作、《政制》的汇集，以及其它一些我们除名字外一无所知的重要的历史研究著作。《尼各马可伦理学》、《诗学》、《修辞学》和在中期完成并发展的现存著作①也属于这一时期。我们可以说，亚里士多德写作的一般过程是从注重来世转向对自然和历史的具体事实具有强烈兴趣，并且确信世界的"形式"和意义不会脱离其"质料"，而只能植根于"质料"之中。

---

① 耶格在他的《亚里士多德》中对这种顺序的出色论证，在我看来是令人信服的。

第二章　逻辑学

　　科学被亚里士多德分为理论的、应用的和生产的。[①] 每类科学的直接目的是认识，最终目的则是知识、行为和制作有用的或漂亮的物体。如果逻辑学也要这样分类，它就要包括在理论科学中。但是，只有数学、物理学和神学或形而上学才是理论科学，[②] 而这些学科都不包括逻辑学。在亚里士多德看来，逻辑学实际上并不是独立存在的科学[③]，而是某种基本修养，不仅每个人在研究任何一门科学之前要陶冶这种修养，而且只有这种修养才能使人知道什么样的命题需要证明，这些命题需要什么样的证明[④]。后来在类似的意义上，人们把"工具"（即科学的工具）（organon）一词用于逻辑学说[⑤]，并最终用于亚里士多德逻辑著作的汇集[⑥]。

　　亚里士多德不知道"逻辑"这个名称。它最多只能追溯到西塞罗时期。即使那时，"logica"一词的意思与其说是逻辑的，不如说

————————————————

　　① 《形而上学》1025^{b}25。

　　② 《形而上学》1026^{a}18。

　　③ 尽管他有一次说到"分析科学"（《修辞学》1359^{b}10）。

　　④ 《动物的分类学》639^a 4；《形而上学》1005^b 3，1006^{ab}3；《尼各马可伦理学》1094^{b}23。

　　⑤ 由阿弗罗迪西阿的亚历山大（公元 200 年）。

　　⑥ 在六世纪。

是论辩的。亚历山大是在逻辑的意义上使用 λογική 的第一位著作家。亚里士多德本人在逻辑领域中，或至少在推理的研究中是以"分析"著称的，这主要指把推理分析为一些三段论的格 ①。但是我们似乎可以进一步说，这还指把三段论分析为命题，以及把命题分析为词项。

　　亚里士多德的逻辑论著分为三大部分：(1)《前分析篇》。在这部著作中，亚里士多德旨在揭示他认为对所有推理都是共同的结构——三段论，并且展现其各种各样的形式，而不考虑有关论题的性质。这完全可以叫作形式逻辑或一致性逻辑。(2)《后分析篇》。在这部著作中，他进一步讨论了这样的问题：如果推理不仅是自身一致的，而且完全是科学，那么推理必须具备什么特点。这显然是一种不是对单纯一致性感兴趣而是对真感兴趣的逻辑。(3)《论辩篇》和《辨谬篇》。其中，他研究了一些推理方式，它们在三段论上是正确的，却不能满足科学思维的一些条件。《范畴篇》和《解释篇》大略说来分别研究了词项和命题，可以看成是绪论。

　　亚里士多德非常清楚地认识到逻辑学同其它那些与逻辑学有时相同有时混淆的研究——语法、心理学、形而上学——之间的区别，虽然他没有明确地讨论这个问题。在他看来，逻辑学不研究词而研究以词作符号的思维；逻辑学研究思维，不研究思维的自然历史，而研究思维在获得真的过程中的成功或失败；逻辑学不研究构成事物实质的思维，而研究理解事物实质的思维。

---

① 《前分析篇》47^{a}4；《后分析篇》91^{b}13，等等。

词　　项

《范畴篇》开篇考虑语言事实，也许所有逻辑都必须这样。它区别了"分开说的事物"和"组合说的事物"[①]，即区别了词、词组（如"人"、"跑"、"在吕克昂学园"）和命题（如"人跑"）。"未组合的词"的意思据说是在下列事物之中：[②]

实体（如："人"）

数量（如："两腕尺长"）

性质（如："白的"）

关系（如："二倍"）

地点（如："在吕克昂学园"）

时间（如："昨天"）

姿态（如："坐着"）

占有（如："穿鞋的"）

活动（如："砍"）

遭受（如："被砍"）

这些范畴（有些或全部）几乎出现在亚里士多德的每一篇著作中，范畴学说到处被看作是已经确立的东西。亚里士多德没有在保持范畴数目的一致方面花费气力。姿态和占有只是在另一篇早期著作[③]

---

① 1 ᵃ16。

② 1 ᵇ25。

③ 《论辩篇》103ᵇ23。

又出现一次;有一次其它八个范畴被用来构成一个完整的条目①。后来,亚里士多德好像认为姿态和占有不是最后的不可分析的概念。

关于范畴学说的含义,有过很多争论,这主要是由于我们看不到亚里士多德是怎样形成它的。特伦德伦伯格认为范畴之间的区别得自语法区别。不难看出,语言形式的研究是亚里士多德建立范畴学说的主要指导思想之一。例如,相互联系的事物与其它事物的区别在于它们的名字支配所有格或与格的词②。但是,亚里士多德并没有列出能够在其上建立范畴表的各种词类。他所认识到的各种词类仅仅是名词和动词③。范畴学说把语法中分开的事物组合起来④,又把语法中组合起来的事物分开。

还有人认为⑤,范畴学说是在柏拉图的学园中发展起来的,亚里士多德仅仅是承袭了它。但是这并无真凭实据。范畴与《智者篇》的"最大的类"⑥——是、同、异、静止、运动——,或与《泰阿泰德篇》的"共同的固有属性"⑦——相似与不相似、是与不是、同一与差异、奇与偶、单位与数目——似乎没什么共同之处。亚里士多德受之于柏拉图的只是认识到了实体、性质、数量、关系、活动和遭受这些抽象的概念。柏拉图随意地提到这些概念,却从未把它们系统地联
23 系起来。不过,他把这些概念看成实在的一般的方面,这对亚里士

① 《后分析篇》83^{b}15。参见《物理学》225^{b}5—9,226^{a}23—25。

② 《范畴篇》6^{b}6—11 8^{a}17—28。这样,科学是 πρός τι,但专门科学不是,11^{a}23—32,στάσις 是 πρός τι,但是 τὸ ἑστάναι 不是,6^{b}11。

③ 《解释篇》2、3。《诗学》20,增加了连词和冠词。但其可靠性很成问题。

④ 例如:数量和性质包括某些名词和形容词,4^{b}23,9^{a}29。

⑤ 例如:A. 格尔克的《哲学史文献》IV. 424—441。

⑥ 251 以后,尤其是 254d。

⑦ 185。

多德的思想一定很有帮助。

范畴学说一开始很可能是企图解决关于谓词的某些困难，这些困难使麦加拉学派和其它早期思想家颇感棘手。[①] 亚里士多德的目的似乎在于区别出那些能够组合成语句的词和词组的意思的主要类型，以便澄清这个问题。在此过程中，他对包含在实在的结构中的实体的各种主要类型进行了分类，我们知道，这是最早的分类。

这些类型为什么叫作范畴？ κατηγορία 的普通含义是"谓词"，但是第一个范畴的首要部分是个体实体。按照亚里士多德的学说，个体永远不是谓词，而总是主词。因此，有人认为第一实体本来不符合范畴学说。然而事情并非如此。诚然，根据亚里士多德的原则，"苏格拉底"不是一个合适的谓词。但是，如果我们问苏格拉底是什么，那么最终即最一般的回答是"实体"；同样，如果我们问红是什么，最终的回答是"性质"。范畴是一系列最广的谓词，它们从本质上谓述了各种可称呼的东西，也就是说，它们告诉我们这些东西归根到底是什么。

第一个范畴是实体，它是所有其它范畴预先假设的基质。在实体内，亚里士多德区分出(1)第一实体，它"既不断定主词，也不出现在主词中"，如：特殊的人或马；(2)第二实体，就是包含第一实体的种和属，它们"断定主词，但不出现在主词中"。[②] 这里"断定主词"指普遍与特殊的关系，"出现在主词中"指属性与其占有者的关系。所有其它范畴都"出现在主词中"。在这些范畴中，有些

---

① O. 阿佩尔特的《对希腊哲学史的贡献》中明确表达了这个观点。

② 2ª11。

事物,如知识,也"断定主词"。另外一些事物,如某一条语法知识,就不"断定主词"①。因此,不仅在实体范畴,而且在其它范畴,都可得出第一和第二(即个体和普遍)的区别。不过亚里士多德没有明确地说明这一点。

　　个体实体的首要性是亚里士多德思想中最确定的观点之一。正是在这一点上,亚里士多德与柏拉图的学说分道扬镳。但是,第一性实体在他看来是最真实的事物,而第二性实体,尤其是最低的种(infima species)却是他的逻辑学的核心。因为逻辑是对思维的研究;而一个个体除有其种的性质以外,由于内在的特定质料,还有其它一些性质,因此给研究思维造成困难。就对个体的认识而言,最低种的分子都是相同的,只有由它们的种的本性产生的那些固有属性,才能被科学掌握。

　　《范畴篇》其它真正部分②通过比较主要阐明实体和其它主要范畴的特点。实体的主要特点是:(1)它不"在主词中";(2)它确切无误地谓述(这只适合第二实体);(3)它是个体(这只适合第一实体);(4)它没有相反的,没有程度的不同;(5)它容许有反对的性质。考虑其它范畴也要着眼于具有或不具有这些特点,只有最后一个特点才适合所有实体,无一例外。

────────────────

　　① I. 29, 23。我认为,在亚里士多德的著作中,只是这里有关于个体的质、量等等和以它们为特例的一般的质、量等等之间的明确区别。亚里士多德以及后来哲学家们的一般倾向一直是除实体范畴外,不区别普遍和个体。但是斯托特教授最近(《英国科学院院刊》X卷)主张类似上述的严格区别。"刻画一具体事物或个体的特点是特殊的,就像它所刻画的这个事物或个体是特殊的一样。两只台球均有自己特定的、个别的并且区别于另一只的圆性,恰如台球本身是不同的、个别的一样"。

　　② 第5—9章。10—15章一般被看成伪作。

我们现在可以来考虑亚里士多德对于"未组合的词"的词义出现在心灵中的这种活动的论述①，后来逻辑学把这个问题称为简单了解（apprehensio simplex）。亚里士多德明确地把它与判断区分开。25它是与对象的接触②，这种比较涉及他的感知心理学。他区别了（1）每个感官对它所特有的可感觉性质，如颜色、声音等等的了解；和（2）对大小和形状这样的"普通感觉"以及伴随物的了解（比如当视觉使人感到一物体的可触性质时）。第一种了解是确实可靠的，第二种了解是不可靠的。如同第一种感知一样，对于语词意义的了解，也是确实可靠的。它既不是真的，也不是假的③，或就更广义的"真"而言，它总是真的④。有时亚里士多德似乎表明对于所有东西的了解都是这样简单直接的，以区别于综合它们而形成的判断⑤。

有时他把对"简单东西"的了解说成是具有这种性质⑥。然而，简单东西可以有两种简单性中的任意一种。（1）它们也许不能被分析成质料和形式（例如，"凹性的"不能分，而"塌鼻"能分，因为后者涉及某种特定的质料——鼻子）；⑦或者（2）它们甚至也许不能被分析成一般的和独特的因素。严格地讲，只有实体、性质和其它范畴，或者说最高的属（summa genera），在这种更完全的意义上才

---

① 简单了解叫作"νόησις"，例如《论灵魂》III. 6. 其语言表达是 φάσις，《解释篇》16^{b}27, 17^{a}17；《形而上学》1051^{b}25，然而 φάσις 有时用作肯定的同义词，有时用作包括肯定和否定。

② 《形而上学》1051^{b}24。

③ 1027^{b}27；《解释篇》16^{a}10。

④ 《形而上学》1051^{b}24, 1052^{a}1；《论灵魂》430^{b}28。

⑤ 《解释篇》16^{b}27, 17^{a}17。

⑥ 《形而上学》1027^{b}27, 1051^{b}17。

⑦ 《论灵魂》429^{b}14, 430^{b}30, 431^{b}13；《形而上学》1025^{b}31, 1035^{a}26。

是简单的①。亚里士多德说,对简单东西的了解才是简单了解。如果我们认真领会这段话,那它就是说,由于涉及对形式和质料或至少涉及对属和种差的统一认识,对所有其它东西的了解就是隐含的判断,正如一个语词的因果定义是一个隐含的三段论②。但是在《工具论》中,这种说法并未出现;相反,对于任何东西的简单了解都与判断区分开来。

命　题

《解释篇》明白地表达了一种有"代表性"的认识观点。心灵的感应是"事物的摹本"③。根据这种观点,判断被描述成不是对现实联系的了解,而是在心灵的感应之间建立联系(或者在否定判断的情况下,建立划分)。心灵的感应也叫"概念"④。由于 A 和 B 的分离可以看成是 A 和非 B 的结合,因此在《论灵魂》⑤中所有肯定和否定的判断,都被描述成是"概念的结合,好像它们是一体",就好像概念在心灵中是松散的,把它们联系起来就构成判断。亚里士多德对这种片面解释的补救方法是做出下述补充:判断同样可以被称为分离⑥,即在判断整体中,既分析了混乱的复合物⑦,又把由

---

① 1045ᵃ36。

② 《后分析篇》75ᵇ32, 94ᵃ2, 12。

③ 16ᵃ7。

④ 9—14。

⑤ 430ᵃ27。

⑥ 430ᵇ3。

⑦ 参见《物理学》184ᵃ21—ᵇ14。

此发现的因素结合起来。但是，只要判断被说成是概念的结合或分离，那么其真假的基本观点就是：当判断把与现实中两个相互联系的因素 A、B 相"类似"的概念 A′、B′ 结合起来时，或当判断把与现实中两个无关的因素相类似的概念"分离"时，它就是真的；当判断处于与这两种情况相反的情况下，它就是假的。然而，这种粗略的真之符合论观点并不代表在这个问题上亚里士多德的最成熟的观点。在其它地方，他完全抛弃"概念"在心灵中要被结合起来或分开的说法，而认为思想直接与实在有关。他简明而正确地说，当判断断定的实际结合的因素是结合的，或当判断断定的实际分离的因素是分离的时候，它就是真的①。这样说在某种意义上阐明了真之符合论观点，但是这种观点与认为存在着实际地摹写现实结构的思想结构的观点毫无关系。

　关于命题，或者说判断的语言表达，亚里士多德开始时用柏拉图的方法，将句子分析为名词和动词②。但是他随后建立了自己的定义和区别。一个名词是"一个声音，它有约定俗成的意义，不涉及时间，它的每一部分本身毫无意义"③。一个动词除了像名词一样表达确切的意义以外，还涉及时间，并表示一些事物对另一些事物的断定④。

　除了名词和动词，亚里士多德还认识到一些词。由于没有更好 27
的名字，他把这些词称为"不定名词"和"不定动词"（如，非-人，非-

① 《形而上学》1051^{b}3，参见 1011^{b}27。
② 16^{a}17, 17^{a}10, 19^{b}10；参见柏拉图：《智者篇》261e。
③ 16^{a}19。
④ 16^{b}6—8, 19—21。

生病)：不定，这是因为它们可以断定各种各样的、是的和不是的事物①。在《解释篇》中，亚里士多德兴致勃勃地探索了命题的各种语言形式，并反复推敲了这些形式，他认识到，在思维活动中，单纯否定无关重要，而在其它逻辑著作中，这些形式几乎全被忽视了。

在《解释篇》中，亚里士多德主要是探讨命题之间的对当关系。他以存在判断作为第一种形式。我们在此得到下述各种形式：

人（即有的人）存在。

人不存在。

非-人存在。

非-人不存在②。

（当我们把人解释为每一个人时，还会有各种形式出现）。任何名词-动词形式的简单命题都给出同样的形式：

人行走。

人不行走。

非-人行走。

非-人不行走③。

但是还有另一种命题④，它产生更多样的形式：

人是正义的。

人不是正义的。

人是非-正义的。

---

① 16ᵃ30—33，ᵇ12—15。

② 19ᵇ14—19。

③ 20ᵃ3—15。

④ 后来的逻辑学家称之为"具有第三个邻近因素的命题"。

人不是非-正义的。

非-人是正义的。

非-人不是正义的。

非-人是非-正义的。

非-人不是非-正义的。

在"人是正义的"这种类型的命题中，"'是'是附加断定的第三因素"，"加到名词-动词上的第三个名词或动词"，"人"和"正义"是基本的东西，"是"是一个附加物①。亚里士多德这里在努力阐述系词，但不很成功，他已经注意到表示存在的是和表示联系的是的区别②。但是他尚未十分清楚地认识到它们的关系；他看到把命 28 题分析为名词和动词并非总是有效的，但是他没有企图把所有命题分析为主词、谓词和系词；他看到在命题中系词与主词和谓词不是完全一样的因素，但是他没有指出系词不过是表达了断定一种联系的行为，不同于其联系已被断定的现实因素。《前分析篇》代表亚里士多德更成熟的思想。在这部著作中，系词看来（正如它被恰当表达的那样）完全脱离谓词，《前分析篇》的观点是把命题看成三段论的前提。这样，就必须把每个命题中的谓词单独分出来，因为一个命题的谓词可以成为另一命题的主词。因此，亚里士多德以"A是B"或"B属于A"的形式表述所有命题③。

判断形式的第一种划分，是肯定和否定。肯定和否定一般被看

---

① 19^{b}19—20^{a}3, 21^{b}26—33。

② 21^{a}24—33。

③ 凯斯先生在《大英百科全书》II. 512清楚地阐明了这一点。

成是并列的,但是有时肯定被说成是先于否定^①,这里亚里士多德不是指心理学上的先于。否定不拒斥以前的肯定,而是拒斥已提出的联系。不过肯定确实接受已提出的这种联系^②。这两种态度被置于同一水平上,如同追求和回避那样^③。然而,亚里士多德认为肯定先于否定大概有三条理由:(1)肯定的语言形式更简单。(2)一个否定的结论需要一个肯定的前提,而一个肯定的结论既不需要也不可能有一个否定的前提^④。(当然,否定不能建立在纯肯定基础上,否定的结论必须也有一个否定的前提。因此,像肯定一样,必然也有最终不可证明的否定。它们表示最高的属或范畴的相互排斥^⑤。)(3)肯定更有意义,因为它比否定能够更精确地说明主词^⑥。

29　　　亚里士多德避免了后来逻辑学家经常犯的两个错误。(1)他批判了下面这种企图:以"A 不是 B"实际意为"A 是非-B"这种说法将否定化为肯定;好像我们"通过先否定,然后断定我们否定的东西"^⑦,就可以逃避否定。(2)他不承认"不定"判断与肯定和否定并列。他认为,"A 是非-B"是带有一种奇特而无关重要的谓词的肯定^⑧。

　　　他把判断按量划分如下:(1)关于一般的判断,(a)全称——

---

① 《解释篇》17^a8;《后分析篇》86^b33—36;《形而上学》1008^a16—18。

② 《形而上学》1017^a31—35。

③ 《尼各马可伦理学》1139^a21。

④ 《后分析篇》86^b37—39。

⑤ 《后分析篇》I. 15。

⑥ 《形而上学》996^b14—16。

⑦ 布雷德利:《逻辑原则》1. III。

⑧ 《解释篇》19^b24—35,20^a23—26;《前分析篇》25^b22,51^b31—35,52^a24—26。

"所有人都是白的"；或（B）非全称——"有一个白的人"或"有的人是白的"；（2）关于个体的判断，"苏格拉底是白的"①。这三种判断并不构成一般性的递减程度。比如即使只有一个人是白的，关于一般的非全称判断也是真的。关于一般的判断和关于个体的判断是关于各种类型事物的判断②。这里已经暗含着《后分析篇》的观点，在那里几乎以纯粹无量化的方法考虑一般。此外，判断并没有被看成是表示主词包含在谓词中，而是表示谓词说明主词的特性。谓词从不量化。特别是当亚里士多德在证明和制定换位规则时③，他没有像形式逻辑那样谈到谓词的周延或不周延。只是在三段论那里，判断的"包含"观点才明显④。而当他在三段论以后谈到证明时，判断的"包含"观点再次消失。

在《前分析篇》⑤中，我们发现从量化的观点出发对判断的各种分类。判断被分成全称、特称和不确定的。不确定的判断，如"快乐不是善"。"不确定的"似乎仅仅是对那些实质是全称的或特称的，但没有清楚表达出来的判断所作的临时表述。直到清除了这种含混性，不确定的判断作为三段论的前提才具有特称判断的意义。持三段论观点的《前分析篇》就是这样处理不确定判断的⑥。但是像"快乐不是善"这样的判断正是《后分析篇》认识到的那种科学的普遍性。这里，主词的完全量化尽管不可缺少，却不是关键；真正的

① 《解释篇》7。
② 《解释篇》17ᵃ38；《前分析篇》43ᵃ25—32。
③ 《前分析篇》25ᵃ14—16。
④ 例如，以这一个短语；ὑπὸ τὸ Αεἶναι ἐν ὅλῳ τῷ Α εἶναι。
⑤ 24ᵃ17—22。
⑥ 26ᵃ28—33。

表述不是"每一个 A 是 B",而是"A 本身是 B"。

可以看到,《前分析篇》不承认单称判断是单独一种判断。在讨论三段论的格时 ①,没有单称判断作为前提或结论出现。亚里士多德在认识到事物的三种形式——个体,最高的属,包含个体而又包含于最高的属的类——之后又说,"研究与讨论大都是关于这后一种类型的事物"②。从这段话可以看出省略单称判断的原因。《解释篇》考虑判断本身,它承认单称判断是单独一种判断。《前分析篇》考虑判断则着眼于判断在实际推理中的意义,说明科学推理和论辩推理主要是关于类的,而不是关于个体的。

除了判断的质和量,亚里士多德还认识到判断的模态。亚里士多德一如既往,不是从形而上学的区分出发,而是从日常用语的明显区分出发,区别了"A 是 B","A 必然是 B"和"A 可能是 B"三种判断 ③。而后两种判断不久就被认为是二阶判断。它们被化归为"A 是 B,这是必然的","A 是 B,这是可能的"的形式,与"A 是 B,这是真的"的形式并列 ④。就可能这个概念而言,包括两个要素:可能的东西必须丝毫不涉及不可能的结果;其反对还必须不必然是假的 ⑤。这样,可能就不是不可能的矛盾;它是既非不可能的,也非必然的,就后一种特点来说,"A 可能是 B"与"A 可能不是 B"可互31 换 ⑥。亚里士多德处理可能时遇到的一些困难起因于:他经常忽略第

① 《前分析篇》I. 4—22。

② 43^{a}25—43。

③ 《解释篇》21^{a}34—37;参见《前分析篇》25^{a}1,29^{b}29—32。

④ 《解释篇》21^{b}26—33,22^{a}8—13。

⑤ 《前分析篇》32^{a}18—20;《形而上学》1019^{b}28—30。

⑥ 例如,《解释篇》21^{b}35—37。

二个要素的实质。因此，不仅(1)必然和(2)不必然，而且(3)能够是，都被说成是可能的 ①。但是，必然只满足一个可能事物的条件之一；它不是不可能的。它不满足第二个条件，因此被说成只是在第二种意义上才是可能的 ②。现实的也同样可以被不适当地说成是可能的 ③。当我们区别不必然和能够是的时候，就发现亚里士多德的所谓能够是乃是指这样的情况：在不断变化的世界中，一个主体具有的属性是通常的，但不是不变的；所谓不必然是指这样的情况：或者没有适用于大多数情况的规则，或者例外地违反了这样的规则 ④。很难确定，亚里士多德到底是否认为在世界上真有偶然性的领域 ⑤。有时他好像说必然性支配上天，偶然性支配尘世。但是，即使在尘世，也有必然联系。例如，主体与其属、种差和固有属性的联系。即使在上天，也有偶然性。例如，此处的一颗行星也可能在彼处。但是天体具有的偶然性只是运动的能力，而陆地上事物也有质变、生长、衰落、产生、灭亡的能力。

　　尽管亚里士多德在他的逻辑学中提到这些形而上学的区分，但他在对判断和三段论的模态类型的实际处理中却根本没有考虑它们。他满足于陈述存在着这三种类型的判断，并且制定出能够用对当关系 ⑥、换位 ⑦ 和三段论 ⑧ 方法从这三种类型得出的推理。

---

① 《前分析篇》25^{a}37—39。

② 32^{a}20。

③ 《形而上学》1019^{b}32；《解释篇》23^{a}6—18。

④ 《前分析篇》25^{a}37—^{b}18，32^{b}4—18；《解释篇》19^{a}7—22。

⑤ 参见 75—78 页，80，164，201 页。

⑥ 《解释篇》12。

⑦ 《解释篇》13。

⑧ 《前分析篇》I. 8—22。

　　亚里士多德没有把假言判断和选言判断当作不同于直言判断的类型来看待。他确实区别了简单命题和复杂命题[①]。但是他的所谓复杂命题是指"A 和 B 是 C"，"A 是 B 和 C"或"A 是 B，并且 C 是 D"这样类型的命题。下一节将更严格地论述他对假言命题的处理。

三　段　论

　　公正地说，三段论学说可以全部归功于亚里士多德。柏拉图用过 συλλογισμός 一词，但不是亚里士多德说的那种意思，而且早先没有人试图一般地描述推理过程。最近乎推理的研究大概是柏拉图对逻辑划分过程的表述，亚里士多德称它为"弱三段论"[②]；但这也不是一般推理过程的第一个框架。如果要问促使亚里士多德研究推理问题的确切原因何在，大概一定要这样回答：他的基本兴趣在于为科学知识准备条件。在《前分析篇》卷首，亚里士多德宣布这是他的目的，三段论的形式研究是实现这一目的的第一步。亚里士多德似乎坚持认为，科学无论要满足其它什么条件，必须至少保证其过程中每一步的有效性。做到这一点，就要遵守三段论的规则。我们不能说亚里士多德的方法就是非常仔细地研究科学的具体过程。如果他这样做了——即使他只周密研究了一门他所知道（或我们所知道）的精确的科学——那么他的写法就可能大不一

---

　　① 《解释篇》17ᵃ20—22。

　　② 《前分析篇》46ᵃ33。

样。他就会更多地谈论分析方法，还会认识到存在着和三段论同样有说服力的非三段论推理（这些推理不是利用我们对主谓关系的认识，而是利用我们对诸如等于关系，"在……的右边"等关系的认识。因为数学就充满这样的关系推理）。亚里士多德对于三段论的定义是非常一般的，它是"一个论证，在这个论证中，某些东西被规定下来，而且不需要任何额外的词项，必然从这些东西得出另外一些不同的东西"①。但是，这只能发生于这样一种情况，即从两个词项和第三个词项间的主谓关系推出两个词项间的主谓关系——但是这种假设的证明并不充分②。如果忽视前面提到的其它类型的推理是有道理的，那么一定在于下列事实：(1)那些推理使用主谓关系以及作为它们基础的专门关系。主谓关系是所有判断和推理的共同形式，因此是逻辑研究的首要课题；(2)可以彻底探究三段论的各种形式并且明确制定三段论的规则，但是却不能列举所有关系推理的形式。

33

值得注意的是，亚里士多德论述三段论时许多术语都有数学味道：例如，σχῆμα（格），διάστημα（距，用于命题），ὅρος（界，用于词项）。很可能他用不同的几何图形描述三段论的每一格，其中，线代表命题，点代表词项。但是这些术语不是借用于一般的几何学，而是比例理论。不仅格、距、界，而且ἄκρον和μέσον都是比例理论的术语。这可能意味着亚里士多德认为各格中的前提——"A谓述B，B谓述C"（第一格），"B谓述A，B谓述C"（第二格），"A

---

① 《前分析篇》24ᵇ18—22；参见《论辩篇》100ᵃ25—27。
② 《前分析篇》I.23。

谓述 B，C 谓述 B"（第三格）——多少是根据 "A：B=B：C"，"A-B=B-C" 等等各种比例（或按照我们的说法，级数）类推而来的 [①]。

亚里士多德的术语有些令人困惑。在每一格中，成为结论中谓词的项被认为是"首"项，成为结论中主词的项是"末"项。这是由他构成第一格的方式所造成的：

A 适合于（或不适合于）B，

B 适合于 C，

因此 A 适合于 C。

这里先提到 A，最后提到 C。在第二格中，词项的顺序是：

B 适合于（或不适合于）A，

B 不适合于（或适合于）C，

因此 A 不适合于 C。

但是，结论中的谓词（A）仍被称为首项。因为这是它在第一格或完善格中的位置。

此外，结论中的谓词被称为较大项或大端项，结论中的主词被称为较小项或小端项。严格地说，这些术语只适合于第一格的全称肯定式。

A 适合于所有 B，

B 适合于所有 C，

因此 A 适合于所有 C。

这里 A 一般比 C 宽，至少必须和 C 一样宽。在其它式中，并不假定结论的谓词宽于主词，但是如果谓词包含主词，那么结论（在否

34

---

① 当然，只是很一般的类推。

定时）就被认为是不正确的，或者（在特称时）是部分正确的，因此谓词仍被称为大端项。

我们将看到，亚里士多德这里的观点基本上是量化观点。这在他建立第一格的原则中表现得非常清楚，"三个词项相互联系，末项整个包含于中项，中项整个包含于或不包含于首项，这时必然有一个联系两端项的完善三段论"①。这里显然是从外延方面处理三个词项。但是必须记住，这不是亚里士多德关于判断的基本理论，而是他看待判断的一种方式。他认为，如果考虑从判断能够推论出什么东西，这种方式是非常便利的。

亚里士多德认为上述原则是所有三段论的基础，因为另外两个格的有效性都依赖于第一格。这两个格中的结论不是直接得自前提，而是得自这样的命题：这些命题直接得自前提并且符合第一格的条件，即符合上述建立的曲全公理（dictum de omni et nullo）。亚里士多德不认为第二格和第三格是独立的推论形式。至于他是否正确，很有争论。大体看来，他似乎不对。第一格优于其它两格似乎不在直接性而在自然性方面。在第一格中，思维活动全部顺一个方向——从小项，经中项，到大项。在第二格中，思维活动是从每一端项到中项，这样，哪个端项也不必然地暗示为结论的主词。至少当两前提是全称时，才存在这种情况；从"没有 A 是 B"，"所有 C 是 B"出发，"没有 A 是 C"和"没有 C 是 A"都不表明自己是必然的结论。同样的评论也适用于第三格的肯定式。换言之，在这两个格中有些不自然的地方，因为我们对一个词项要改变态度，把前

---

① 《前分析篇》25^{b}32—35。

提中作为主词出现的东西当作结论中的谓词，或者把先作谓词出现
的东西后又当作主词。第四格的独特性就在于我们结合了这些不
自然的思维活动，而且更有甚者，这些结合毫无道理。在第二格和
第三格中，如果我们要得到一个结论，就必须改变我们对一个词项
的态度，而在第四格的大部分式中①，我们并不一定要这样做，因为
从同样的前提得出自然的结论将由第一格完成。

由于亚里士多德从外延方面处理前提，所以他未认识到第四
格。如果他那些格的划分根据是中项的位置，那么他就会接受第四
种可能性。在这种情况下，中项作大前提的谓词，作小前提的主词。
但是他的划分根据是比较中项与端项的宽度，因此只有三种可能
性：中项可以宽于一端项而窄于另一端项，或者宽于两个端项，或
者窄于两个端项。

然而，亚里士多德不是没有认识到后来被列为第四格各式的
那些推理的可能性。他指出，我们通过前提换位可以从"没有 C 是
B"和"所有（或有）B 是 A"推出"有 A 不是 C"②，这时他隐含地认
识到 Fesapo 和 Fresison。他指出，我们通过换位可以从第一格的
Barbara，Celarent 和 Darii 的结论"所有 C 是 A"，"没有 C 是 A"，
"有 C 是 A"进一步分别得出"有 A 是 C"，"没有 A 是 C"，"有 A
是 C"③，这时他隐含地认识到 Bramantip，Camenes 和 Dimaris。德
奥弗拉斯特把这五种式都看成第一格的补充式。从这里到盖伦把
它们处理为第四格，只有一小步。但就是这一小步，引起对三段论

---

① Bramantip，Camenes，Dimaris.
② 《前分析篇》29^a19—26。
③ 53^a3—12。

的格采用新的划分根据。

　　在处理第一格时，亚里士多德认为，区别有效格与无效格是直觉的问题——我们直接感到有些情况得出一个结论，另一些情况得不出一个结论。证明其它格的有效式的有效性，他有时用换位法，有时用归谬法，有时用"显示法"①。显示法的实质如下：例如，如果所有 S 是 P 并且所有 S 是 R，那么"取"S 的一个东西，比如 N；这样，N 将是 P 也是 R，因此结论有的 R 是 P 将被肯定②。这里不是借助实际经验，而是借助想象力。这种作法在这里③似乎意义不大。只是在证实用换位法或归谬法能够证明的那些式的有效性时，亚里士多德才这样做。

　　亚里士多德从纯粹三段论过渡到模态三段论。他不厌其烦，仔细地检查了那些可从必然与必然、必然与实然、或然与或然、或然与实然、或然与必然等前提组合所得出的结论④。亚里士多德的这部分著作有些形式逻辑方面的错误。德奥弗拉斯特后来简化并改进了模态三段论学说。他采用的原则是："结论随较弱前提"。也就是说，正如一个前提是否定的，结论就是否定的，一个前提是特称的，结论就是特称的那样，一个前提是实然的，就不能得出必然的结论，而一个前提是或然的，就只能得出一个或然的结论。

　　我们看到，亚里士多德没有把假言命题当作命题的单独一种类型来处理。由此可知他没有与直言三段论类型并列的假言三段论

36

---

①　ἔκθεσις.

②　28ᵃ22—26。

③　在几何学中，显示法(ἔκθεσις)或特定数据的标出是非常重要的。

④　《前分析篇》I. 8—22。

理论。然而，他的确认识到"根据假设的推论"，还认识到这类推论有两种①。(1)我们可以先以归谬法为例。亚里士多德把归谬法分为两部分：一部分，用三段论推演出一个假结论；另一部分，根据假设②，证明所要证明的命题。这里所说的假设是推演出假结论的假设(即，所要证明的命题的矛盾命题)。亚里士多德的观点是，如果一个命题是真的，而从它的矛盾命题演绎地得出某物假，那么这个推理本身就不是三段论。因此，这个分析如下。要求表明：比如，从有 B 不是 A 和所有 B 是 C，得出有 C 不是 A，(a)我们假设所有 C 是 A，从这一点和所有 B 是 C 用三段论推出所有 B 是 A(这一点被认为是假的)；(b)利用假设所有 C 是 A(即发现从此假设得出某物假)，我们就可(不是用三段论方法)得出有 C 不是 A。

　　(2)根据假设的普通证明也分为两部分。需要证明某个命题，则"引入"或"替换"另一个更易于证明的命题。然后，(a)用三段论证明被引入的命题；(b)借助"约定或某些其它假设"建立原来的命题。③ 也就是说，从引入的命题得出原来的命题，这或者仅仅是推论者之间约定的问题，或者是依赖进一步假设的问题，前者是亚里士多德主要考虑的偶然性④，在他看来，根据假设的推理主要是论辩推论而不是科学推论。但是，如果其结果不仅仅是约定的问题，而是依赖于真实联系，那么，根据假设的推论就可以达到确实的结论。但这完全只属于归谬法这种推论。

---

　　① 《前分析篇》40^{b}25，41^{a}22—^{b}1。

　　② 41^{a}23—37，50^{a}29—32。

　　③ 41^{a}37—^{b}1。

　　④ 50^{a}16—19。

亚里士多德并不是没有注意到人们对三段论提出的反对意见[①]，即认为三段论涉及预期理由。如果我坚持认为"所有 B 是 A，所有 C 是 B，因此所有 C 是 A"，可能反对者就会认为我无权说所有 B 是 A，除非我已经知道 C（C 是 B）是 A；或认为我也无权说所有 C 是 B，除非我已经知道 C 是 A（A 包含在 B 中）。这些反对意见建立在错误的假设上面。（1）第一种反对意见的基础是，知道"所有 B 是 A"的唯一方法，就是检验 B 的所有实例。针对这一点，亚里士多德认识到，处理某些类型的论题（如数学论题）时，考虑哪怕仅一个实例就可以确定普遍的真实性：典型的普遍性不同于枚举的普遍性。（2）第二种反对意见的基础是，要知道"所有 C 是 B"，就必须知道它所具有的全部属性包含在 B 中。亚里士多德通过区别固有属性和本质，含蓄地回击了这种反对意见。在必然包含于 B 的那些属性中，他区别了某些根本属性，它们使 B 和所有其它事物区别开来是充分必要的。他把其它的必然属性看成是从根本属性派生出来和可推演出来的。要知道 C 是 B，只须知道 C 具有 B 的本质属性（属和种差），无须知道 C 具有 B 的固有属性。这样，可以不依赖于结论而知道每一个前提，甚至不知道结论也可以知道两个前提。结论的获得牵涉到对两个前提的"共同考察"，如果不是这样相互联系地看待它们，我们就可能不知道结论，甚至相信其矛盾的结论而又不因此而明显地违反矛盾律。从前提到结论是真正的思维运动，它把含混的东西清晰化，把潜在的东西现实化。[②] 在这一

38

---

① 塞克斯都·恩披里柯：《皮浪假说》II. 195。参见穆勒：《逻辑体系》，第二卷，第三章，第二节。

② 《前分析篇》$67^a12—^b11$；《后分析篇》$71^a24—^b8$，$86^a22—29$。

点上，三段论区别于预期理由。在三段论中，两前提一起蕴涵结论，而在预期理由中，仅一个前提就蕴涵结论①。

归纳、举例、省略三段论、化归

我们发现，亚里士多德多次把三段论（或演绎）和归纳作为两种根本不同的思维行进方式对立起来：前者是从普遍到特殊；后者是从特殊到普遍。② 前者实质上是在先的（prior）和更可理解的，因此更令人信服；后者"对我们来说更清楚"，更有说服力，在感觉的意义上更可理解，因此更有影响③。有些奇怪的是，我们还发现亚里士多德试图表明：如同所有其它论证方式（无论是科学的、论辩的，还是修辞的）那样，归纳本质上是三段论④。归纳的特点是"它用一个端项把另一个端项和中项联系起来"，亚里士多德做出如下描述：

"人、马、骡（C）都是长寿的（A）。

人、马、骡（C）都是无胆汁的（B）。

因此，（如果 B 不宽于 C）所有无胆汁动物（B）必然是长寿的（A）。"

可以看到，这是现代逻辑的"完全归纳法。"只有在小前提可以简单换位时，这个三段论才是有效的。但是如果小前提可以简单换

39

---

① 《前分析篇》65ᵃ10—25。

② 关于亚里士多德的归纳法，参见 M. 康斯布鲁克：《哲学史档案》V. 302—321；P. 勒克菲罗德，同上，VIII. 33—45；G. E. 昂特希尔：《古典评论》XXVIII. 33—35。

③ 《前分析篇》68ᵇ35；《后分析篇》72ᵇ29；《论辩篇》105ᵃ16；157ᵃ18。

④ 《前分析篇》II. 23。

位，则结论不会宽于前提。初看起来，我们也许不会有真正的从特殊到一般的推理，但是这种批评是错误的。全称的"所有无胆汁动物"的外延不会宽于"人、马、骡"（假定这些东西是全部无胆汁动物）。但是当我们从一方过渡到另一方时，就会有真正的思维进程，而不仅仅是表达上的进程，因为当我们能够说所有无胆汁动物都是长寿的时，我们就处于进一步理解一种合理的联系的过程之中。尽管完全归纳法不像人们有时描述的那样没有价值，但这里描述的以完全枚举为基础的归纳法却很不符合亚里士多德在其它地方表述的归纳法思想。[①] 我们发现许多论证被说成是归纳的，而其结论仅建立在一个实例或几个实例的基础上[②]。据我们所知，如果科学的最初原则由归纳法获知[③]，那么具有像上述命题那样广泛普遍性的命题就不能建立在完全归纳法基础上。这样看起来，亚里士多德在这里描述归纳法时，似乎为了支持自己的论点（即凡有效论证都是三段论）而采用只适合于归纳法极限情况的用语，[④] 在这种情况下，就是检验包含在一类普遍事物中的所有特殊事物，然后得出在此基础上的普遍结论。应该注意到，特殊事物不是个体而是种——不是这个人和那匹马，而是人和马。除某些时候以外，归纳法一般被亚里士多德看成是从种到属[⑤]。这就使他更容易把完全归纳法看成是所

---

① 68^{b}23, 27；69^{a}16；参见《后分析篇》92^{a}37。

② 例如，《论辩篇》105^{a}13—16, 113^{b}17, 29—36；《形而上学》1025^{a}9—11, 1048^{a}35—^{b}4。

③ 《后分析篇》100^{b}3；《尼各马可伦理学》1139^{b}29—31。

④ 《前分析篇》68^{b}9—13。

⑤ 例如，《论辩篇》105^{b}13—16；但在《论辩篇》103^{b}3—6, 105^{b}25—29, 156^{a}4—7是从个体到属；《修辞学》1398^{a}32。

有归纳法仿效的楷模。因为，(1)在逻辑学和数学中，可以使演绎的析取表现为穷尽的；例如，三角形分为等边的、等腰的和不等边
40 的。如果认为三角形的一种属性适合于所有这三种三角形，那么就能用完全归纳法推出这个属性。(2)如果亚里士多德自己相信若干有限的生物种，那么他就会认为可以检验无胆汁动物的所有种，尽管他不能确切地认为可以检验这些种的所有实例。从种到属的完全归纳法预设一种从个体到种的不完全归纳法。

如果我们考虑亚里士多德提出的那些被描述为归纳法的实际论证，就会发现它们的范围从完全归纳法到建立在只涉及单个实例之上的一般规则的论证。在亚里士多德看来，归纳法的根本性质似乎是一个人"引导"① 另一个人从特殊知识到普遍知识。是需要一个实例，少数几个实例，许多实例，还是需要全部实例，取决于论题的相对可理解程度。亚里士多德说科学的最初原则是用归纳法或感知认识的，② 这里他并不意谓归纳法和感知是根本不同的、认识最初原则的方法。当形式在思维中如同在数学中同样易于与质料分开时，心灵就从对某个实例的真实性的感知进而到能将这种真实性应用于某类的全部实例；当形式与质料不太容易分开时，就必须归纳

---

① ἐπάγειν, ἐπάγεσθαι 被柏拉图用作"引证"证据或例据，例如，柏拉图：《克拉底鲁篇》420^{d}2，《理想国》364^{c}6；《动物的分类学》673^{a}15，《形而上学》995^{a}8 也是这样用的。但是在亚里士多德的著作中，这个动词的对象更常常是被"引导"的人，《后分析篇》71^{a}21, 24, 81^{b}5；《形而上学》989^{a}33；参见柏拉图：《政治学》278^{a}5，ἐπαγωγός 的使用 ＝"诱使"。似乎从这里产生 ἐπάγειν 的使用，但不 ＝"做一归纳"，《论辩篇》156^{a}4, 157^{a}21, 34；从这里又产生 τὸ καθόλον ἐπάγειν 的使用，同上，108^{b}10。ἐπαγωγή 被其他作家使用（例如，Dem, 19. 322)，这是在"引导"的意义上（显然决不是"引证"的意义上）；柏拉图在类似的意义上使用 ἐπαναγωγή，《理想国》532^{c}5。

② 《尼各马可伦理学》1098^{a}3；参见《后分析篇》78^{a}34。

一些实例。但是这两种情况都涉及"理解活动"[①]。亚里士多德对这种活动的论述不很一致。有时，它被说成是"努斯"（voῦς）的工作，努斯在灵魂中，却不是灵魂而是外界引入灵魂胚胎的某种东西[②]。有时，它又被说成好像是从感觉出发通过记忆和经验这样连续发展过程中的最后状态[③]，感觉本身被说成与普遍有关，即抓住对象中的普 41 遍特点，尽管没有把普遍和它的个体表相分开[④]。

考虑亚里士多德的归纳理论，我们不可太受《前分析篇》II. 23 的左右，尽管这是他探讨归纳法的唯一段落。在他看来，归纳法本质上不是推理过程，而是以检验一些特例为心理基础的直觉过程。但是在《前分析篇》中，他对自己的新发现——三段论——的那种兴趣引导他把归纳法也看成三段论，因此以其最不重要的形式来处理它。在这些形式中，对特例的检验是穷尽的。

对于亚里士多德化归为三段论形式的其它论证方式[⑤]，无需多说。举例和省略三段论是分别相应于归纳法和三段论的修辞形式[⑥]。举例与（完全）归纳法的不同之处在于：（1）它不从所有实例出发，（2）以施用一般结论于一新实例而结束[⑦]。省略三段论不同于三段论（或者更确切地说，不同于科学三段论，因为它的形式无疑是三段论），其区别在于：（1）仅从可能性的前提进行推理，或（2）从一

---

① 《后分析篇》88ᵃ12—17，100ᵇ3—15。
② 《尼各马可伦理学》1098ᵃ3；参看《后分析篇》78ᵃ34。
③ 《后分析篇》II. 19；《形而上学》A. I。
④ 《后分析篇》87ᵇ28，100ᵃ17。
⑤ 《前分析篇》II. 24—27。
⑥ 《后分析篇》71ᵃ9—11；《修辞学》，1356ᵇ2—5。
⑦ 《前分析篇》69ᵃ16—19。

些迹象进行推理,也就是从结果推原因,而不是从原因推结果①。化归②很有意思,因为它符合数学的分析方法。数学家用这个方法从要被证明的定理出发,回归得出一个更容易证明的定理,从而使后一定理得以证明。不过,亚里士多德在这里一点也没有指出这种方法的重要意义。在其它地方,他似乎认识到化归是典型的数学发现方法③。

科 学 逻 辑

当我们从《前分析篇》到了《后分析篇》,我们就从对所有推理的共同形式的研究到了对区别科学推理和论辩推理或如我们所说的大众推理的那些特点的研究。《后分析篇》的内容共分五大部42 分④。(1)亚里士多德首先从科学的性质推论构成科学前提的命题所必须满足的条件(I. 1—6)。(2)接着他就证明的特点本身论证了证明的推断性,即旨在表明固有属性为什么属于其主词(I. 7—34)。(3)然后他考察了被认为是固有属性的定义方法的证明特点(II. 1—10)。(4)在下一节,他探讨在前面各节中只是约略提到的各种主词(II. 11—18)。(5)最后,他对自己关于证明的研究作了补充,他描述了一个过程,通过这个过程,作为证明起点的直接命题本身最终

---

① 《后分析篇》II. 27;《修辞学》1357ᵃ32。

② ἀπαγωγή,《前分析篇》II. 25. 归根结底,这似乎与从假设出发的三段论相同,尽管亚里士多德没有明确地把它们联系起来。然而,他确实把 ἀπαγωγή εἰς τὸ ἀδύνατον 当作一种专门的根据假设的论证来处理。

③ 《尼各马可伦理学》1112ᵇ20—24,参见 199 页。

④ 这是扎布里拉的划分。

被认识（II. 19）。

证　　明

　　亚里士多德指出，教和学都从预先存在的知识开始。这种预设的知识分为两类，即"那是如此这般的东西"的知识，或"使用的词所意谓的东西"的知识。对于有些事物，词义很清楚，需要明确假设的就是：事物是这样；例如，每个事物就真实性讲可以或被肯定，或被否定，这条规律是真的。对于有些事物（如三角形），我们确切知道名字的意义就足够了；非常明显，这样的事物存在，而且这无需明确说明。对于另外一些事物，我们必须确切地知道其名字的意义，还得知道这样的事物是；比如就单位而言[①]。

　　我们可以把这段话和亚里士多德的另一段话结合起来。在那段话中，他指出了科学探究的各种课题[②]，它们是"事物"，"原因"，"事物是否是"，"它是什么"。认识对象共有五种：（1）名字意谓的东西，（2）与之相应的事物是，（3）这个事物是什么，（4）它有某些固有属性，（5）为什么它有这些固有属性。上述这五种认识对象是按照我们逐步认识它们的自然顺序排列的。其第一种绝不是探究的对象，因为所有探究都从某个认识基础开始，可是并没有先于第一种的基础。其最后一种绝不能作为深入探究的基础而接受，因为，没有任何可以再深入探究的事物。因此，对于上述五种认识对象，亚里士多德在列举探究对象时只提到后四种；在列举预先认识

43

[①]　《后分析篇》I. 1。
[②]　同上，II. 1。

的对象时只提到前四种；明确提出的只有前两种。这样，科学的完整过程如下。它首先给自己确定一个探究课题，只知其名，名字纯粹是约定俗成的符号，无须研究它的意义，只须将名字表述出来。然后，第一个问题是"存在与这个名字相应的事物吗?"这必定是第一个问题，因为如果不知道事物存在就问它是什么，有什么固有属性，为什么有这些固有属性，这将是不可思议的。同样，我们在探究事物有什么固有属性之前应该知道它是什么，因为正是从其定义的知识，我们证明它的固有属性。最后，如果我们不知道它有固有属性而问它为什么有固有属性，这也是不可思议的。

证明是科学三段论，即完全是知识的而不是意见的三段论。因此，证明的前提必须是:(1)真的，而三段论的前提一般可以是假的;(2)初始的，换言之，直接的或不可证明的，因为如果是可以证明的，那么就要被证明，因此就不能是最初原则;(3)较之从自身得出的结论更容易理解并且居先——这不是说我们在思维中先认识到它们，而是说当我们认识到它们时，我们就更清楚地感到它们是真的;(4)结论的原因，即它们必须阐述这样的事实，它是结论中所阐述的事实的原因，同时，我们对它的认识必然是我们对结论的认识的原因[①]。

科学的这些根本出发点分为三种，包括:

(1)公理，即认识任何事物必须首先知道的命题。在公理中，亚里士多德不加区别地包括那些对任何事物都真的命题，如矛盾律

---

① 《后分析篇》，$71^{b}9-72^{a}7$。

和排中律 ①，以及那些几门科学共有的而对其范围又有所限制的命题，如等量减等量其差必等（这除了用于数量毫无意义）。对于所有的公理，亚里士多德认为，每门科学假设的公理都不具有普遍形式，而是适用于其本门科学的对象；对于矛盾律和排中律，他认为它们一般不包括在证明的前提中，我们不是从它们开始推理，而是根据 44
它们推理 ②。

(2)几门科学专有的"论题"。它们又被分成(a)"设定"，即上面谈到的前提，它表示"如此这般的是或不是"，(b)"定义"，它表示如此这般的是什么。科学假设其所有语词的定义，但是只假设其初始对象的存在（例如，算术假设单位的存在，几何假设空间量值的存在），并证明其它东西的存在。这样，科学就有三种对象：被假设为存在的属；由证明所预设的一般公理；借助公理所证明的属的性质。换言之，这三种对象就是：证明的范围、证明的基础、所证明的东西 ③。

科学所预设的这三类命题要区别于亚里士多德不允许科学预设的另一类命题，即"公设"，后者是与学者的意见相反对的假设（即不是普遍接受的），或是应被证明而不是被假设的命题。这三类命题还要与下述假设区别开：这种假设用于使学生确切地感到结论的真，而这种真不是证明所要求的；例如，几何学家假设他画的线是一英尺长，或是直的 ④。

对科学预设所作的这种描述，促使我们将它与欧几里德阐述

---

① "A 不能既是 B，又不是 B"，"A 必须或是 B 或不是 B。"

② 72^{a}16—18，76^{a}38—^{b}2，77^{a}10—12，22—25。

③ 72^{a}14—16，18—24，76^{a}32—36，^{b}3—22。

④ 76^{b}23—24，39—77^{a}3。

的预设做一比较。亚里士多德把科学说成是从不太熟悉但较易理
解的东西进到较熟悉而不太理解的东西。这时,他显然想到一种科
学,它不再是处于第一阶段——探究阶段——而是已经发展到能够
以一个一个的说明形式加以表达。他考虑的这种科学的唯一模式
是由数学,尤其是几何学提供的。欧几里德比亚里士多德只晚三十
年,而且在亚里士多德时已经就有《几何原本》,欧几里德对此只是
扩充和重新撰写。值得注意的是《后分析篇》第一卷中几乎所有预
45 先假设和证明的例子都来自数学 ①。书中明确地说明"公理"一词借
用自数学 ②。亚里士多德的"公理"相应于欧几里德的"普通概念"。
他最喜欢举例的一条公理"等量减等量其差必等"似乎是欧几里德
时期的三个"普通概念"之一 ③。亚里士多德的 ὁρισμοι(定义)相应
于欧几里德的 ὅροι。他的"设定"在某种程度上相应于欧几里德的
"公设",因为在五条公设中,实际上有两条是关于存在——直线存
在和圆存在——的假定 ④。

    亚里士多德说,有两种错误基于同一个基础。一种错误以为知
识或者蕴涵着从前提到前提的无穷倒退,以致没有任何东西可以不
经证明而被接受,或者蕴涵着接受未证明的因而是未知的前提;因
此知识是不可能的。另一种错误以为知识是可能的,但是循环进
行——这样,真被化归为命题之间的相互蕴涵,这些命题均不能被
独立地认知为是真的。这两种错误的共同基础是假定了证明是知

---

① 　见 7, 9, 10, 12, 27 章;参见 71^{a}3, 79^{a}18。
② 　《形而上学》1005^{a}20。
③ 　希思:《希腊数学史》I. 376。
④ 　同上, 374。

识的唯一方法。针对这两种错误，亚里士多德确定了他的原则：存在着最初的前提，它们既不需要也不接受证明 ①。

当我们知道某物时，我们也知道它不能不是这样；如果我们的结论是这样必然的，我们的前提也必须是必然的。这意味着（1）前提和结论必须适合于其主词的每一个实例。（2）它们所阐述的主词和谓词之间的关系必须是直接的或本质的关系。直接关系有四种情况：（a）一个词项涉及另一个词项的本质并且涉及其定义；例如，线涉及三角形的本质并且涉及三角形的定义。在这种意义上，谓词若是其主词的直接关系，就是主词的定义、属或种差。（b）一个词项是另一词项的属性并把它包含在自己的定义中；例如，每一条线是"直的或弯曲的"，不考虑线就无法定义"直的"和"弯曲的"。在这种意义上，谓词若是其主词的直接关系，就是主词的固有属性，或是主词的表述了有选择性的一些固有属性的析取式。既不以（a）方式也不以（b）方式属于其主词的属性，仅仅是主词的偶性或伴随物。（c）从主谓命题转到存在命题，亚里士多德补充道：不谓述主 46 词，只谓述自身的那些事物是独自存在的。"白的"或"行走"涉及主词，是白的或是正在行走的某物却不涉及自身；但是个体实体根本不能被恰当地用作谓词，属实体只能是一个谓词。它谓述的主词并非与属不同，只不过是它的种或个体分子。（d）不断定主词内在的属性而断定原因与其结果的联系，这样的命题是直接的；仅断定两事物的伴随物的命题是偶然的。亚里士多德定义（c）和（d）的意思仅仅是为了完整地说明"直接"的意义，据说，科学的前提在（a）

① 《后分析篇》I.3。

或（b）的意义上都将是直接的。

　　但是，在严格的普遍意义上讲，命题必须（3）适合其主词本身。谓词属于主词必须不仅是必然的，而且是根据主词的特有性质而不是根据它与其它的种所分有的属的性质。因为只有这样，主词才能不含有与谓词不相关的东西。我们必须"去掉"所有与主词不相关的种差，最后得到与谓词恰好相称的主词。科学的前提是可互换的或者说是简单可换位的陈述，只有这样的前提才有科学理想所需要的精神 ①。

　　由于科学的前提必须满足这些条件，因此前提就有某些特性。其一是前提必须适合于或专属于科学的主题。首先，它们不能是从另一门科学借用而来的。因为，如果中项是一个属的普遍谓词，即相称的谓词，它就不能是另一个属的相称的谓词。这样，几何学命题就不能用算术前提证明；只有空间量是数字时，它们才能这样证明。端项和中项必须属于相同的属。只有当一门科学的课题处于另一门科学的课题范围之内时，如光学和声学的课题分别处于几何学和算术的课题之内，后一门科学的前提才能用于前一门科学。但是实际上光学不是不同于几何学的科学，声学也不是不同于算术的科学。光学和声学只不过分别是对几何学和算术的应用。②

47　　其次，由于同样的原因，某一特定科学的命题不能用一般的前提证明。"分别比同样事物大和小的事物相等"，布赖索企图用这一原则化圆为方，这是不正确的。因为这是既适合于数量也适合于空

---

①　I. 4，5。

②　I. 7. 参见 70 页。

间量的原则，它不考虑几何学课题的专门性质。由此得出，专属于一门科学的最初原则是不能被证明的。因为如果它们能被证明，那么只能用一般前提证明。由此还得出，多门科学所共同的"公理"，不是科学的前提，而是保证从前提得出结论所依据的原则。①

　　"事物"或事实的知识和"为什么"的知识之间的区别，进一步确定了科学知识的理想。(1)这种区别可以在一门科学范围内得出。开始，当我们的前提不是直接的而是本身需要证明时，随后当我们从结果推出原因，从较熟悉的东西推出较易理解的东西时，我们就有关于"事物"的知识，而不是关于"为什么"的知识。我们可以从行星不发光推出它们的远近，但是这样我们就改变了真正的逻辑顺序；本质原因也应该是认识的原因。如果中项和大项可互换，我们就可以用从原因到结果的推理代替从结果到原因的推理；如果中项和大项不能互换，我们就不能做这种代替，因而局限于"事物"的知识。

　　(2)一门科学可以认识"事物"，另一门科学可以认识"为什么"。数学为光学、声学和天文学所研究的事实提供理由，甚至为不"附属"于它的科学(如医学)所研究的某些事实提供理由。这样，一个精通几何学和医学的人就能够在几何的基础上解释"为什么圆形伤口比其它形状的伤口愈合得更慢。"②

　　我们将看到，"为什么"的知识之所以不能获得是由于违反了前面制定的关于科学前提的两条规则之一——它们必须是直接的，

---

　　①　I. 9, 11, 77ᵃ10—12, 22。
　　②　《后分析篇》I—13。

它们必须比结论更易理解。因此,关于"事物"的知识不是科学本身,科学本身是一个系统,其中除了最初原则本身,所有已知的东48 西都被认为是从最初原则必然得出的。

由于科学的前提必须是直接的,科学的证明就可以表达为一个"组合"过程①,即在我们要当作主词和谓词联系起来的两个项之间插入必要的中项。当亚里士多德这样说时,他把科学程序看成是分析的,即看成是在它面前提出一条要被证明为真的定理或提出一个要被达到的结构的问题,并且提出所需要的前提是什么,即结论的条件是什么。但是在大多数情况下,他可能把科学看成是综合的,即看成是从直接的前提出发并且把它们合并起来,间接地得出结论。其实前者是发现的方法,后者是说明的方法。二者在科学的应用过程中都起一定的作用。

根据对科学性质的一般概念,亚里士多德能够阐述一门科学比另一门科学"更严格并且在先"的条件。②(1)如果一门科学知道事实和理由,而另一门科学只知道事实,则前者更严格并且在先。例如包括数学和观测在内的天文学就先于观测的天文学。(2)如果一门科学研究从基质抽象出的特点,而另一门科学是具体的,则前者更严格并且在先。例如,算术就先于声学。(3)如果一门科学涉及较少的预设,它就更严格并且在先。例如,算术就先于几何学,因为单位没有位置,而点有位置。

由于感知只涉及某些特定事实,因而它决不能做证明的工作。

---

① 79^a30,84^b35。
② 《后分析篇》I. 27。

即使我们在月亮上并看到地球遮住日光，我们仍然不知道月食的原因。我们大概会看到暂时的失光，但是却不会知道这种现象的一般原因。但是，亚里士多德一面这样强调感知的局限性，同时又清楚地认识到感知在科学发展中所起的作用[①]。没有感觉，就没有科学，因为作为科学起点的普遍真理是用归纳方法从感知得到的。尽管我们凭借感觉不能知道事物的理由，我们却从感觉可认知事物。经过对一事实的若干次体验，我们借助思维直觉的行动就可得到普遍的解释[②]。亚里士多德非常清楚地认识到科学想象力的重要性，依靠 49 这种想象力，我们就"一下子猜到中项"[③]。

　　在《后分析篇》第一卷快结束的时候，亚里士多德的注意力转到知识和意见的区别方面来。这种区别对他来说就像对柏拉图那样重要。他区别二者，首先指出它们的对象不同。知识具有必然性；而意见具有或然性。真意见可以是假的，假意见也可以是真的。亚里士多德指出，谁也不会在认为 A 只能是 A 时，却说自己认为 A 是 B；这样，他就说他知道 A 是 B。但是人们可以说，两个人实际上可能分别知道和考虑相同的前提，以及从这些前提得出的相同结论。对此，亚里士多德首先说，即使是这样，他们也没有消除知道和考虑的区别；即使它们的对象是相同的，思维方式也不一样；例如，一个人可以认为他的前提阐述其主词的本质和定义，另一个人可以认为他的前提不过是阐述偶然适合于主词的事实。其次，他说，知识和意见的对象是不同的，恰如真假意见的对象是不同的。

---

① 参见《天文学》293ᵃ25—30, 306ᵃ5—17；《论生灭》316ᵃ5—10。

② 《后分析篇》I. 31。

③ I. 34。

真假意见的"一样"之处在于它们都是关于相同的主词；但是由于它们断定这个主词的不同谓词，它们又是"不同"的。同样，知识和意见都可以判断人是动物，但是一方判断"动物"具有人的本质，而另一方判断"动物"是人偶然具有的属性。

定　　义

在《后分析篇》第二卷中，亚里士多德转而把证明看成是达到定义的工具。问题的四大类型："事物"、"为什么"、"是否"和"什么"①，都与中项有关。要问 A 是否是或 A 是否是 B，就是问是否有一个中项解释 A 是或 A 是 B；要问 A 是什么或为什么 A 是 B，就是问这个中项是什么②。中项的意思更容易适合 A 是否（或为什么）是 B 的问题。我们于是希望在 A 的本质中找到这样的因素，它能解释 A 为什么有固有属性 B。另外，亚里士多德所谓 A 普遍是的中项是什么意思？这里不可能是三段论的中项，因为没有将它置于中间的两个项，只有项 A。这里"中项"只是广义地用来表示"本质原因"。亚里士多德的意思是：要问 A 是否是，就是问是否有相应于这个名字的可理解的本质；要问 A 是什么，就是要在定义中展开这个本质。但是，把"为什么"的问题和中项这个概念用于实体，则有些不自然。亚里士多德真正有兴趣的看法是，寻求一种属性的定义就是寻求联系这个属性与主词的中项，以便表明为什么某个主

---

① II.1。
② II.2。

词有这种属性。如果月食是由于地球插入而挡住日光，那么月食的定义就是"因地球插入而夺去月亮的光"。某种属性的真正定义是唯一的，它绝非仅是描述如何用词，它是阐述这种属性出现的有效或终极的原因。这样，证明某属性必然得自某种原因，仅仅需要语词变换来提供定义。

亚里士多德做了一段论辩的讨论，表明我们不能用三段论、划分、对一事物或其反面的定义、或任何其它方法来证明一个事物是什么①，然后他进一步从正面论述了证明和定义之间的关系②。如果我们借助证明达到一个定义，那么我们一定从对被定义者的性质的不完全认识出发，即从它的名词定义出发，如定义月食为失光。然后我们问是否有某个中项，以此我们可以证明月亮失光。我们可以找到这个中项——"不能投影，尽管在月亮和我们之间没有任何东西"；也就是说，我们可以从月亮的一个征兆推论月光被遮住。这不会帮助我们达到关于月食的真正定义。但是我们可以找到阐述月食原因的中项。我们可以构成这样一个三段论："凡在自身及其光源之间有另一物体介入者就失光，月亮在自身及其光源之间有另一物体（地球）介入，因此月亮失光。"这个从月食原因的存在到月食存在的证明只需重新构造一下就能得出涉及月食的原因的定义——"月食是地球介入月亮和太阳之间所造成的月亮失光"。这样，给定一属性或事件的名词定义——属加主词，我们可以达到它的真实定义——属加主词加原因。我们并未证明定义，而是借助证

51

---

① II. 3—7。
② II. 8。

明得到一个定义。

只有属性和事件可以这样定义。科学的初始对象，如算术中的单位，却只有自身作原因。对这些对象，只能有名词定义。我们必须要假设这一点并使之被认识，这种定义方法随后即有说明[①]。这样就有三种定义：(1)初始词项的不可证明的定义，(2)属性或事件的真实或原因定义，它把三段论的内容集中在一个命题之中，(3)属性或事件的名词定义，它符合无前提的三段论的结论[②]。可以看到，这三种定义相互联系，如同穆勒的自然律、派生律和经验律那样。

亚里士多德接着指出[③]，在形式因、质料因、动力因、终极因这四种原因中，任何一种原因都可以起中项的作用，以此证明有这种原因的事物的存在。值得注意的是在这段话中(大概是质料因出现最早的地方)，质料因的意思不同于亚里士多德通常所说的质料因的意思。它被说成是"得出给定的事物是的条件"，这些条件与证明结论所必要的前提是等同的。在四因说的最有权威性的章节中，"结论的假设(或前提)"是作为质料因的一个实例出现的，与其它更通常的实例——塑像的铜料，音节中包含的字母，等等——相并列[④]。看上去好像《后分析篇》有一个更窄的看法，从这个看法出发，通过认识到前提和结论的关系同质料和形式的关系之间的类似性，最后达到质料因这个概念。这一章像是亚里士多德早期思想的产物，因为它显得相当混乱。

52

---

① II. 9，参见 67 页。

② II. 10；参见 75^{b}31。

③ II. 11。

④ 《物理学》195^{a}18。

表明如何从非原因定义达到原因定义之后，亚里士多德进而考虑非原因定义本身怎样建立。① 定义一个最低种，要列举它的一组本质属性，这些属性分开来则超出最低种的范围，合起来则与它相等。亚里士多德迄今为止没有采用柏拉图的划分定义方法。他的方法不过是一个一个地建立起属性，直到获得与被定义事物相等的属性组合。但是当他更仔细地考虑达到定义的方法时 ②，他就对划分做出某种评价。诚然，划分不证明任何东西，但是(1)它保证以正确的顺序获得各项特点。我们可以把动物分成驯服的和野蛮的，但是不能把驯服的东西分成动物和其它东西，因为（严格地说）动物是唯一能够驯服的东西。因此如果我们使用划分方法，我们就会避免以不正确的顺序阐述人的定义，比如"驯服的，动物，两足的"；我们将以正确的顺序排列这些特点："动物，驯服的，两足的"。(2)划分还有另一种优点。它告诉我们什么时候我们关于最低的种的定义是完全的。在定义过程中，如果我们从属跳到其非最邻近的种差，我们就会发现这个种差及其并列物并未穷尽整个属；并非所有动物都是全翼的或分翼的。如果我们时刻想着划分属的问题，我们就不会遗漏种的定义所需要的任何中间种差。有三点需要记住：(1)只可用属于种的本质的属性作种的标志；(2)以正确的顺序排列这些属性，总是从可确定的达到确定的；(3)接受定义所需要的所有标志，以便使被定义项与所有其它事物区别开。

阐述了划分有助于定义的这些方面之后，亚里士多德进一步说

---

① 《后分析篇》II. 13。

② $96^b15 — 97^b6$。

53　明一个属的定义还需要什么。[①] 当把属分成最低种，并且定义了这
些种之后，就需要寻求其定义中的共同因素，最后将那些对所有种
来说不是共同的因素，作为与属无关的东西加以排斥。这一过程同
划分一样，一定不能跳跃进行。我们必须要逐步地从已确定的种到
属，最后经过一个逐步概括的过程达到最高的可定义的属。有时我
们还会发现，我们期望在一个属中发现某些种，而这些种却属于不
同的属，它们的名字一样，但有歧义；对此，我们必须有所准备。假
定我们要定义骄傲。阿耳基比阿德、阿基里斯和阿贾克斯关于骄傲
的涵义是不能容忍侮辱，莱桑德和苏格拉底关于骄傲的涵义是对财
富漠然置之。因此骄傲一词有不只一个意思，并且不只一个定义。

　　在这一章，尽管亚里士多德的意思有时不太容易掌握，但是他
精彩地描述了组合划分和概括的过程，实际上这是获得正确的非原
因定义的真正方法。

　　亚里士多德在《后分析篇》一开始强调，由于科学的目的在于
"普遍的"命题即互换的命题，其中主词和谓词是共外延的，因此科
学的前提也必须是互换的命题。现在他进一步问道，原因和结果是
否必然是共外延的。这个问题可重新表达为："能从原因的存在推
出结果的存在，并从结果的存在推出原因的存在吗？"[②] 或者说"一
种结果可以有多种原因吗？"[③] 亚里士多德的回答是：原因的意义恰
恰意味着从有结果可以推出有原因。如果有结果而没有其假定的
原因，那么这只能说明这种假定的原因不是真正的原因。每一个科

[①]　97^b7。

[②]　II. 16。

[③]　II. 17。

学问题都是普遍问题，其主词和谓词是共外延的。如果我们问"为什么主词 C 有属性 A"，我们就意味着正是 C（而不是其它事物）有属性 A。现在考虑下面这个三段论：

　　所有 B 是 A，

　　所有 C 是 B，

　　所以，所有 C 是 A。

　　这里 B 是 C 的本质属性，并且是固有属性 A 的原因。如果结论可以简单换位，就很容易看到，前提也必须能简单换位，因此原因 B 和结果 A 的外延相等。　　　　　　　　　　　　　　　　　54

　　我们可以看到，这种说法如果是像亚里士多德那样涉及科学理想而阐述的，那么就是合适的，因为科学的目的在于互换陈述，不能停留在满足于众多原因上。但是亚里士多德还没有考虑到科学在其发展中要克服的困难。科学几乎不能详细说明具有某种属性的整个主词；它发现这种属性出现在这个主词中，也出现在那个主词中，但是不知道它出现在其它哪些主词中，更不知道包含这些主词的属。于是，它必须问"为什么这个主词 C 有属性 A"，还必须满足于 B 不是与所有 A 而是与"C 中的 A"的外延相等。这与"D 中的 A"的原因常常是不同的。这样，并不能在所有情况下从有 A 推出有 B，而且 A 将有多种原因。亚里士多德非常清楚地指出[①]，我们可以先认识一种结果的多种非互换的原因，然后再认识互换的原因。

---

① 98^{b}25—31, 99^{a}30—^{b}8。

对于科学的最初原则的理解

　　《后分析篇》大部分讲的是证明。证明预先假设了对最初前提
的认识，但这不是通过证明而认识的。在这部著作结尾[①]，亚里士
多德谈到如何认识这些前提的问题。我们认识这些前提所凭借的
能力是什么？这些知识是后天获得的，还是从我们一出生就潜藏在
我们的心灵中呢？很难设想，所有知识中的这些最确实的知识从一
开始我们还不知道它们时，就已经在我们的心灵中；同样也很难看
到，如果它们不是从一开始就有，那么又怎样获得呢？因为（与证
明的知识不同）它们必须要在没有任何预先存在的知识的基础上被
获得。为了避免这些困难，我们必须假定最初我们有一种可以使这
种知识发展起来的较低级的能力。亚里士多德在所有动物天生的
辨别力——感知——中发现了这样的能力。从感觉发展到知识的第
一个阶段是记忆，这是在感知的时刻终结时"印象的保存"，第二阶
段是"经验"，或者是在重复记忆同类事物的基础上构成概念，也即
55 对普遍性的固定。这个阶段反过来又成为起点，从这里，如果我们
关心的是生成，则技术发展起来；如果我们关心的乃是是，则科学
发展起来。从特殊到普遍的过程就像召集溃散的军队，通过一个人
接一个人地站在一起，最后整个军队恢复到有秩序的状态。这种过
渡是可能的，因为感知本身就有普遍性的因素。我们的确感知一个
特殊事物，但是我们在此事物上感知到的是它与其它事物共有的特
点。我们从普遍性的这个最初因素，不断地经过普遍性的越来越高

---

　　① II. 19，参见《形而上学》A. 1。

的限度，最后达到最高的普遍性，即"不可分析的东西"。从特殊到其暗含的普遍，这种过程被说成是归纳；普遍性成为科学的最初前提，而掌握这种普遍性依靠一种高于科学的能力，并且这只能是直觉理性。

在上述对从感觉到理性的连续发展所作的重要说明中，有一点（其它且不提）还是含混的。被直觉理性认识的"最初事物"到底是什么？语言大都涉及概念的掌握，因此最初事物一定是概念的最高的、不可分析的对象，即范畴。但是范畴知识并不足以构成证明的思想的起点。科学的最初原则是公理、定义和"设定"，或关于科学初始对象的存在的假定[①]。可能亚里士多德认识到这里的这个区别。在描述了从特殊感觉上升到普遍性之后，他说[②]，"显然，通过归纳法"（即通过从特殊事物的概括）"我们认识到'最初事物'；因为这样一来，感知也为我们产生了普遍性。"就是说，除了从特殊感觉进到普遍性之外，他似乎还认识到从特殊判断，如"这个事物在自身同一部分不能有不同的颜色"，进到普遍判断，如矛盾律和科学的其它最初原则[③]。

《论 辩 篇》

论述《论辩篇》必须简略一些。这部著作似乎分两大部分：(1)

---

① I. 10。

② 100^b 3。 100^{b} 3。

③ 参见《形而上学》981^a 7，亚里士多德把"加里亚，苏格拉底等人在感染这种疾病时，都受到这种治疗的帮助"这样判断的形成归为 ἐμπειρία。

第二卷至第七卷第二章，这是原来的论文，收集了多半从学园承袭来的争论的 τόποι 或日常语句①。这一部分似乎写在发现三段论之前②。(2)第一卷、第七卷的第三章至第五章和第八卷，这是发现三段论以后在写《分析篇》之前所写的引论和结尾。《辨谬篇》大概晚于《论辩篇》，但早于《分析篇》。

《论辩篇》的目的是"发现一种方法，以此我们能够辩论任何从可能性前提提出的问题，并使我们自己在检验过程中避免自相矛盾"③，即我们将能够成功地支持辩论中的任何一方——"问者"一方（主讲者，他向对方提出问题并根据得到的任何回答进行辩论）或"答者"一方。换言之，我们的目的是研究论辩的三段论。论辩的三段论区别于科学三段论，因为它的前提不是真的、直接的，而仅仅是可能的，例如那些为所有人或大多数人或智者所接受的前提。另外，它区别于强辩的三段论，因为它从实际可能的前提正确地推理，而强辩的三段论仅从貌似可能的前提推理或者不正确地推理④。论辩术没有科学所具有的至高无上的价值，但它也不是仅仅为争论而争论的那样毫无价值的东西，对于论辩术的研究有三种主要用途：(1)有助于思维训练，(2)有助于与相遇者辩论的能力；如果我们已经熟悉了多数人的意见以及由这些意见所得到的东西，我们就能从他们的前提出发进行辩论，(3)有助于科学，而且这个用途

---

　　① E. 汉布鲁克在《从柏拉图学派到亚里士多德的〈论辩篇〉的逻辑》中很好地处理了这一点（柏林，1904）。

　　② H. 迈尔在《亚里士多德的三段论》II. 2, 78, 为这种说法找到了一个论据。

　　③ 100^a18。

　　④ 同上。100^a27—$^b25$。

是双重的:(a)如果我们能够从正反两个方面论证问题,那么我们就能在遇到它们时更好地辨认真假;(b)由于科学的最初原则本身不能被科学地证明,所以从研究类似论辩术提供的普通意见能够达到科学的最初原则 ①。在《论辩篇》中,对论辩术的具体研究主要是 57 从前两个观点进行的 ②。亚里士多德没有表明论辩术如何有助于我们研究科学。通过论辩术达到科学的最初原则和用归纳法达到科学的最初原则,这两种表述在任何地方都没有发生联系。但是我们必须记住,归纳法是论辩术专有的两种论证形式之一 ③。(在《形而上学》Γ卷论证矛盾律和排中律时,有用论辩术建立最初原则的最好的范例。)

亚里士多德首先考虑在进行争论时前提中或提出来用于讨论的问题中主词和谓词之间的各种关系。任何命题的谓词与其主词或可以换位或不可以换位。如果可以换位,则谓词或者表明主词的本质,这就是主词的定义,或者不表明主词的本质,这就是固有属性。如果不可换位,则谓词或者是定义中的一个因素,这就是主词的属 ④;或者不是定义中的因素,这就是偶性 ⑤。这就是亚里士多德对谓词的分类,后来被波菲利搞乱了,他把种看成是第五种谓词。在亚里士多德的学说中,种不在谓词的位置,而在主词的位置,因为亚里士多德的观点(除了确定偶然属性的判断的情况以外)自始

---

① I. 2。

② 参见,例如 105ᵃ9。

③ 《论辩篇》I. 12。

④ 或是一种种差,亚里士多德这里把它包含在属下。

⑤ I. 4, 8。

至终是关于种的判断,而不是关于个体的判断。

后来亚里士多德本人修改了他的谓词理论的一个方面。《论辩篇》忽视了属和种差的区别。像属一样,种差被看成比具有种差的事物宽。这就暗含着下述说法:定义的构成是通过汇集一些属性,它们分开来宽于被定义项,而合起来与被定义项的外延相等,我们可以在《后分析篇》中看到这种说法①。另外,在《形而上学》中②,亚里士多德规定每一种差都要与前面种差相区别,最后的种差要与被定义项的外延相等。《后分析篇》表明他正在接近这种说法。③

58 　每一个前提或问题都与这种或那种谓词有关。例如,可以提出讨论的问题是:"有足的,两足的动物是不是人的定义?""动物是不是人的属?"问者向答者提出的问题(以回答作前提)亦是同样类型。同类中有与谓词联系密切的问题和前提,还有其它与谓词联系不太密切的问题和前提。这样,单独一个词不能定义另一个词。但是像"漂亮是合适的"这样的命题则与定义漂亮的问题有关。此外,两类事物数目同一的问题也与定义问题有关。数目同一不意味着可以用一个定义另一个,而数目差异则表明不能这样定义④。因此,可以把所有问题放到这种或那种谓词下,谓词理论形成了处理问题以及能讨论问题的日常言语的结构。卷 II 和卷 III 处理偶性问题,卷 IV 处理属问题,卷 V 处理固有属性问题,卷 VI—VII · 2 处理定义问题。

---

① 96ᵃ24—ᵇ14。参见 67 页。

② Z. 12。

③ 96ᵇ30—32, 97ᵃ28—ᵇ6。

④ 《论辩篇》I. 5。

论辩术的技术中有三个主要的词项："前提"、"问题"、"论题"，一个论辩的前提是"一个问句"（严格地说，一定是一个回答），"它被所有人，大多数人或智者认为是可能的。"可以向对方提出讨论的问句并非都可作为讨论的问题建立起来。一个问题必须是具有实际意义或理论意义的问句，对于这个问句，或者没有现行的意见，或者存在着大多数人和智者之间的意见分歧。同样，并非每个问题都是一个论题。一个论题是"某个著名哲学家的自相矛盾的意见"，或是这样一种论点，尽管也许无人赞同它，但是它能够有论证作根据，亚里士多德带有显著的常识特点补充道，并非所有问题和论题都值得讨论，只有需要进行论证的问题和论题，而不是要受到惩罚或缺乏常识的那些人提出的问题和论题，才值得讨论。我们不应讨论我们是否应该尊崇上天、热爱父母这样的问题，也不应讨论雪是不是白的这样的问题。[①]

我们不愿意在亚里士多德对于 τόποι——论辩推理得出其论证的源渊——的辛勤探究上再花费更多的笔墨。这种讨论属于过去的思维方式，它是希腊精神向普遍文明前进的最后的一种努力，这种努力企图探讨各种各样的问题，而不研究它们适宜的最初原则。我们知道，这是智者派的运动。不论亚里士多德和柏拉图怎样描述诡辩家，亚里士多德区别于诡辩家的地方都在于他企图帮助他的学生和读者尽可能不用专门知识而实际有效地讨论问题，而不是用虚假的表面智慧去获取名利。但是他自己指出一个更好的方法，科学的方法。正是他自己的《分析篇》使他的《论辩篇》相形之下逊色、过

59

---

① I. 11。

时了。

《辨 谬 篇》

　　《辨谬篇》构成《论辩篇》的很有意思的附录。书名的意思严格地说是"诡辩反驳"。诡辩家原来被看成是否定的精神，他们致力于表面上反驳普通人的意见以使他们为难。但是诡辩反驳的方法也是诡辩家用来证明自己论题的方法，因此《辨谬篇》研究一般的谬误。亚里士多德对谬误的分类是所有对谬误分类的基础。它主要分两类，一类是依赖所用语言的谬误，另一类是不依赖所用语言的谬误。和语言有关的谬误是 [①]：

　　(1)用字歧义，即一词多义。

　　(2)语句歧义，即句子结构产生多义(希腊文很容易说明这一点。在希腊文中，词的顺序不能确定哪个词是主词，哪个词是宾词)。

　　(3)字的错误组合。一个人坐着，他也能走，但由此得不出他能又走又坐着。

　　(4)字的错误分离，五是二和三，但由此得不出五是二并且是三。

　　(5)错放重音，即由读错重音而曲解文字语言(例如，用长音重读而不用方言重读)。

　　(6)修辞错误，即从语法形式产生的错误推论，例如，假定

---

　　① 第4章。

ailing（不舒服）是一行为，因为它有与"cutting"（切）或"building"（建筑）相同的变形。

和语言无关的谬误是[①]：

（1）偶性，即认为一属性属于一事物则也属于它的每一偶性，或者反之亦然。如果考里士古不是苏格拉底，而苏格拉底是人，由此得不出考里士古不是人。

（2）混淆绝对的与不是绝对的。如果不是的东西乃是意见的对象，则得不出它是。同样，如果一事物在自身不同部分有对立的性质，则绝对地述说它的这些对立性质是不正确的。

（3）用歪曲对方论点的手法驳斥对方，这是由于没有认识反驳的涵义。主词被证明所没有的属性必然是它被断定具有的属性，而不是被同名或一个含混名字所称呼的属性。这种属性必然被证明不在同一方面，同一关系。同一方式和同一时间属于主词，却被断定在这些方面属于主词；反驳必须是从给定的前提必然得出。如果我们提出二是一的二倍而不是三的二倍，则并未证明二既是二倍又不是二倍。

（4）预期理由。即（a）证明一个命题要假设一个完全相同的命题。或（b）证明一命题，而这个命题的初始前提要用它自己来证明。如构成平行线的方法预设了平行线的构成，亚里士多德在其它地方也解释了真实和表面的预期理由的各种形式。[②]

（5）错误推论。即把不应换位的命题进行简单换位。例如，从

---

① 第5章。

② 《前分析篇》II.16。《论辩篇》VIII.13。

感知的错误推论（如胆汁是黄东西而被当成是蜜，因为蜜是黄的），证明中从迹象进行的错误推论。

（6）把非原因当原因。其中，一个结论明显的错误被认为反驳了并非真正是产生这个结论的诸前提之中的一个命题。例如，"如果灵魂和生命是相同的东西，那么由于产生是毁灭的反对，一个特定毁灭的反对就将是一个特定的产生。但是死亡是毁灭并且是生命的反对，因此生命是产生。但这是不可能的；因此灵魂和生命是不同的。"这里企图反驳的命题不是作为一个前提，因此没有被这个假的结论反驳。

（7）多种问题，例如，"所有这些东西都好还是不好？"，而事实上有些好，有些不好。

对于亚里士多德关于谬误的学说，不能一概而论。有些谬误不过是玩弄词藻，即便小孩子也不会受它的骗。另外一些谬误尽管有些欺骗性，却过分地矫揉造作。但是他在如下这些谬误中——用字歧义，偶性，混淆绝对的与不是绝对的，用歪曲对方论点的手法驳斥对方，预期理由，错误推论，把非原因当原因——指出了所有谬误中最重要的，没有被用来欺骗其他人，却欺骗了演说家本人的谬误[①]。亚里士多德的研究考虑了许多推理面临的最难以捉摸的危险。在这方面，如同在他的整个逻辑学方面一样，他是先驱[②]。

谬误的分类绝非完善，亚里士多德自己看到有些虚假论证可以

---

① 167^{b}35。

② 参见他的陈述：在辩证法探讨上（不同于修辞学等），他是在平地建立起这门科学。《辨谬篇》183^{b}16—184^{b}3。

归入许多种谬误之下 [1]，而且所有谬误都可以被看成是用各种歪曲对方论点的方法驳斥对方 [2]。但是，后来的理论家发现必须遵循亚里士多德研究的主要线索，因为他们在离开亚里士多德研究的地方往往把事情搞糟。有许多地方，他的意思被曲解了。还有一些地方，由于把他的术语任意地用于完全不同类型的谬误，因而使他的意图变得模糊不清。

---

[1]　167^a35，182^b10。

[2]　第 6 章。

第三章　自然哲学

我们看到，亚里士多德把科学首先分成理论科学（以为了自身的知识为目标）、应用科学（以指导行动的知识为目标）和生产科学（以用于使某物变得有用或美的知识为目标）。理论科学又分为"神学"（或形而上学）、物理学和数学。物理学研究独立存在的，但不是不可变化的事物（即"自然物体"，它们本身带有运动和静止的原因）。数学研究不可变化的，但不是独立存在的事物（即数和空间图形，它们只是作为有限制的实体而附属地存在）。神学研究既独立存在，又不可改变的事物（即与质料没有任何联系而存在的实体）；由于最高的纯实体是上帝，所以这种研究叫神学①。亚里士多德在一长系列的著作中论述了上述定义的"物理学"。从《气象学》的开始部分可以看出，他认为这些著作形成一个整体，他声称探讨了（1）自然的第一因（即构成元素，他在《物理学》I, II 卷中说明这些元素包含在所有的变化之中）和一般的自然运动（《物理学》III.–VIII 卷）；（2）行星的排列和运动（《天文学》I. II 卷），全部元素的数目和实质以及它们的相互转化（《天文学》III. IV 卷）；（3）一般的产生与消亡（《论生灭》）。他打算探讨（4）"符合自然而产生的事物，这

---

① 《形而上学》1025ᵇ18 — 1026ᵃ19。

个自然的范围最近似行星的运动，但是它不如第一（或天文）元素的自然那样秩序井然"①（《气象学》）；（5）一般地并且根据其种类来研究动物和植物（生物学著作）。

63

我们将看到，他的方法是从一般到特殊②。《物理学》实际上探讨一般的自然物体，探讨这些本身具备运动和静止原因的物体的共同本性。这不仅包括生物体，而且包括元素和它们的无机组成部分，这些东西有内在的运动的倾向——或者循环地、或者始于或趋于宇宙中心。甚至人造的东西也有自然运动，因为它们的材料是自然物。但是它们的运动是通过工匠之手而得到的，工匠制造它们，并且使用它们③。

《物理学》声称探讨"自然科学"，但是开始并没有说明什么是"自然"。在苏格拉底以前，"论自然"是很热门的题目，著作颇多；依靠这些早期著作，亚里士多德可以期待他的意思是足够明白的。也许他想探讨构成物质形体的终极材料以及它们表面变化的性质和原因。他在一开始就强调发现原因的重要性，认为经验的事实是一团混乱的东西，必须加以分析，直到我们知道其终极事物，即"本源"、"原因"或"元素"，这些东西虽然刚开始对于我们来说是模糊的，但它们"实质上是清楚的"④。对这些根本的原因可以采取不同的看法，但是，亚里士多德指出，有一种观点认为现实是单一的、不可分的、不可变化的，这等于取消自然哲学。变化是存在的，我

---

① 《气象学》338ª26—ᵇ3。
② 《物理学》184ª23, 200ᵇ24。
③ 192ᵇ9—20。
④ 同上，I. 1。

们必须由经验确认这一点并将之当作我们的基础。然而，爱利亚学派在希腊思想中起的作用很大，以致亚里士多德仅仅求助经验根本不能抹掉它的影响；因此，他进而指出由它产生的各种混乱 ①。

基质，形式，缺失

64　　　与基本否认自然存在的爱利亚派对立的"自然哲学家"主要有两种观点。一种观点认为有一种基本物体，通过浓缩和稀散产生出所有其它事物；另一种观点认为事物之间有根本的质的差别，但是所有事物都从一个包括一切"对立物"的无限体分离出来。后一种观点受到亚里士多德的批判②。亚里士多德认为，以前所有学派的共同之处在于他们把对立物看成最初原则。稀薄和浓厚，实和空，是和不是，上和下，前和后，曲和直，这些对立物在所有早期理论中起着重要的作用。这是从最初原则的本性得出来的。(1)最初原则不能相互产生出来，也不能从其它事物产生出来，(2)所有其它事物必须从最初原则产生出来。显然，不论基本的对立物是什么，它们都满足这些条件。但是这个学说需要用一个更精巧的论证来加以证实。世界上每个事物都需要有一个特殊的性质，是它可以作用于它或被它作用的——如果我们将偶然的联系除开。白能从有教养的产生出来，只是因为非白恰恰是有教养的；严格说，白是从非白，也就是说是黑的或在黑和白中间的东西出来的。中间的东西由对

---

①　I. 2, 3。

②　I. 4。

立物混合构成，因此，向任何状态的转变预先假设这种状态的对立物 ①。

　　因此，至少有两个最初原则，但不能有无穷个。因为，（1）如果有无穷个最初原则，是就是不可认识的；（2）实体是一个属，一个属只有一对基本对立物；（3）从有限多原则可以推导出现实，而且如果可能的话，简单的解释胜过复杂的解释；（4）有些对立物显然可以推导出来，而最初原则必须是永恒的，不是推导出来的。但是我们不能图节省而把最初原则削减到两个。因为，（1）浓厚不作用于稀薄，稀薄也不作用于浓厚；爱不调解冲突，冲突也不分离爱；还必须有第三者，一方把它调解，另一方把它分离。（2）似乎任何事物的实体均不完全是两个对立物之一。对立物本质上是有限制的，它们预先假设有包含它们的一个实体。（3）实体与实体不能对立。因此，将对立物看作最初原则就是从非实体推出实体，但是，基础的东西莫过于实体。于是我们必须预设第三者。这使人想起早期思想家假设万物基于一种物质基质的观点。但是我们不可把终极基质等同于任何貌似基础的物体，火、气、土、水本质上包含着对立物，例如，火上升，土下降。若把这种终极基质等同于这四种"元素"之间的东西，则会更有道理。

　　一种基质由于某种性质的过多或缺乏，可以形成不同的对立物——这些是对变化稍加研究即可揭示的原则，它们实际上是早期思想家认识到的原则。若是承认三条以上原则，则不会得到任何东西，还会失去某些东西。至于被动的原则，显然有一条就足够了；

---

① 　I. 5。

但是如果我们允许一对以上相对立的主动原则，每一对原则将要求
一单独的被动原则起作用。此外，作为一个单一的属，实体只能有
依先后顺序加以区别的原则，而不能有一般的种种不同的基本原
则。我们可以保险地说，最初原则既不少于两条，也不多于三条^①。

　关于生成，我们可以谈到两种不同的东西。我们说"人变成有
教养的"，"没有教养的变成有教养的"。在第一种情况，变化的东
西保留下来；在第二种情况，变化的东西消失。但是，不管我们说
"a 变成 b"，还是说"非-b 变成 b"，实际上总是 a-非-b 变成 ab。这
个结果包含两个因素（基质和形式），但是变化却预设了第三个因
素（形式的缺失）。基质在变化之前在数目上是一个，但是包括两种
不同的因素，即通过变化保留下来的因素和将被其对立物取代的因
素。这样，变化就有三种预设：质料、形式、缺失^②。早期思想家对
生成问题一直深感棘手；表面是的东西不能从是的东西生成，也不
能从不是的东西生成。亚里士多德解决了这个难题，他指出，（1）
没有东西仅仅从不是的东西生成。一个东西产生于它的缺失，而缺
失确是纯粹的不是。但是，一个东西产生于它的缺失不是纯粹的，
而是偶然的；它不能产生于纯缺失，而只能产生于某种基质的缺失。
而且，也没有东西纯粹地从是的东西生成。它生成于偶然是的东
西，但是，这种偶然是的东西不是作为是，而是作为所生成的特定
事物这样的不是。（2）这种困难由是的程度——潜能和现实——的
区别而消除；一个东西产生于潜在地是它而非现实地是它^③。

66

----

① I. 6。
② I. 7。
③ I. 8。

必须看到，客观事物的质料和形式是思想中可以区别而现实中不可分离的因素。质料绝不能赤裸裸地存在，而总是存在于形式之中，它的存在至少有以太、火、气、水或土诸元素所暗含的形式或确定的特点；这些元素是最简单的"自然物"。如果有些形式赤裸裸地存在，它们绝不是客观事物的形式。纯形式只能是上帝、推动地球的理智，以及也许是与肉体结合之前和之后的人类理性。还必须看到，缺失不是一事物就其是的本性所涉及的第三个因素；具有一种形式实际上就是清除了其对立形式，二者都无需提及。正是研究事物的变化，才认识到缺失的状态，因此认识到它在《物理学》中的重要意义以及在《形而上学》中比较不太重要的意义。

亚里士多德补充说，基质既不生成，也不消亡。如果它可以产生，则意味着它从一种永恒的基质产生出来，而这正是它自身的性质；如果它可以被毁灭，其它一些基质将继续留下来。这样，它在产生之前就必须已经是，并且在被毁灭之前就已经被毁灭。①

自　　　然

《物理学》第二卷分为三大部分。第 I 章讨论"自然"的意义；第 II 章讨论物理学和数学的区别；第 III—IX 章讨论物理学必须认识的"原因"。亚里士多德首先区别自然存在的东西和不是自然存在的东西。自然存在的东西是（1）动物和它们的部分，（2）植物，（3）简单的物体。明显的区别在于：它们运动或静止的根源在自身，

---

① 　I. 9。

而制造出来的东西却有一种运动倾向（例如，上下运动），其根源不
在自身，而在构成它们的材料。在对"自然"的描述中，亚里士多
德不是总包括静止原则的概念，在他看来，天体实际上就没有这种
倾向。但是他在"自然存在的事物"中没有提到天体，而且他没有
确认天体作为从不静止、永远运动的事物而存在。除了天体运动以
外，所有自然过程，即陆地元素及其构成物的上下运动，动物、植
物的生长，性质的变化，都有一个自然地达到静止的结局。

　　亚里士多德有一个习惯的说法，好像在陆地元素及其构成物
的上下运动中，在动物的运动中，有一种内在的运动的起始，实际
上这就是他得出的自然物和人造物之间的区别。但是，他在检验运
动是否能够开始或停歇时指出，这种明显的运动起始不是真正的起
始。(1)动物的局部运动是由于其肉体中食物和营养形成的运动及
其灵魂中随之形成的感觉和欲望的过程[1]。(2)非生物体的"自然"
运动不是由自身引起，而是偶然地由那些消除了它们自然运动的障
碍的东西引起，而且是直接由产生出这些运动并且使它们分别变得
轻或重（大概是"基本对立物"热和冷，这是从重物产生轻物或从轻
物产生重物的运动原则）的东西引起。这样，非生物自身有"被推
动的开端"，但没有"引起运动的开端"[2]。

　　因此，自然性质是"运动的内在动力"。根据经验，它的存在
是显然的，无需证明。谁若是证明它的存在，就会置自己于一个盲
人的立场：由于不能直接认识颜色而为它进行争辩。亚里士多德指

---

①　253ª7—20。

②　254ᵇ33—256ª3。参看《天文学》311ª9, 12。

出，关于事物的"自然性质"，主要有两种观点。有些思想家认为它是质料，是"直接出现在给定事物中的东西，自身是无形的"。因此人们说木头是床的"自然性质"，是床的相对不变的无形物质。但是，木头本身可能是一种暂时特征，它还有更基本的东西（例如，土），因此，土将是木头的"自然性质"。所以，火、气、水、土一直被描述成事物的"自然性质"，即这样的永恒物质：由它们所构成的其它事物是不断变更的。其他一些思想家把事物的自然性质等同于事物的形式，它是在定义中阐述出来的，而形式是事物充分展开时所具有的特征。亚里士多德认为，形式作为一事物的自然性质较之其质料作为事物的自然性质更为合适，因为一事物就是它自身，当它实际存在时，当它获得自己的形式时，它比潜在地存在，即只是质料性地存在时更充分地具有自然性质①。亚里士多德习惯于把作为运动能力的自然性质等同于作为形式的自然性质，一事物（比如动物）结构的形式或方式恰恰是这样一种东西，借助它，这个事物运动、生长、变化，并且当它达到运动的终极时，就静止下来。反之，以某种确定方式运动、生长和变化的能力正是各种事物的形式或特点。

除了亚里士多德对"自然"一词的这些用法，我们还要认识到"自然"一词在许多语句中的使用，其典型一例是"自然做事必成"。这里，自然不是被当作超验原则，而是作为一个集合语词，表示所有和谐一致地聚合在一起的"自然物"的性质。

68

---

① II. 1。

物理学和数学

亚里士多德接下来(1)比较物理学和数学的对象,(2)考察物理学是研究质料的自然性质,还是研究形式的自然性质,以此确定了物理学的特点。①

(1)他在第一个问题发现困难。物理学研究的物体本身有"平面、立体、点和线",而这是数学研究的对象。因此,这两门科学的对象在某种意义上是相同的,那么我们怎样区分它们呢? 答案是数学家的确研究这些事物,但不是研究"自然物体的界限"。数学对象尽管实际上不可脱离物理的、可动的物体,但是数学研究却抽去运动,并且这种抽象不引起错误。柏拉图的理念论所犯的错误是企图从质料抽象出实体,而实体不同于数学对象,其本质恰恰包含着质料。奇和偶,直和曲,数,线,图,这些东西的研究可以脱离与运动的联系;而研究肉、骨和人就不能脱离和运动的联系。用亚里士多德最喜欢用的例子来说,它们同数学对象的关系恰如"塌鼻的"和"曲的"的关系。"塌鼻的"一词只能定义成某种物理对象(鼻子)的某种性质(凹);"曲的",关于曲的命题,却可以不作任何这样的考虑。② 一种是抽象的结果,另一种是附加或凝结的结果。③ 数学家抽去所有可感觉的东西,比如轻和重,软和硬,冷和热,④ 只留下数量

---

① II. 2。

② 《形而上学》1025ᵇ30 — 1026ᵃ10。

③ 《天文学》299ᵃ15,等等。

④ 《形而上学》1061ᵃ28 — ᵇ3。

和连续的东西，以及属性本身。算术探讨离散的或不展开的量，几何探讨连续的或展开的量①。几何学的对象有某种质料，但这是纯广延的、可理解的质料，而不是可感觉的、物理的或可运动的质料。②有可感觉的质料，才有许多可感觉的事物，同样，有这种可理解的质料，才有许多可理解的事物。但是，数学和物理学都不考虑个体差异。所有科学的对象都是普遍的，是类。物理学不研究这个人或那个人的质料，而是研究在所有人身上发现的、普遍地作为人的形式的基质的那一类质料，即圣·托马斯所说的相对于个体物质的普遍可感觉的物质。尽管质料常常与定义对立，物理学家对人或对任何其它种的定义却必定包括对适合这个种的质料的陈述③。对于物理学考察的这种可感觉质料，应该认识到各种不同的阶段。如果我们从最复杂的物理实体——生物——出发，那么生物的质料（这应该在完整的物理定义中规定出来）就是"异质部分"或器官的某种组合，这些部分又可以分成不同于自身特点，并且互不相同的附属部分，而在这种组合中并且只有在这种组合中，才能体现出种的形式。这些部分的质料反过来又是某种"同质部分"或组织，后者的质料就是那四种元素④。四种元素是可感觉质料的最简单情况，因为它们只适合于分析成基本质料以及冷和热、干和湿这样的对立物。基本质料是不可感觉的，从来不能孤立地被体验到，而仅仅是抽象

---

① 《范畴篇》4^b20；《形而上学》$1020^a7—14$。

② 《形而上学》$1036^a2—12$，$^b32—1037^a5$；《灵魂论》403^b17。

③ 《灵魂论》$403^a25—^b12$；《形而上学》$1035^b27—31$，$1037^a5—7$，$1043^a14—19$。

④ 《动物的分类学》$646^a12—24$。

思维可认识的 ①。

70　　如果亚里士多德在数学和物理学之间做出的一般区别是令人
满意的，那么，应用数学——天文学、光学、和声学、力学，即"数
学中偏重物理的部分"就出现一个特殊的困难 ②。这些科学显然探讨
物理物体，但方法却是数学的。亚里士多德一般把它们当成数学的
分支来处理，然而在下面这一段话中，却把它们整个当作物理科学
来考虑："几何学考虑物理直线，但不是将之当作物理直线来考虑；
光学考虑数学直线，但不是将之当作数学直线，而是将之当作物理
直线来考虑。"但是他的描述不完全清楚。前不久他似乎是说物理
学家和数学家都可以考虑日月的形状这一类事情，但是数学家不是
把它们"当作物理物体的界限"来处理。换言之，这里把数学天文
学和类似的科学看作纯数学一样，即处理具体的现实，但这是处理
从具体现实抽象出来的某些属性。

　　亚里士多德在其它地方明确地把这些科学看作附属于纯数学，
因为它们处理某种特殊的线或某种特殊的数 ③。但是他进一步认识
到问题的复杂性，因为他区别了数学光学和物理光学；前者是几何
学的专门应用，后者是数学光学的专门应用。他还区别了和声学与
天文学 ④。在这样一种层次中，较高科学研究较低科学所研究的事实
的原因 ⑤。

---

① 《论生灭》329ᵃ24—26。

② 《后分析篇》75ᵇ14—17，76ᵃ22—25，78ᵃ35—39，87ᵃ31—37；《物理学》193ᵇ25—
30；194ᵃ7—12；《形而上学》997ᵇ20—998ᵃ6，1073ᵇ5—8，1077ᵃ1—6，1078ᵃ14—17。

③ 《后分析篇》75ᵇ14，76ᵃ9，22，87ᵃ31—37。

④ 同上，78ᵇ35—79ᵃ13。

⑤ 同上，76ᵃ9—13，78ᵃ34，79ᵃ10—13，参见 46 页。

（2）在前面规定的质料和形式的意义上研究自然，是物理学家的工作。亚里士多德认为，如果看一看前人，我们可以认为物理学家只研究质料。但是以下三种考察说明事情并非如此。（a）技艺（这只是对自然的摹仿）要求形式和某种程度的质料的知识；医生必须知道健康的实质和体现健康的"胆汁和粘液"的实质。（b）技艺研究目的和手段。作为事物形式的性质就是事物的发展所趋向的目的；作为事物质料的性质就是达到这一目的的手段。由此得出物理学必须既研究形式，又研究质料；但是这论证又说明（亚里士多德在其它地方明确地说）① 物理学主要研究事物的形式，它研究质料只是由于形式的实现需要它。（c）质料是相对的东西，因为不同形式要求不同的质料以实现自身。因此，由于知道一个关系词意味着知道与它相关的词，物理学就必须研究二者。但是它只考虑形式，后者尽管在思想中可分离，却在质料中得到体现。真正可分离的形式不是物理学的对象，而是第一哲学的对象。

71

对物理学研究的主题进行这段抽象的描述，意义何在？它的目的是把物理学和以它作中介的两种研究区别开。一方面要区别于形而上学，即对各个纯粹分离的现存形式的研究②。在亚里士多德看来，纯形式屈指可数。上帝是纯形式；推动地球的隐德莱希也是；人的灵魂中的理性因素也是。物理学与它们毫无关系。另一方面要区别于完全集中于质料的研究，例如，这种研究把活的物体或无

---

① 《形而上学》1025ᵇ27。

② 形式和质料是关系词，所以亚氏观点中有一个难点，即纯形式有时存在。实际上这只是一种表达方式，意谓有时只存在这样一些东西，它们像具体事物中的形式因素一样，完全是可理解的。

机化合物化归为它们的因素，而不考虑构成它们的结构。实际上，亚里士多德的主张是，赞成目的论以反对单纯的机械论，赞成根据整体研究部分，而不是把整体仅仅作为部分之和。物理学是这样一门科学，它不是只研究形式或只研究质料，而是研究具有形式的质料或研究由质料体现的形式①。

四　　因

　　亚里士多德现在转到陈述在自然中起作用的原因的问题上来。② 这个问题在《物理学》的开篇就提出来以求解决。认识就是借助原因来认识③。因此，探求物理变化的原因是物理学的任务。我们必须确定物理学家所考虑的种种原因，亚里士多德回答说有四种。（1）"原因"一词可以首先用于"产生一物并且作为它的构成部分而出现于其中的东西"，比如，一个雕像由铜构成，并且本身包含铜。（2）它用于"形式或型，即表示事物本质的公式"，比如，2∶1这个比例是八度音程的表述公式。（3）它用于"运动和静止的直接根源"。这种原因可表现在行为范围中（一个人建议一种行为，他就是这种行为的原因），可表现在自然范围中（父亲是孩子的原因）；一般来说，制造者是制造品的原因，引起变化者是事物被改变的原因。（4）它可用于"目的"；在这种意义上，健康是散步的原因。

　　亚里士多德阐述了几个与四因有关的重要观点。（1）一事物有

---

① 《灵魂论》403ᵃ29—ᵇ9；《动物的分类学》645ᵃ30—36。
② 《物理学》II.3。
③ 《后分析篇》71ᵇ9—12，94ᵃ20；《物理学》184ᵃ10—14。

这四条原因中一条以上的原因。(2)两事物可以互为原因；锻炼是
健康的动力因，健康是锻炼的终极因。换言之，机械论和目的论不
是相互排斥的；从机械论方面说，A 使 B 成为必然的，同样，从目
的论方面说，B 使 A 成为必然的。(3)在四因的每一种情况下，我
们可以阐述一事物的近因，它将是此事物的相应原因；或者阐述一
事物的远因，即包含其相应原因的属；健康的原因可以说是"医生"，
同样可以说是"专家"。(4)如果 A 是 B 的伴随物，而 B 是 C 的原因，
则可以说 A 是 C 的偶然原因。一个雕像的真正原因是"雕刻师"，
但是如果这个雕刻师是波吕克利特，就可以说波吕克利特是原因。
(5)我们可以把结果 B 的原因或者说成 A，能力的占有者，或者说
成"发挥这种能力的 A"。正在建筑中的一座房子的原因，或者是
"建筑师"，或者是"正在建筑的建筑师"。(6)现实和个体的原因与
它们的结果同时产生和终止；潜在的原因则不然。一座房子和它的
建筑师无须同时消亡，但是如果一个建筑师正在建筑房子，则一座
房子必然正在被建筑，反之亦然。(7)我们的目的应该在于阐述精
确的原因。例如，可以说人是房子的原因，但这不是因为他是一个 73
人，而是因为他是一个建筑师，而且一个建筑师建筑房子只是因为
他掌握建筑技术。这种使其它事物产生结果的东西本身就是结果
的确切原因。

　　可以看出，在亚里士多德的四因中，只有动力因和终极因这两
条符合英文"原因"的本意。我们考虑质料和形式，并不涉及它们
引起的事件，而是把它们当作分析复杂事物发现的其中的静态因
素。这是因为我们认为，原因对于产生某种结果来说既是充分的又
是必要的。但是在亚里士多德看来，这四条原因均不是产生结果的

充分条件。我们基本可以说，他的观点是：对任何结果的产生来说，这四条原因都是必要的。因此，我们必须把他的"原因"看成是说明事物存在的必要条件而不是分别作为充分条件。如果这样看待四因，我们就不会再对把质料和形式叫作原因感到奇怪。因为毫无疑问，没有形式和质料，自然事物就不能存在或生成。实际上，亚里士多德是在"原因"，即必要条件的标题下，把分析变化时已经发现的两个内在因素或构成因素（缺失，这是一先决条件，但不是一构成因素，所以被省略了）和两个自然表现出来的外在条件——动力因或 vis a tergo 和终极因或 vis a fronte——结合起来。

对于亚里士多德来说，"质料"不是我们所说的某种与精神对立的东西，它是一个纯粹相对的词，即相对于形式而言[①]。它是相对于将事物结合在一起的结构的材料，即相对于确定物的被确定物。在具体事物的许多不同水平上，都可以得出质料和形式的区别。在技艺领域，铁是冶炼工的成形产品，却是铸工的质料。在自然领域，元素是第一质料加基本对立物冷和热、干和湿的确定产物，却是相对于其简单组织的质料；这些组织又是相对于器官的质料，器官又是相对于活的人体的质料。应该看到，第一质料从来不分离地存在；元素是最简单的物理事物，区别它们的质料和形式只能以抽象思维来进行。第二质料在它的各发展阶段上都是分离地存在。比如，我们凭经验发现，不仅有结合成器官的组织，而且有不这样结合的组织。第二质料不仅在思想中，而且在现实中都可以同它的形式分开；例如，器官可分解为其构成的组织。

对于亚里士多德来说，"形式"含有许多种意义。有时它用于

---

① 194[b]9。

可感觉的形状，比如说，雕刻家给材料赋予一种新形式。但是它也许更经常地被看作思维对象而不是感觉对象，看作一事物在其定义中表达出来的内在实质，其结构的图式。甚至可感觉形状也能这样表达；一个雕像的形状可以用数学公式表达，尽管一定是一个非常复杂的公式。总的说来，μορφή指可感觉形状，εἶδος指可理解的结构，后者在亚里士多德的形式的思想中是主要因素。这样，λόγος（表述或定义）和 τὸ τί ἦν εἶναι（"是其所是"之物，即本质）一直用作 εἶδος 的同义词。但是，亚里士多德还常常指出形式等同于动力因和终极因。然而，如果它们是相同的，则"它们的是乃是不同的"。形式是被看成自然或技艺的特定产物所体现的结构的图式。终极因是被看成尚未体现于特定事物，但成为自然或技艺的目的的图式。但是，亚里士多德常用的这种说法是抽象的。对他来说，自然和技艺都不是自身存在的力量。自然是一个集合名字，表示所有自然物的相应实质，技艺是一个名字，表示个别技术师的实际知识。严格地说，技艺的终极因是一些技术师企图在一定材料上有意识地体现的某种结构。自然的终极因是整个最低种的共同结构，最低种的个体分子要在种上重新得到体现，但是没有明确目的。

形式-终极因显然也是动力因。对于亚里士多德来说，心灵充满了它所认识的东西并且是以这些东西为特征的。正如技术师凭想象理解的那样，一张床或赫尔墨斯的形式可以说是"在他灵魂中"，他灵魂中的形式使他动手，将这种形式在木头或大理石上体现出来。实际上，应该得到活灵灵体现的形式已经出现并且是运动的原因。 75

自然运动的主要类型是繁殖。雄性配偶的繁殖作用被看成纯形式的，它在雌性配偶所提供的质料中使种的形式重新体现。

但是自然运动或过程的形式不如一个新的个别实体的产生更为基本。它有地点、性质和大小的变化。形式-终极因在什么意义上也是动力因呢？亚里士多德认为，每种物质的事物都有一种自然的运动，只要不受干扰，这种运动就要进行；它向宇宙的一个确定方位运动：火趋向四周，土趋向中心。是在这方位之中正是其形式的一部分，[①] 这一事实的作用既是终极因，也是动力因。相同的原则也适用于性质的改变和生成或消亡。一个完整发展的事物必然伴之以性质和大小，它们包含在该事物的形式中，并起着终极因，因而起着动力因的作用。

机　　遇

亚里士多德现在考虑幸运和巧合[②]，他发现它们一般被看成是上述四因之外的一条原因。他试图确立这种事物的存在，指出[③]（1）除总是以同样方式发生的事物和多半以同样方式发生的事物之外，普遍存在着对于一般自然规则来说是例外的事件。被亚里士多德描述成"既不总是也不多半"发生的事件，也被描述成偶然发生的事件，即"由伴随物"发生的事件。如果 B 产生 C，并且 A 是 B 的伴随物，或者如果 A 产生 B，并且 C 是 B 的伴随物，就可以说 A 偶然产生 C。如果一个人是一个建筑师并且脸色苍白，"苍白"就偶

---

① 《天文学》311ª1—6。
② 《物理学》II. 4—6。
③ II. 5。

然成为房子的原因。由于没有特定的原因说明一个建筑师必须是面色苍白的，或一个苍白的人必须是一个建筑师，因此一个苍白的人建筑一座房子这样一件事将"既不总是也不多半"发生。(2)但是并非所有例外或偶然事件都是机遇事件。而且，机遇事件是"为一目的"的。也就是说，它产生一种所想要的结果，而这种结果可能 76 自然地成为(a)人的有目的行为的目的；或者(b)自然的无意识驱使的目的。

若是(1)和(2)结合起来，我们就得到一个"机遇"联系。例如，一个人去市场；他发现他的借债人正从第三人手中得到一笔款子，于是他收回自己的借款。这是一种"机遇"联系，因为(1)收回债款实际上不过是他的行为目的意外的伴随物，但是(2)如果他事先知道这件事将会发生，那么他也会恰当地制定自己的行为目的。因此幸运可被定义为"在含有有目的行为的有目的事物的划分中的偶然原因"[①]。由此得出，一事物若是可以变成机遇结果的原因，则它是不太确定的；我们无法制定限制它的规则，一般的观点认为机遇对人来说是不确定的和不可思议的，这种观点是正确的。此外，"凡事皆不偶然发生"，这种观点也是有意义的。机遇不是起作用的原因，而是表示事件之间某种联系的名称。

亚里士多德接着区分幸运和巧合。[②] 严格地说，"巧合"是较宽的词，适用于(1)幸运的事件，即这样的巧合事件：它们的发生恰好成为审慎选择的结果。幸运仅仅是审慎行为的实际结果的伴随

---

① 197ᵃ5。

② II. 6。

产物，却恰恰是这种行为的目的的实现。它不适用于没有生命的事物、低级动物和小孩。同样，巧合也包括（2）（a）未经审慎选择的行为的伴随结果，例如，一匹马偶然来到它主人所在之地，于是从其虐待人手中解脱出来。这里，马行走方向的原因是外在的。但是亚里士多德说，巧合和幸运的区别最清楚地表现在（b）这样的情况，这里原因是内在的，例如，在畸形儿的生产中。这是"天生的"（就是说，是由雄性配偶内在的生殖力产生的），尽管不是"遵照自然"产生的，因为雄性配偶提供的形式没能掌握雌性配偶所提供的质料。这样的生产是巧合，但显然不是幸运的。

77　　虽然这是严格的用法，但是应该看到，亚里士多德有时在属的意义上使用 τύχη（幸运），在种的意义上使用 τò αύτόματον（巧合）。

　　《形而上学》里有一段对巧合的讨论，但与《物理学》中的讨论很难相符。前者把巧合分成貌似技艺行为和自然行为的两类，这两类大致并且仅仅大致地符合（1）和（2）（b）。（1）亚里士多德看到①，健康可以由医生的有目的的活动产生，也可以自发地产生。医生的活动分为两部分，一部分是思考，即从理想的结果考虑眼前采取的手段；一部分是行为，即从眼前的手段开始，最终达到理想的结果，没有前者，第二个过程也可以发生，如果病人的身体恰好可以产生出医生所指定的变化，例如，人体的自然温度产生了医生要通过按摩产生的同一种变化。（2）可以有貌似自然繁殖的自发或巧合的繁殖，如果存在这样的质料，它们自身可以产生出同一种生气勃勃的过程。例如在自然繁殖过程中，雄性因素在雌性因素中建立了这种

---

① 1032ᵃ27—29, 1034ᵃ9—21。

过程①。亚里士多德相信,许多低级的生命形式都是由受太阳光热作用的质料通过这样的自发繁殖产生的②。

亚里士多德对机遇的处理有明显的缺陷,对常规和例外的区别是不能令人满意的。他把例外的存在看作是由于质料具有接受多种确定性的能力。但是质料受到相同力量的作用时,显然要接受相同的确定性;它的不确定性不牵涉或然性。对于规则,将有例外,但是这些例外将遵守规则。亚里士多德至少在一处认识到这一点。③总的说来,《物理学》对机遇的处理不意味着或然性的存在。每一事件被描述成确定地从其自己的原因产生出来。A 去市场有足够的理由,B 亦是同样。但是在 A 看来,B 到那里(尽管不是他自 78己到那里)是一机遇事件,因为其原因 A 是不知道的。因此,在 B 看来,A 到那里也是机遇事件。机遇不过是一个名称,表示两个有严格因果联系的意外相遇。到目前为止,我们还没有理由称亚里士多德为非决定论者。④

目 的 论 和 必 然 性

亚里士多德坚持认为,自然哲学必须逐条考虑这四条原因,并且参照它们来解释事件。⑤但是他发现自己面对一个否认自然中存

---

① 1032ª30—32,1034ᵇ4—6。
② 《动物志》539ª15—25;《动物的起源论》743ª35,762ª8—15。
③ 《形而上学》1027ª25。
④ 参见 80 页,201 页。
⑤ 《物理学》II. 7。

在目的因的学说^①。恩培多克勒提出过杰出的理论,认为现存动物种的身体部分显然都适应一定目的,这不过是适者生存的自然选择的结果;自然造就了不胜枚举的种,例如,"人面兽身之物",等等,所留之种不过是最适合生存者。针对这种理论,亚里士多德试图证明自然中目的论的存在。他强调说,可观察到的适应性(例如,牙齿适应于要做的工作)总是、或者多半是可以看到的。但是偶然的结果却不总是存在,或者多半不存在。因此,可观察到的适应性不是偶然的结果。唯一的可能是,它们为了达到一种目的。但是已经承认它们是自然的,因此有些自然事物是为了达到一种目的的。

这个论证显然是错误的,因为它基于"总是或多半"存在着显然适应性这个假设,而恩培多克勒的整个理论是说适应性是在少数情况下产生的,不适应性根据机械必然性已经消除。但是亚里士多德可能会问,为什么畸形生长不如正常生长的情况更为经常?为什么动物繁殖与原种相同?实际上,他主要考虑的理论是种类的持久性。对于这里提出的其它论证^②,我们限于篇幅而不予讨论。

亚里士多德使用了许多拟人语言来表述自然的目的论:"自然像一个精干的管家,不会抛弃任何有用之物。""自然做事必成,做79 事必有用。""自然行为自如,恰似预见了未来。"^③ 在很大程度上,这只是关于事实的目的论的陈述。亚里士多德认为,世界有良好的秩序;万物各就各位,以此保证向其可能达到的最佳状态发展。他只

---

① II. 8。

② 199^a8—^b32。

③ 《动物的起源论》744^b16, ^a36;《天文学》291^b13, ^a24;《动物的分类学》686^a22 等。

是偶尔把有目的的行为归于上帝 ①，这种做法与《形而上学》中的神学不一致。也许可以把它看作文字方法和对普通方式思维的让步。

亚里士多德开始考虑自然中存在的必然性是"假设"的必然性，还是"简单"的必然性。② 一般观点把自然事实解释成是由于简单必然性，以为结果是由预先存在的原因机械地决定的。亚里士多德说，这种观点就好像是说一堵墙呈现出自身的形式是因为基石由自身的重量而下沉到底，土占据中介位置，木头升至顶部。这样说就是忽视了以下事实：墙的存在有一目的。尽管没有材料，这墙就不能出现，但它的出现不是因为材料。因此，这里发现的必然性是假设的必然性。不是因为 A 已经是，所以 B 必然是，而是因为 B 将是，所以 A 必然是。质料必须在那里，因为形式需要质料以实现自身。这样，物理学家的首要任务是阐述他们所研究的东西的形式、定义或目的，因为从这里可以推论其质料；但是他们应该继续阐述质料。完整的定义将既包括形式，也包括质料。

同时，许多自然现象起因于简单的或绝对的必然性。它们不可避免地从质料的性质产生出来。有时这种绝对的必然性有益于目的。灯光必然从灯发射出来，因为它的粒子比角孔更精细，这样它就可以帮助我们看清楚。③ 为了制作角质物品，自然界同样使用必然出现在更大动物身上的多余质料。④ 其它许多情况也是如此。⑤

---

　　① 《天文学》271^{a}33 ;《论生灭》336^{b}32。

　　② 《物理学》II. 9，参见《动物的分类学》，639^{b}21。

　　③ 《后分析篇》94^{b}27—31。

　　④ 《动物的分类学》663^{b}20—35，参见 677^{a}15—17。

　　⑤ 例如，《论呼吸》477^{a}14—30；《动物的分类学》642^{a}31 — ^{b}2, 663^{b}13；《动物的起源论》731^{b}20—31。

但是，除了机械论和目的论共同作用的情况，还有唯独机械论起作
80 用的情况。我们不能一味地寻找终极因；有些事情只能用质料因和
动力因解释①。动物为了看，必须有眼睛，但是眼睛的颜色是由出生
的环境决定的，没有目的的作用。②而且，有时必然性与目的论对立。
畸形儿的产生是由于有缺陷的质料③，否则就是由于某些外在动力
因的干涉，正如空气和火被天体运动拽成圆形，因此不能遵循其自
然途径。④然而，这种在地球上烤热人体的不自然的运动却有重要
作用，因此构成自然过程的一部分。

　　亚里士多德不是一个彻底的决定论者。在《解释篇》中⑤，他否
认排中律适用于有关未来特殊事件的陈述。断定排中律的适用性
就是认为没有事情偶然发生。如果"A 将是 B"这个陈述或"A 将
不是 B"这个陈述现在是真的，那么 A 将必然是 B 或者 A 将必然
不是 B。这会使思考变得毫无意义。针对这一点，亚里士多德断言，
思考和行为构成后来事件的真正起点。但是更一般地说，若事物
并非总是能动的，则能够或者发挥作用，或者不发挥作用。也就是
说，除人类行为外，仍有或然性。在某些情况下，这个论断既不比
它的否定更真，也不比它更假。在另外一些情况下，二者当中一方
为真的倾向更大，而另一方却可能是真的。对任何事物来说，它或
者将是或者将不是，这必然是真的，但是，或者它将是，或者它将

---

　　①　《动物的分类学》642ᵃ2，677ᵃ17—19；《动物的起源论》743ᵇ16，789ᵇ19。
　　②　778ᵃ16—ᵇ19。
　　③　767ᵇ13—23。
　　④　《气象学》341ᵃ1。
　　⑤　第九章。

不是，这却不是真的。明天必然或者发生一场海战或者不发生一场海战，但却不会或者明天必然发生一场海战或者明天必然不发生一场海战。

在《形而上学》中，我们看到一系列必然的因果联系可以追溯到某一点，但不能再深入进行。[①] 这一点就是自身没有原因的原因。有些条件是已经存在的，它们使每一个人将有死，但死于疾病还是死于暴力尚未确定，这只有当一个没有原因的原因（选择行为）出现之后才能被确定。

在另一个地方，[②] 亚里士多德断定有些事件显然不是必然的；对于它们，我们只能说"它们大概会是"，而不能说"它们将是"。他问，那么有任何事件是绝对必然的吗？能够被谓述的具有绝对必然性的事件只能是构成周期循环系列的一部分的事件（或者是确确实实的循环系列，例如天体轨道；或者是隐喻的轮转系列，例如季节的连接；或者云-雨-云-雨系列，……或者成人-胚胎-幼儿-少年-成人……）。这显然使世界历史上许多东西都成为或然的对象。但不能断定这是否就是亚里士多德的真实思想。

运　　动

自然是运动的原则，所以亚里士多德开始考虑什么是运动。[③] 从这里他将进而考虑运动所蕴含的某些概念。运动是连续的，连续

---

① E. 3。

② 《论生灭》II. 11。

③ 《物理学》III. 1。

的常常被定义为无限可分的。地点，时间，空间也被看成是蕴含在运动之中的东西。

爱利亚派完全否认运动（或变化）的存在。半爱利亚派的机械论者（恩培多克勒、阿那克萨哥拉、原子论者）否认性质变化的存在，认为只有"混合和分离"。[①] 而麦加拉学派把运动分成不可再分的单一体运动，从而取消了运动的连续性。[②] 对此我们可以比较柏拉图的观点，即认为运动"瞬时"间断地发生。[③] 亚里士多德主张运动的现实性和连续性。在他看来，运动不是一种状态对另一种状态的实然替代，而是一种状态到另一种状态的过程。

运动是"潜在东西本身的现实化"。就是说，如果有某种东西，它现实地是 X 而潜在地是 Y，那么运动就是使这个东西的 Y 性质变成现实的。例如，称为建筑的运动是把砖和灰浆这些可供建筑之物弄成房子具有的状态。建筑以前，可供建筑之物尚未现实化；建筑完成时，可供建筑之物再不能被现实化；只有当建筑进行时，可供建筑之物本身才被现实化，建筑恰恰是其现实化过程。运动一般说来，是潜在之物的现实化。因此，运动的一部分实质恰恰就是潜在之物尚未完全丧失其潜能并且尚未变成现实；这是运动和实现之间的区别。[④] 在实现的每一时刻，潜能完全消除并被转变成现实性；在运动中，这种转变直到运动终止才能完成。换言之，运动不同于实现犹如未完成的东西不同于完成的东西；或者更一般地说，运动

82

---

① 例如，《论生灭》325ᵃ23—34。
② 《物理学》232ᵃ6（一）10，240ᵇ30—241ᵃ6。
③ 《巴门尼德篇》156d,e。
④ ἐνέργεια。

是未完成的实现，实现是完成的运动。运动不能绝对地分成潜能或实现。它是一种现实化，但是这种现实化蕴含其自身的未完成性和潜能的持续出现。

变化涉及的因素有产生运动的因素、被运动的因素、运动时的时间、运动的起源和运动的结果（后两点不仅包括位移的两个位置，而且包括生成和毁灭这两个实体的特征，增长和减少的两个尺度，变化的两个性质）。[①] 变化总是在对立物之间，或一对立物和一中介（后者则代表另一对立物）之间，或矛盾物之间。如果不考虑偶然变化（附属于 a 的变化，因为 a 是变化的真正主体 b 的伴随物），也不考虑因变化的真正主体 b 是 a 的一部分而产生的附属于 a 的变化，我们就发现运动本身必然是：

（1）从一肯定语词到一肯定语词（其反对），

（2）从一肯定语词到其矛盾，

（3）从一否定语词到其矛盾，或者

（4）从一否定语词到一否定语词。

但是（4）不是变化，因为不是在对立面之间。（3）的情况是生成，（2）的情况是毁灭。（3）的情况是变化，但不是运动，因为只有是的东西并且只有是处在位置中的东西方能被移动。（2）的情况是变化，但不是运动；因为运动的反对是运动或静止，而毁灭的反对是生成。这样，只有（1）的情况是运动[②]。

---

① 　V. 1。

② 　在 III. 1，亚里士多德用"运动"作"变化"的同义词，并且包括生成和毁灭（200ᵇ32—201ᵃ16），这里他使语言达到更精确的程度，限制了"运动"，结果排除了"有关实体的变化"，即生成和毁灭。这两种表述方式在他的其它著作中经常出现。

为了发现运动的种类,我们必须问它属于什么范畴①。没有关于
83 实体的运动,因为实体没有反对;也没有关于关系的运动,因为如
果与 b 有关系的 a 发生变化,则表达这种关系的语词可能不再适用
于 b,尽管 b 根本没有变化。关系的变化其实总是附随于其它某种
变化,它不形成一种独立的变化。没有主动者和受动者的运动,因
为没有变化的变化,即没有这样一种变化,其主体或起点或终点是
变化。亚里士多德实际上假设没有关于时间的运动,毫无疑问这是
因为他认为时间是所有变化中的因素,因而不可能区别于任何一种
特殊的变化。于是得出只有三种运动,即关于性质、数量和位置的
运动。在这三种运动中,均要有对立物。亚里士多德还补充说,不
能在构成事物差异的本质性质的意义上来理解性质(因为事物的本
质差异的变化不是运动,而是生成和毁灭);而必须在事物可以被
说成是受到作用的或对作用漠然置之的"感受方面的"性质的意义
上来理解性质,也就是说,这种性质是特殊感觉的对象②。在四种变
化中,位移是最基本的并且包含在其它所有变化之中;性质变化和
生成毁灭包含在大小变化之中。但是,尽管亚里士多德指出这些关
系,他却从未尝试把一种变化化归为另一种变化;范畴的差异不允
许做任何这样的尝试。

无　　限

亚里士多德对无限的初步区别主要是(1)关于加的无限,即一

---

① V. 2。
② VII. 3 考虑了这一点。

部分和一部分的任意相加不可穷尽的无限；和(2)关于分的无限，即无限可分的无限①。简言之，亚里士多德认为数在第一种意义上是无限的，空间在第二种意义上是无限的，时间在两种意义上是无限的。他首先集中讨论最适合于物理学的问题，即是否有一无限大的物体，并且提出否定观点的理由②（这些理由主要来自他关于四种元 84 素的"自然位置"的理论，因而不太有说服力）。但是他说，如果根本没有无限，就会产生一些不可能的结果。③(1)时间将会有起点和终点。(2)量值将可分成没有量值的东西。(3)数将不是无限的。

因此，在一种意义上有无限，在另一种意义上没有无限。空间量不是现实的无限，它仅就其可分性而言是无限的。但是这不是像铜的潜能变成雕像那样一种可以完全现实化的潜能。在现实中，任何空间量永远不会分成无限多部分。无限像一天或一场战斗一样，由其一部分一部分地出现而存在；用圣·托马斯的话说，无限不是存在于永恒的现实中，而是存在于持续不断的完成之中。

时间和延续繁殖的情况与空间量的类似之处在于无限的存在也是"一部分一部分地产生出来的"，并且"凡产生出来的"总是有限的，而新的部分可能永远要产生出来，因此，无限不是像一个人或一座房子那样的个别实体。这些情况不像空间量的情况，因为空间量的每一部分都是持久的，而时间和延续繁殖的每一部分却不是持久的，它要消失，然而总有源源不断的补充。

亚里士多德接下来指出，有关加的无限和有关分的无限在某种

---

① 204ᵃ6。

② 204ᵇ1—206ᵃ8。

③ III. 6。

意义上是相同的。让我们考虑一个有限整体。若是从这个整体一次次取走同等大小的部分，到了一定的时刻这个整体也会穷尽。但是，若是逐次取按比例常量递减的部分，整体不会穷尽。这个有限的整体在加的方面却是无限的，因为逐次加上按比例常量递减的部分，整体不能建造起来。这就是说，亚里士多德认识到收敛于有限总和的无限级数的存在。在他看来，空间是无穷收敛级数；时间和数是无穷发散级数。量无限可分而没有极限，意味着数可以无限增长。数有最小数，却无最大数；空间有最大限度，却无最小限度。

85　　亚里士多德说，数学家不需要无限长的直线，而只需要他们所要的有限长的直线。[①] 这里，他的理论有些费解。他坚持认为物理世界是一个大小有限的球体，数学家的直线不会大于他们感觉到的这个球体的直径，这就是说他们可以任意想象这样一条直线，如果他们愿意想象并且能够想象的话。

　　亚里士多德理论的要点是，任何无限的形式都不是作为同时给定的现存整体而存在的。任何广延都不是无限可加的，即不能由有限多个大小相等的有限部分构成。任何广延在任何一个时间实际上都不是分成无限多的部分，尽管它在无限多的点上是可以交替地或连续地分割的。时间不是作为一个给定的无限整体而存在，因为共存不是时间的组成部分的性质；时间与广延的不同之处在于它是潜在地无限可加的。时间与广延的类似之处在于它是无限可分的，但不被无限分割。数像时间一样是潜在地无限可加的。它与广延和时间的不同之处在于它不是无限可分的，因为它是离散的，而单

---

① 207^{b}27—34。

位就是对它的可分性的限制。

位　　置

亚里士多德认为①，一个物体在哪里，另一物体也可以在哪里，所以位置必然不同于任何占据它的物体，这就证明了位置的存在。元素有向某些位置运动并在某些位置静止的自然趋向，这就证明位置不仅存在，而且"有意义"。上和下不仅仅是与我们有关系。"上"是火运动的方向，"下"是土运动的方向。

亚里士多德区别了一事物与其它事物分有的"共同位置"和此事物专有或专门的位置。②每一事物其实都有一串位置，一个位置套另一个位置，但是其专有位置是直接容纳它的位置，即不容纳其它事物的位置。这可以当作位置的第一条定义。

位置必须属于形式、质料，端位之间的中介或端位本身这四种情况③。但是，（1）它不是形式。容纳物和被容纳物在端位重合但不相同，事物的形式是这个事物的界限，而其位置是容纳物的界限。86（2）因为被容纳物常常发生变化，而容纳物保留不变，所以端位（即被容纳物的外端位或容纳物的内端位）之间的中介有时被看成是不同的东西。但是事情并非如此。中介不是自身存在的，而是物体不断填充容器所产生的一种偶性。如果有一个中介自身存在并且保持不动，则（a）同一位置上将有无穷多的位置。因为当水和空气在

———————————

① 　VI. 1。

② 　209^a31—$^b2$。

③ 　211^b6—9。

容器中变化位置时，水的部分在水的整体中的变化和在容器中的变化是相同的，即它要离开并留下其自身存在的位置；(b)如果移动容器，被容纳物的位置也被移动，结果一个位置就要有另一个位置。但是，我们认为，被容纳物的确切或直接的位置在移动容器时不会变成不同的。容器被移放到一个新位置，但是其容纳物的位置保持不变，即容器的内部表面保持不变。(3)质料也许是位置，其条件是下述情况：(a)事物保持一种静止状态，(b)事物随其容纳物延续。质料也有静止（即通过运动而继续存在）和连续性这两种性质。引起使人相信位置的现象与引起使人相信质料的现象相似；我们相信质料，因为过去是空气的东西现在是水，我们相信位置，因为空气过去所在之处现在是水。但是事物的质料既不能与事物分离，也不能容纳事物，而事物的位置却能与事物分离并且容纳事物；所以质料不是位置。

因此(4)位置是容纳物的界限[1]。但是必须区别事物的容器或容纳物和它们的位置。容器可以称为可移动的位置，或者位置可以称为不可移动的容器。流动的河水是顺流直下的小船的容纳物，而不是它的位置。这样，我们得到位置的最终定义：位置是容纳物最初的不动的界限[2]。也就是说，事物的位置是容纳事物的最初的不动物体的内在界限（首先从事物的外部考虑）。从这里得出，物质的宇宙中的万物均有位置，而宇宙没有位置[3]。

亚里士多德不是在提供空间理论，记住这一点非常重要。他很

---

[1] 212^a5。

[2] 同上，20。

[3] $212^b20—22$。

少用希腊文的空间一词①，在他对空间量（μεγέθη）的讨论中才能看
到他关于空间的观点。这里他只是讨论位置的不同概念，他独具匠
心，试图恰当地对待事物位置的概念所蕴含的意义，而不必"增加
不必要的实体"，对此如何称赞都不过分。在容纳物的内部界限上，
他发现一些符合这些要求的东西，因而拒绝进一步承认这一概念中
所蕴含的任何实体。

虚　空

　　亚里士多德首先看到谈论虚空的人认为它是一种位置；② 一个
位置若是容纳了它能担负的东西，就是充实，否则就是虚空。充实、
虚空和位置是相同的东西，但"它们的所是乃是不同的"。而试图
反驳虚空存在的人则通过实验证明气的具体存在来反驳，然而这是
不得要领的。相信虚空的人是想说存在着既无气也无其它任何质
料的位置。位置中的运动这一事实被看成是相信有位置和虚空的
根据③。但是运动不意味着虚空，因为物体可以相互占位，而无需有
脱离物体的间隙。我们可以在液体的漩涡运动中看到这一点④。而
且，物体通过清除其内含的其它东西（例如，排除水中的气）可以被
"压实"。人们从物体通过生长而扩展得出虚空的论证，但这个论证
本身陷入困境：这将会得出（1）并非一个生长物体的任何部分和每
一部分都生长，或者（2）如果任何部分和每一部分都生长，那么（a）

---

①　χώρα。
②　IV. 6。
③　214ª22。
④　这就是亚氏称为 ἀντιπερίστασις 之物。

事物不是由物体的增长而生长，或者(b)同一位置可能有两个物体，或者(c)如果整个物体到处增长并且由其内部空的空间而长，那么它一定是空的；而这些都是不可能的。

亚里士多德着手证明(1)没有脱离物体的虚空[①]。有几个论证是根据他关于"自然运动"的错误观念。然而，其最精心的论证可以归结为以下形式：运动速度(a)随中介物的稀薄而变化，(b)随运动物体的重量而变化。根据(a)，物体穿越虚空应该不用时间即可完成；根据(b)，重物穿越虚空(如同它穿越一中介物一样)应该比轻物快。但是事实上，没有一个东西运动是不用时间的，而且如果没有"可分"的中介物，那么就没有理由说明为什么重物应比轻物运动快。[②]

---

① 214[b]12—216[a]26。

② 伽利略设想亚里士多德是说重物体在空间降落要比轻物体快，对这一点的怀疑，使他从比萨斜塔上扔下不同重量的物体，并因此导致动力学的革命。但是，亚里士多德实际上是想通过表明重物体和轻物体在虚空中从一种观点看必须等速运动，而从另一种观点看必须不等速运动，来否证这个虚空。

亚里士多德关于"非自然"的或受外力作用的运动的速度的观点可见于《物理学》249[b]30—250[a]7；《天文学》301[b]4—11，这里他阐明了有效速度的基本原理。"如果 A 是运动，B 是被推动的东西，C 是 B 被推动的距离，D 是所用的时间，则

A 在时间 D 推动 $\frac{1}{2}$ B 的距离将为 2C。

A 在时间 $\frac{1}{2}$ D 推动 $\frac{1}{2}$ B 的距离将为 C。

A 在时间 $\frac{1}{2}$ D 推动 B 的距离将为 $\frac{1}{2}$ C。

$\frac{1}{2}$ A 在时间 D 推动 $\frac{1}{2}$ B 的距离将为 C。"

在《力学》一书中(848[a]11—19, 850[a]36—[b]6)，平衡和杠杆理论基于这一原理。但是亚里士多德看到，并非总是这样一种情况，即 A 在时间 D 推动 2B(或 $\frac{1}{2}$ A 在时间 D 推动 B)的距离将为 $\frac{1}{2}$ C，因为 A 也许根本不能推动 2B(《物理学》250[a]9—19)。

（2）没有物体所占据的虚空[①]。如果我们承认一物体的体积不同于其可感觉的性质（尽管似乎只是思想中可分的），我们就无需再承认一个虚空。

（3）物体中没有虚空间隙[②]。过去赞成虚空的论证是，如果物体之间有密度差别，则必然有虚空；如果物体之间没有密度差别，则没有像压缩这样的事情，所以运动是不可能的。而对这个论证，亚里士多德首先说明虚空不会有助于解释这些事实。然后他试图进行正面描述[③]。稠密化和稀薄化确实发生，但不能推出虚空的存在。对立的东西中有一质料，它从潜在性（比如潜在的热）逐渐变成现实性（现实的热）。同样，相同的质料既适用于大物体也适用于小物体。当水变成气的时候，相同的质料没有任何外来附加物，就由潜在的东西变成现实的东西。气在收缩和膨胀时亦是同样。正如相同的质料由冷变热，相同的质料也可以由热变得更热，而且当整体不太热的时候，它的任何部分不会由不热变热。同样，一可感觉物的大小没有外来附加物就能扩展，因为相同的质料占据的空间可大可小。因此和解释性质变化一样，亚里士多德把物体的扩展和收缩解释成由于质料可以有各种状态，即"以各种可能的稠密程度填满空间"。[④] 这就是他所建立的用以反对虚空学说的学说。他还在其它地方指出虚空和无限的类似性。[⑤] 没有现实的无限，也没有现实

[①]　216ᵃ26—ᵇ21。

[②]　IV. 9。

[③]　217ᵃ10—ᵇ20。

[④]　乔基姆：《论〈论生灭〉》，121页。他恰当地比较了这一质料概念和康德的"实在"概念。

[⑤]　《形而上学》1048ᵇ9—17。

的虚空；但是，正如"划分无止境"（例如，直线是无限可分的）一样，我们总是可以想象一个物体，其密度小于任何给定的物体。质料在宇宙中连绵不断，但其稀薄程度却可以是没有极限的。

时　　间

亚里士多德首先指出时间的性质的独特性，即时间或者不是实在的，或者"几乎不是实在的"；然后开始考察时间的性质[1]。有人把时间等同于运动或变化。这种观点似乎有理，其实不然，因为只有一种时间，却有多种运动，而且时间不能有快有慢。然而，时间暗含着变化[2]。因为当我们的精神状态不变或者我们没有意识到这种变化的时候，我们不认为时间已经消逝。当我们注意到变化的时候，我们认为时间已经消失，反之亦然。那么时间和运动的关系是什么呢？空间量是连续的，并且是基本的连续体。运动是连续的，因为它是通过连续空间的运动；时间是连续的，因为它被连续运动所占有。同样，"先"和"后"首先指空间，其次指运动，然后才指时间。当我们注意到运动中先后的区别，即区别出两个"瞬间"和它们之间的中介时，我们就认识到时间的消失；因为瞬间的范围就是时间。时间是"运动就先后而言的数"；因为我们用数目区别多或少，用时间区别运动的多或少。但是时间不是计算意义上，即纯数意义上的数，而是被计算意义上的数；就是说，时间是运动的可计算的方面。

---

① IV. 10。
② IV. 11。

接下来的一段话有趣而难懂 ①,其目的是指出:注意到"瞬间性"这种单一特点附属于多个经验事件,从而认识了时间过程,正如观察单个物体在不同点上连续运动而认识了运动。时间依赖于瞬间的连续性和瞬间的可分性,就像运动依赖于运动的物体,线依赖于点一样。亚里士多德还说,如果时间以瞬间计算,那么我们就不能认为瞬间是时间的部分,正如点不是线的部分那样。没有最短的时间,正如没有最短的线那样 ②。

亚里士多德转而考察事物是处于"时间之中"意谓什么 ③。是处于时间之中必然意谓(1)是处于时间所是之时,(2)是时间的部分或属性,或者(3)是以时间来度量的。但是,正如处于运动或位置之中不是处于运动或位置所是之时,处于时间之中绝不是处于时间所是之时。现在、过去和将来处于时间之中,作为其部分;事件在时间之中,被它度量。因此,它们被时间包含,正如处于位置中的事物被其位置包含一样。由于它们在这种意义上处于时间中,必然有一个时间大于任何处于时间中的事物。因此,永存的事物不在时间中,因为它们不由时间包含,也不由时间度量。由于时间是运动的度量尺度,它就是静止的度量尺度。只有运动或静止的东西(即正在运动或可以运动起来的东西)在时间之中。这样,必然的真理不在时间中。时间绝不会停止,因为运动绝不会停止,因为每一瞬间实质上是过去的结束,也是未来的开始 ④。

---

① 219^b9—220^a24。

② 220^a27—32。

③ 220^b32—222^a9。

④ 222^a29—^b7。

当亚里士多德问如果没有灵魂,是否会有时间的时候[①],他提出一个重要问题,但没有给予明确回答,他指出,可以认为,如果没有一个东西来计算,就不会有任何东西得到计算,因而没有数目。所有可能存在的将不是时间,而是时间基质的运动,也就是说,仍然会有运动,但是它将无法度量。

以时间为数目的运动可以是产生、消亡、生长、性质变化或位置的变化。但是运动借助位置的变化而被自然地度量。位置的变化是运动的基本类型,是唯一无须改变位置的运动类型;[②] 它的基本类型是循环运动。因此很早就有把时间等同于天体运动的观点,还有把人类事物、一切变化以及时间本身都描述成周期性循环的观点。

连 续 性

亚里士多德在对连续性作了初步讨论后,开始定义一些基本语词[③]。A 是 B 的后续,如果它于某些方面(位置、种类等等)在 B 之后并且同类中没有东西在它们之间。A 与 B 是接触的,当它们的终端处于同一个直接位置。A 和 B 是连续的,当它们相互接触的界限是一个。接触蕴含着后续,而不是后续蕴含着接触(例如,数可以是后续的,但不能接触),连续性蕴含着接触,而不是接触蕴含着连续性。

---

① 223ᵃ21—29。

② 223ᵃ29—224ᵃ2。

③ V. 3。

从连续的这个定义得出，连续体不能由不可分物构成，例如，直线不能由点构成①。因为(1)不可分物没有端位；(2)如果直线由点构成，这些点就是连续的或接触的。我们已经看到，它们不能是连续的。它们也不能是接触的。因为，若不是这样，(a)一个点的整体就要接触另一个点的整体，或(b)一个点的部分就要接触另一个点的部分，或(c)一个点的部分就要接触另一个点的整体，(b)和(c)是不可能的，因为点没有部分；但是如果(a)整体接触整体，它们就不是连续的，因为连续的东西必然有在位置中分离的部分。

此外，点不能是点的后续(这是接触的先决条件)，瞬间也不能是瞬间的后续，因为任意两点之间有一条直线，而且任意两个瞬间之间有一段时间。

(3)如果连续的东西由不可分物构成，它就可以分成不可分物。92 但是如果可以这样分，不可分物就要接触不可分物；而我们已经看到这是不可能的。

(4)如果广延由不可分物构成，则这个广延上的运动一定由不可分的运动构成，即(像亚里士多德证明的那样)由从未进行过的完成的运动构成。这样，连续运动的东西也要连续地静止。

(5)亚里士多德更出色地补充了一个关于时间和空间的无限可分性的证明②。令 A 快于 B，令 B 在时间 EF 移动距离 CD。则 A 移动距离 CD 将用较少的时间 EG。因此 B 在时间 EG 将移动较少的距离 CH。因此 A 移动距离 CH 将用更短的时间，以至无限。我们

---

① VI. 1。
② 232ᵃ23 — 233ᵃ21。

被无限地导致更短的时间和距离。

亚里士多德接着扼要讨论了芝诺在试图证明运动的不可能性时所使用的疑难。[①] 亚里士多德在其它地方对此讨论得更加详细[②]；他的观点的实质是：不可能在有限的时间穿越无限的空间，而可以在有限的时间穿越无限可分的空间，因为有限的时间本身是无限可分的。

《物理学》卷 VI 的其余部分有两点重要性。它把空间、运动和时间的连续性及无限可分性学说展开为一系列命题，这些命题从亚里士多德的基本原则令人佩服地推演出来；与此同时，它为证明不被推动的第一推动者的存在提供了一些所需要的前提。弄懂他的意思也许必须掌握一个主要概念，即运动的"第一"时间。一事件在一串时间中，正如一物体在一串位置中。凯撒之死发生在公元前 44 年 3 月，也在公元前 44 年，也在公元前一世纪。一事件的"第一"时间是它精确占有的时间，即它的准确或相应的时间。在这一方面，亚里士多德对时间的处理和对位置的处理有类似之处。

这里，我们只概要地列出这一卷的主要内容：

第三章，瞬间是不可分的，没有东西在一瞬间是运动的或静止的。

第四章，234^b10—20。任何变化的东西都是可分的。

93　　　234^b21—235^a13。运动（a）就其占有的时间来说，（b）就运动物体的组成部分的分离运动来说，是可分的。

---

① 　233^a21—$^b15$。

② 　VI. 9；263^a4—264^a6。

235^{a}13—^{b}5。时间、运动、被推动的物体、运动物体和它移动的距离，都有相应的分隔。

第五章，235^{b}6—32。任何发生变化的东西一旦变化，就处于它变成的东西之中。

235^{b}32—236^{a}7。事物发生变化的准确时间是不可分的（即瞬间）。

236^{a}7—^{b}18。有事物发生变化的准确时间，但没有事物开始变化的时间。

第六章，236^{b}19—32。一事物在其变化的准确时间的每一部分均变化。

236^{b}32—237^{b}22。任何正在变化的事物已经发生了变化，任何已经发生变化的事物过去在发生变化。

第七章，（a）没有东西能够以无限的时间进行有限的运动。

（b）没有东西能够以有限的时间进行无限的运动。

第八章，238^{b}23—239^{a}22。（a）正在达到静止的东西正在运动。

（b）达到静止是在时间中发生的。

（c）如果我们假设事物达到静止的一个准确时间，就会发现在这个时间的每一部分，事物均处于达到静止的过程中。

（d）不存在事物达到静止的准确时间。

（e）不存在事物处于静止的准确时间。

239^{a}23—^{b}4。一事物就其运动的准确时间而言，不处于任何准确的位置。

（第九章，解决芝诺反驳运动的论证。）

第十章，240^{b}8—241^{a}26。没有组成部分的东西不能运动。

241^{a}26 —^{b}20。除了循环运动，没有无限的单一变化。

第 一 推 动 者

同样，卷 VIII 的内容也可以表述为一系列命题：

第一、二章，一直有并将永远有运动。

第三章，有些事物有时运动，有时静止。

第四章，凡运动的事物均被某个东西推动。

第五章，256^{a}4 — 257^{a}31。第一推动者不被除自身外的其它任何东西推动。

257^{a}31 — 258^{b}9。第一推动者不被推动。

第六章，258^{b}10 — 259^{a}20。第一推动者是永恒的和单一的。

259^{a}20 —^{b}31。第一推动者甚至不被偶然地推动。

259^{b}32 — 260^{a}19。第十层天是永恒的。

第七章，260^{a}20 — 261^{a}28。位置的变化是运动的基本类型。

261^{a}28 —^{b}26。除位置的变化外，没有运动（或变化）是连续的。

第八章，261^{b}27 — 265^{a}12。只有循环运动才是连续和无限的。

第九章，循环运动是位置变化的基本类型。

第十章，第一推动者没有部分或量，它在世界外围。

亚里士多德的第一推动者在世界外围这一结论得自以下几点：（a）假定运动必然起源于中心或外围，因为只有它们是"开端"；（b）假定第一推动者直接引起的运动必然是最快的运动，因为原动力在传递过程中一定要减弱；（c）（以为）所观察到的事实：恒星领域的运动是最快的运动。这样我们得到一种观点：世界上一切运动是从

"第一层（即最外层的）天"传递的，第一推动者直接作用它，因此必然在宇宙之外。亚里士多德在其它地方①说明天体（尤其是太阳）如何以其运动产生出形成地球生活环境的气象，以昼夜，播种和收获的时间的交替使陆地生物形成其一般形状和特点，企图以此使上述概括具体化。但是《物理学》的结论却给我们留下两个没有回答的问题。（1）第一推动者没有形体和广延，却怎么能在宇宙的外围？（2）没有形体的东西怎么能引起运动？归根结底，亚里士多德所认识的引起运动的两种方式是推和拉，②但是不能认为没有形体的东 95
西有这两种方式。他在《形而上学》中企图回答这些问题。③第一推动者被描述成"作为想望的对象"或爱的对象的原动力，即根本不是物理动因，因此无需被看成位居某处④。但是，这个回答除去了一些困难，也同样产生了一些困难。

《天　文　学》

从《物理学》到《天文学》，我们就从对一般变化的研究到了对局部运动的研究。前两卷探讨天体运动，后两卷探讨陆地物体的运动。

亚里士多德在他关于先验构造的最大胆的一篇论文中企图说

---

① 《天文学》II. 3；《论生灭》II. 10；《气象学》I—III。
② VII. 2，这里把"掷"当成推的方式，把"运送"，当成偶然地被推动，拉动或转动，把旋转当成推和拉的结合。
③ Λ. 7。
④ 参见《天文学》279ᵃ18—22。

明宇宙的一般结构为什么必须像现在的样子①。上帝的活动是永恒
的。因此作为神圣物体的天的运动必然是永恒的，因此天必然是
旋转体。但是旋转物体的中心是静止的，因此宇宙中心必然有静止
的地球。由于有土，必然也有火；因为火（上升物体）是土（下降物
体）的对立物，而且实质上先于土，因此热是一种形式，冷是这种
形式的缺失。既然有火和土，必然也有中介物气和水。这些元素的
存在引起产生和衰灭，因为中介物中出现的对立物要相互摧毁。但
是产生的存在引起循环运动而不是第一层天的运动；因为"若整个
天的运动是单一的，就会使物体元素的相互同一关系成为必然的"。
就是说，如果日月由第一层天携带运转，那么，"如果太阳定在巨
蟹座，我们就永远过夏天，如果太阳定在摩羯座，我们就永远过冬
96 天"，②这样，作为生灭的实际原因的冷和热所产生的变化影响就消
失了。③

　　亚里士多德的天文学体系概括地说就是：天体由第五种元素构
成，没有产生和衰灭，没有质量或大小的变化，并且不像陆地元素
那样直线运动，而是循环运动。④宇宙由一系列在同心圆层次上的
天体构成。地球是处于同心圆圆心的一个天体⑤，静止在宇宙的中

---

　　① 《天文学》II. 3.

　　② 西姆普利丘斯：《运动》。

　　③ 亚里士多德在 II. 12. 对为什么行星运动必然像现在的一样有一段类似的演绎
的描述。

　　④ I. 2, 3.

　　⑤ 亚里士多德赞同（298ª15）一种估计：地球周长大约是 46,000 英里——不到其
实际长度的两倍。亚里士多德在这一段（298ª9—15）表述的意见是西班牙和印度之间
的距离可能不超过西海洋。这是驱使哥伦布踏上探险征途的主要原因之一，所以"西印
度人"和"红印度人"之说间接地起源于亚里士多德。

心。^①宇宙的外壳——"第一层天"——是一有限的天体，包含着我们现在所说的恒星。^②恒星自身没有运动，但是被第一层天的匀速旋转携带每二十四小时转一次。^③对于日月行星的更复杂的运动，亚里士多德修改并采用了欧多克苏的理论，正如后者的朋友卡里普斯发展了他的理论一样。^④欧多克苏以令人惊异的数学成就把太阳和月亮的表面运动分解成三种旋转运动。他说，假定某一层的一个天体匀速旋转，并且把一个在较小的同心圆层次上旋转的天体的极点（这些极点不同于它自己的极点）固定在自己表面，假定有第三个天体，它与第二个天体的关系类似第二个天体与第一个天体的关系。如果一物体在第三个天体所在的大圆上，就有这三种旋转混合的运动；若是给这三种旋转指定速度和方向，就能得到一种符合观察到的日月运动的混合运动。同样，每一行星的运动也可分解为四种旋转。^⑤

卡里普斯以更准确的观察发现必须假设五层来说明月亮、太阳、水星、金星和火星的运动原因。欧多克苏和卡里普斯的这种理论似乎一直是纯数学的；他们没有提出与说明天体运动的机制有关的建议，而且每一天体（除"恒"星）的运动均被当成独立的问题处理。但是，亚里士多德认为在同心圆层次上旋转的天体这种看法适合自己的一般思想体系，并且接受它作为天体的实际机制。他这

97

---

① II. 13, 14. 亚里士多德正确地阐述了地球是球状的一些主要证据，掌握了地球形状是由其部分向其中心运动所决定的这一原理。参见他对海面是球状的证明，II. 4。

② I. 5, II. 4。

③ II. 6, 8。

④ 《形而上学》Λ. 8。

⑤ 详见希思：《萨莫斯人阿里斯塔克》第 16 章，德雷尔：《行星体系》第 4 章。

样接受它，却发现它有一点很难成立。如果整个宇宙是一个相互接触的（并且必然是接触的，因为没有虚空）处在同心圆层次上的天体系统，那么带一个天体的层将携带（向内数）下一天体系统的最外层和它一起旋转，这样将与欧多克苏对每一天体运动所作的自成一派的解释相冲突。为了避免这种冲突，亚里士多德确定了一些反作用的层，它们与原层反向运动并且只允许各个系统最外层的运动（每日从东向西旋转）可进行到其内部系统。这样他一共得到 55 层。如果我们加上火、气、水和土这四层，我们就得到一个由 59 个同心圆层次组成的宇宙。① 经常有人指责亚里士多德曲解了欧多克苏的理论；但是却几乎不能指责他企图机械地解释天体运动，也不能指责他把这种解释建立在最有效的数学理论的基础上。②

　　第一层天的运动起因于上帝的行为，因而是作为爱和想望的对象运作的。亚里士多德认为空间有穷；没有虚空；匀速运动必须是直线的或循环的；天体的匀速旋转是唯一可以不变方向，不需要虚空或无限空间，而永远继续的运动。这样，亚里士多德就能够推论出天体的存在，把它的旋转解释成一种有形事物可能有的最接近于神圣自知的永恒不变的活动。但是，日月、行星的固有运动引起天体与第一层天不同方向的旋转，亚里士多德不用上帝的行为，而用每一天体独立的动力——学者的"隐德莱希"——作用来解释这种运动③。他确实想要达到一个一元化的系统；他取荷马的格言"众人

---

　　① 　但是最后四层有些凭空想象，因为这四种元素之间进行着持续不断的转换，由一种元素的转换产生的另一元素的一部分实际上不直接复归于原来的元素。亚里士多德尤其否认气和火的确定层次的存在。火只占居气层的上位，气占居下位。

　　② 　然而，他没有看到在他自己的理论中，每一系统的外层是多余的。

　　③ 　《形而上学》1073^{a}26—^{b}1；《天文学》279^{a}18—22。

统治不佳；当令一人统治"作为自己的座右铭①。这种理智必然低于第一推动者，但它与上帝的实际关系却非常不可思议，它作用天体的方式也是不可思议的。由于它是无形的东西，所以它大概也是作为想望的对象而非物理动力来起作用。

亚里士多德在卷 III 和 IV 转到他的系统的尘世部分。这里，他的论题是考虑四种元素的轻重，即它们自身运动的趋向。《生成》将考虑它们相互作用及因此产生出生成、性质变化和大小变化这三种变化的力量。② 亚里士多德坚持认为存在着绝对的轻重，即存在这样一种倾向：宇宙中某些事物向中心运动，另外一些事物向外层运动。他的理论基础是以下两点：(1)某类质料趋于在其它类质料中上升（或降落），而与其体积无关；(2)经验地假定：对一特定类型的质料而言，其量大较之量小更能完全地体现这种类型的特点，若类型重，则质料更重；若类型轻，则质料更轻③。一种理论认为一重物体较之一轻物体包含更多的相同部分。但是亚里士多德说：如果这是真的，则大量的火应该比小量的火上升更慢，而实际上它上升更快；同样，很大量的气体应该比水重，而实际上气总是升腾于水面。另一种理论说明体积和重量并非总是一致的，因为轻物体中有虚空。但是这样的话，很小量的重型物体将轻于很大量的轻型物体，而事实并非如此。同样不能使重量依赖于物体中充实和虚空的比率；否则，小量的火就应该和大量的火运动得同样快。亚里士多德认为，唯一的解决办法是承认存在着性质上不同类的质料。如果

99

---

① 《形而上学》1076ᵃ4。

② 《天文学》III. 有一小段讨论生成。

③ IV. 2。

只有一种质料，就没有绝对轻或重的东西。同样，如果只有一种质料和它的反对物，就无法解释气和水的相对的轻和重。

其实，火的上升和土的下降类似于事物发展一定的实体性或一定的性质或者长成一定的大小的自然趋向①。"物体向其自身位置的运动是向其自身形式的运动。"土的性质是位于宇宙中心，因此它只有到达那里或者像其它部分的土允许的那样尽可能地接近那里，才能静止。问火为何上升，就像问为什么可治愈者受到治疗会获得健康而不获得白色一样。但是有一点区别；上升或下降的趋向较之质或量的变化的趋向似乎是占有者更内在、更不依赖于外在原因的东西；原因在于质料或位置变化的潜能是"最接近于实体的"；它是在趋向于变化的过程中最近产生的东西（正如我们在动物自身上看到的），这说明它在存在物的顺序中居先，即较之其它趋向更是占有者本质的组成部分。所以"只要气由水产生，轻由重产生，它就到上位。它立刻就是轻的；生成在终结，它在这里获得存在"。物体的上升和下降不过是潜能的现实化。中介物气和水有双重潜能；正如同一物体潜在地是好的和坏的，气的趋向是升至土或水之上，而降至火之下；水的趋向是升至土之上，而降至火或气之下②。

《论 生 灭》

亚里士多德认识到早期关于产生和衰灭的两种主要观点③。一

---

① IV. 3。
② 312ᵃ17—21。
③ I. 1。

元论者必定把这些过程归为单一实体的性质变化；多元论者必定认为它们不同于性质变化，但是他们把产生解释成不同的基本物体组 100合而成一集合体，把衰灭解释成不同的基本物体的分解。

原子论者以原子的组合和分解解释产生和衰灭①，因而给这个理论以更明确的形式。下述论证似乎证明相信原子是正确的："如果我们假定一个物体是彻底可分的，则它可能在一瞬间处于一种彻底分割的状态，即被分成没有量的部分。但是任何数量的这样的部分都不能形成一个广延物体。因此物体不能是彻底可分的；必然有不可分的物体。"然而，对原子的笃信导致不可能的后果，亚里士多德在其它地方对此有详细论述。②为了使这两种对立观点调和起来，亚里士多德主张一物体可以在任何地方被分割，但不能同时在每一个地方被分割。它可以在任何地方被分割；它的任一部分都不抗拒分割，像所假定为原子的那样。但是它不能同时在每一个地方被分割，因为这将意谓它有有穷多的点并且点挨点，它可以在所有这些点上被分割并且分解成为无，而实际上它潜在地有无穷多的点并且点与点不相挨。

这样，事物不会分解为原子，而只分解为相对较小的部分。但是，分解和组合即使被这样重新阐述，也不说明事物"作为整体由此及彼"的变化，因为变化不仅影响事物的性质，而且影响构成事物本质的形式因素和物质因素。

亚里士多德指出，"绝对产生"，即实体的产生不同于假设实体

---

① I. 2。

② 《物理学》231ᵃ21；《天文学》303ᵃ3。

具有一种新性质，前者有两点困难。①（1）实体如何能够产生？显然它必然只能来自潜在的实体。如果我们假定这个潜在的实体没有现实的属性，我们就是假定一个相当不确定的东西的存在，并且还忘记了"无来自无"这句格言；如果我们假定它现实地有非实体属性，我们就是在做一种不可能的假定：属性可以脱离实体而存在。

101 （2）产生的持久性的原因是什么？《物理学》指定了动力因；② 它是第一推动者和第十层天。我们现在考虑的是质料因。

　　这两个问题的答案是，一种实体的衰灭是另一种实体的产生，反之亦然。也就是说，产生和衰灭的质料因以及它们持久性的质料因是能够先采取一种实体形式，然后又采取另一种实体形式的质料。产生似乎令人费解，因为似乎是从完全不是那样变为是那样，但是我们现在看到并非如此。产生的持久性似乎令人费解，因为存在的总和似乎是事物消失殆尽造成的持续衰灭；但是我们现在看到，衰灭不是这样——感官觉察不到的东西不一定什么也不是。产生和衰灭是实体转换成实体的两个方面。然而，有些这样的转换称为产生更恰当些，在这样的转变中，生产的实体比其它实体更具有现实性和实在的特点。这样，由土产生火是绝对产生并且只能相对称为衰灭，因为热恰恰是冷所缺失的形式。

　　亚里士多德开始更明确地区别变化的种类③。性质的变化（Alteration）是在（a）有一可感觉的持久性基质和（b）新性质是持久性基质的性质这两种情况下发生的变化。这两个条件均可以将性

----

① I. 3，318ᵃ31—35 指出了相对产生和绝对产生之间区别的其它两种意义。

② 258ᵇ10。

③ I. 4。

质的变化改变和产生区别开来,因为(a)所有产生均有一持久而不可感觉的基质,即"第一质料",(b)在有些产生中,有一可感觉性质是持久性的(例如水产生于气具有的透明性),而新性质(如,冷)不是这种性质,而是它的一种附属性质。

在别处,① 亚里士多德主张性质的变化总是与《范畴篇》里认识到的"习惯和状态","自然的能力和无能","感受的性质和影响"(即专门感官所接受的性质),"形体和轮廓"这四种性质中第三种性质有关的变化。② 但是这里把性质的变化也看成包括与第一种和第四种性质有关的变化。③

质料在其最恰当的意义上说是实体变化中包含的基质;但是 102
位置变化、性质变化和大小变化所包含的基质在某种意义上也是质料。

生长不同于产生和衰灭,以及性质的变化,因为(1)它是大小方面的变化,而不是实体或性质方面的变化,(2)它引起位置变化;它引起的位置变化具有特殊形式,既不是转移,也不是旋转,而是扩张④。我们进一步考虑第一点,生长不是从没有量到出现量。它预先假设的质料与产生或性质变化预先假设的质料不是可分离的,而仅仅是可区别的。它预先假设的是可感觉物体,每一可感觉物体都是一具有实体、性质和大小的不可分的整体。但是思维辨认出的作为生长的质料的东西是预先存在的物体的大小。

---

① 《物理学》245^{b}3。
② 8^{b}25 — 10^{a}26。
③ 319^{b}12 — 14。
④ I. 5。

可以制定一些原则来指导我们对生长的描述。(1)在生长中，正在生长的事物的每一部分都增长。(2)一个正在生长的事物由某种东西增加而生长。这个东西一定是一物体，因为没有孤立的虚空这样的东西；但它是物体这一点似乎引起两物体处于同一位置这一悖论。(3)为了区别生长和伴有扩张的产生(例如气从水产生)，我们必须补充说，在生长中，正在生长的事物保持其本性。

生长就其本来意义上说是有生命事物的固有属性，如果我们想掌握其原因，我们必须认识到(1)首先是组织在生长(器官由这些组织构成)，(2)这些组织既有质料又有形式或结构样式。并非每一部分组织都作为质料而生长，因为其物质粒子不断流入流出；而其形式或结构则保持不变并且扩张。生长的动力因是营养要素，它把食物这种潜在的肌肉与肉体肌肉融合起来，使食物变成现实的肌肉。若是一个形式的扩张是生长，这种形式就是"蕴藏于质料之中的一种能力——实际是一种渠道"，新质料流入其中。只要这种能力可以吸收多于其弥补组织的消耗所需要的质料，生长就继续，然而一旦这种能力被使用削弱了，尽管继续提供营养，生长就停止了并且消亡终将开始。

区别了产生与性质变化和生长，亚里士多德开始讨论产生的原因，首先是讨论质料因——不是逻辑上可以区别的最终基质、第一质料，而是"所谓的元素"，即这样的可感觉物体：它们是他要解释其生成的"组织质料"①。它们化学地组合成这些组织；组合意味着主动和被动；主动和被动意味着接触。因此必须考虑这三种东西。

---

① I. 6。

（1）我们已经看到，两个事物"端位在一起"即为接触^①。但是，接触就其最严格的意义说仅属于有地点和位置的东西，即（由于"上"和"下"是位置的基本差异）属于自然上移或下移的事物。现在，或轻或重的事物是受作用或起作用的。换言之，接触只适合属于地上的可变物体。但是在第二种意义上说，它属于（a）数学对象，后者在某种意义上说可以有位置^②，和（b）任何东西，这些东西运动而不相互推动，不作用它物或受它物作用，就是说，它不影响性质变化，也不受性质变化的影响（亚里士多德考虑的大概是外层天和毗邻它的天体之间的关系）。这样的物体将触及它物，而不受它物触及，但是在陆地世界中，接触是相互的。

（2）亚里士多德之前的人认为，只有相同事物作用相同事物，或者不相同事物作用不相同事物^③。但是一事物不能在与自己完全一样的事物中产生变化；它也不能作用于与自己毫无共同之处的事物，比如一条线就不能作用于白色。受动者和主动者必然同属不同种；即它们必然或者是对立物，或者是其中介。因此，既然产生是向反对状态的过渡，所以它必须采取我们所见的形式，这就是使受动者同化于主动者的形式。现在我们有时说基质，有时说一对立物是受作用的（例如，"这个人正在暖和起来"，"冷的东西正在被烤热"）。一种观点的主张者集中考虑基质，另一种观点的主张者则集中考虑对立物。

---

① 《物理学》226^b23。

② 亚里士多德没有说为什么，但是他的意思大概是说"在这种意义上，数学对象所抽象的感觉事物有位置"，或者，正如它们有 νοητή ὕλη，所以它们被思想在想象空间赋以位置。

③ I. 7。

在同类事物之间,作用包含反作用。因为这样的事物有相同的
质料和对立的潜能。主动者 A 和受动者 B 其实是 x-a 和 x-b,而且,
104　x-a 由于把 a 性传给 x-b,它本身就能成为 x-b 并且在与 x-b 接触
时必然成为 x-b。但是另一方面,第一主动者,即"其形式不体现
于质料的主动力量"(亚里士多德似乎是说技艺和技艺产品,似乎
是在区别精神行为和物体行为),却无需在作用中受作用。食物在
治疗病人过程中本身受到他消化的作用;治愈伤口的技艺则不受到
作用。

在讨论了恩培多克勒的"微孔"理论和留基伯与德谟克利特的
"原子和虚空"理论这两个著名的主动-被动理论之后,① 亚里士多
德认为物体不易于在有微孔或虚空的特殊部分变化,而易于彻底变
化,尽管可能有更易于穿过它们的通道。②

(3)有些思想家否认组合的可能性,认为如果(a)两种构成物
均保持不变,或(b)只有一种被毁灭,则不能说它们是组合的,而
如果(c)它们都被毁灭,它们就不是组合地存在,因为它们根本不
存在。③ 亚里士多德认为,在组合中,这几种情况都不会发生。答
案在于认识到构成物既不像以前那样存在,也不被完全毁灭;它们
在组合中依然潜在地是它们的过去,而且可以把它们分析成它们的
过去。

亚里士多德接着说,不要把组合解释成一构成物的部分与另一
构成物的部分——或者(a)小得无法感觉的部分,或者(b)原子部

---

① I. 8。
② I. 9。
③ I. 10。

分——的并列。不存在原子，而且这两种说法都不能说明：其中每一部分完全像整体并且像其它部分这样一种真正同质物体的产生。组合的结果绝不能是拼凑的，不论假设拼凑的石头有多小。① 被组合的事物一定是（a）相互作用的，（b）易分的（即液体）和（c）出现在非常均衡的事物中。满足了这些条件，它们就会相互修改，使之成为其原来性质的自然中介，这种改变就是组合的原因。

　　在亚里士多德的想法中可以看到，组合完全是相对于机械混合的化学结合；但是他比现代化学更进一步，现代化学以为无论变成什么样的结合，原子保持不变。　105

　　亚里士多德现在回到产生的质料因——"所谓元素"② ——这个问题上来。他首先问它们是不是真正的原素，最终不可分的实体，然后问它们中是否有一个元素先于所有其它元素。

　　（1）他回答第一个问题说，正如有些思想家认为的那样，没有任何物体先于元素。元素意谓着有一种共同的基质，即第一质料，但是这种基质绝非分离地存在，它只以反对性质的这一种或那一种性质而存在，而这些性质又只存在于这一基质中。对立物（或形式和缺失）和基质是火、气、水和土中逻辑上可以区分的但又是不可分离的元素；尽管火、气、水和土是逻辑上可分析的，因而严格地说不是元素，但它们却是最简单的可感觉物体。

　　这些基本对立物必然有可触性质，因为可触性质才是所有可感觉物的共同性质③。有些可触性质诸如轻重或软硬不含有作用或受

---

　　①　这是乔基姆教授的话。
　　②　II. 1。
　　③　II. 2。

作用的能力。但是这些元素一定相互作用和反作用,因为它们相互组合并转化。因此它们一定具有冷热和干湿这些性质特点。不仅热调和冷,干调和湿,反之亦然,而且一般说来,冷热起主动者作用,干湿起受动者作用。热结合同类事物,分解异类事物,而冷结合同质事物及异类事物。《气象学》第四卷详细检验了冷热在无生命事物构成中所起的积极作用;生物学著作在强调生命过程的地方,到处暗含着"天生之热"的行为①。例如,消化自始至终被描述成烹调

106 的种。这里亚里士多德满足于表明怎样从这四种主要性质得到最小的可触性质。

这两对基本性质将产生六种组合②。但是对立物冷和热,干和湿不能再组合。因而有四种组合,亚里士多德规定如下:

热和干组合成火,

热和湿组合成气,

冷和湿组合成水,

冷和干组合成土。

或者,把这些组合规定为一些简单物体,我们把它们不纯的或过度的形式称为火、气、水和土。例如,我们称为火的东西是过度的热,正如冰是过度的冷。此外,这四种物体中各有一种主导性质:土中为干,水中为冷,气中为湿,火中为热。

(2)亚里士多德开始考虑他关于元素的第二个主要问题。③这

---

① 关于亚里士多德生理学理论中 σύμφχτον θερμόν 或 πνεῦμα 所起的主要作用和亚里士多德与早先和后来的气体理论的联系,参见 W. W. 耶格在《赫尔墨斯》XLVIII 29—74 页的重要文章,它非常清楚地说明了这些问题。

② II. 3。

③ II. 4, 5。

四种元素均不是基本的、非衍生的、不变的；而是相互循环演变的。（a）最快的转化是一元素转化成其邻近的、在上面序列中的元素，结果只引起一种基本性质的变化。（b）最难的转化是转化中省略一步，结果引起两种性质的变化。（c）第三个方法是取两个元素使其各抛弃一种性质，然后形成第二个元素。这样，火 + 水可以产生土或气。但是组合的元素不能是相续的，不然的话，一种元素抛弃一种性质就会留下两个同一性质或两个反对性质。

亚里士多德接着指出恩培多克勒坚持这四种元素不能转化所引起的困难①，并且说明他自己对绝对和相对的冷、热、干、湿的区别以及他对对立物相互作用的认识怎样使他能够解释这些元素组合成为同质物体②。

所有这些同质物体必然含有土，因为土主宰着所有这些同质物体的陆地领域③。所有同质物体必然含有水，因为复合物必然有确定的轮廓，而元素中只有水易于成形，（还）因为土的粘合必然要有湿度。观察实际上表明，凡有生命的事物必须有水和土来滋养。由于复合物由对立物构成，它们必须含有土和水各自的对立物——气和火。

现在，亚里士多德进而总结他对产生的原因的描述④。质料因使产生成为可能，它是"可以是并且可以不是的东西"，即瞬息可变的实体。形式因和终极因是表达所产生的事物的本质性质的公式。

①　II. 6。
②　II. 7。
③　II. 8。
④　II. 9。

就是说，一个公式阐述一复合物的元素比率，将既可定义这个复合物，又可指明其构造要达到的目的。但是，不仅复杂物体的结构是目的；而且产生的连续性增加了作为真正终极目的的宇宙的完善性，因为这种连续性给陆地事物以永恒性，而由于陆地事物远离宇宙的主源，所以也可以有这种永恒性（即种的永恒性）①。

但是质料因和形式因是不够的。永恒的柏拉图的理念与永恒的参有者结合起来并不能说明此时而非彼时发生的产生，也不能说明把过程只归于质料。质料的特点是被推动；推动属于不同的力量，不论我们考虑技艺所造就的事物还是自然所造就的事物。水不能自行产生动物，木头也不能自行产生床。诚然，热分解事物，冷团聚事物，但是它们只有在起形式的工具的作用时才能这样做。把产生仅归为质料的性质好比把锯当成木匠产品的全部原因；它是一个必要条件，但不是一个充分条件。

亚里士多德本人对动力因的描述如下。②他在其它地方已经表明天体处于永恒运动中。③这引起太阳交替地接近、离开地球上任何给定的一点，因而出现重复不断的产生。把产生，即从不是的东西变为是，描述成由于所是者的局部运动，比把局部运动描述成由于产生更有道理。但是单一的运动不能说明产生和衰灭这两个过程。必然有两个由方向或速度不同而形成鲜明对照的运动。这实际上是太阳沿黄道运动的两半，太阳以此不断地接近又离开地球的任意一点，因而引起产生和衰灭：植物的生长，动物的发展和消亡，

108

---

① 336ᵇ26—34。

② II. 10。

③ 《物理学》VIII. 7—9。

酷热、干旱和寒冷、雨水的季节性变化①。太阳的不断接近，引起动植物的发展成熟，而太阳的不断离去，又引起它们的消亡。太阳的运动为每一物种的正常生活规定了限度，但是物种由于其成分的偶然性变化，并非总能达到这种限度。

由太阳的接近和离去所引起的这四种元素相互之间重复不断的转化，说明一个真正被认为令人困惑不解的问题：为什么这四种元素没有一起持久地待在它们所属的并永远向之运动的四个同心圆层次中。正是太阳的运动引起元素与元素的相互变化，因而把地球世界聚集起来。最后，由于时间是连续的并且是运动的可测量的广延性，所以它蕴含着一种连续的因而循环的运动，因此正是天体的运动使时间本身成为连续的。

《气象学》

《气象学》何以成为亚里士多德的物理学著作的组成部分，评论家对此有不同看法。希腊评论家和圣·托马斯把元素属性分成：

（1）元素的那些自然属性，（a）作为自然物体，即与空间运动相联系的性质：如轻重；（b）作为形成复合物的质料，即与性质变化相联系的性质：如冷热，干湿。

（2）外在动力产生的那些属性。

他们认为《天文学》探讨（1a），《产生》探讨（1b），而《气象学》探讨（2）。此外，扎布里拉认为《论生灭》讨论了混合或组合的实质和

---

① 参见《气象学》I. 9。

条件，《气象学》的目的是研究(1)不完善的(因而短暂的)混合物，即那些或者没有包含全部四种元素或者包含不完善组合的四种元素的混合物(卷 I–III)，(2)无生命的完善混合物(卷 IV)；而生物学著作进而讨论有生命的完善混合物，即组织和由它们构成的器官和生物。亚里士多德是否以这样的方式思考这一问题，可能不太确切。这部著作声称是他对公认的气象科学的贡献，对"高空事物"的研究。它主要讨论风、雨、雷、闪这样的天气现象以及某些天文现象(如彗星和银河)，不过亚里士多德错误地认为后者不是天文现象而是天气现象。但是第四卷探讨了一些完全不同的事实——探讨金属这样的混合物及其可感觉性质。一方面，亚里士多德区别了天文学和气象学，因而缩小了前面给予气象学的范围；另一方面，他包括了地球实体的研究①，因而扩大了气象学的范围。气象学在他这里成为对四种元素的组合和相互影响的研究。

亚里士多德提醒我们，需要考虑的天气现象的动力因是天体的影响；其中压倒一切的重要部分可以恰当地归诸太阳。质料因是火、气、土和水。②亚里士多德提出的第一个问题是：填满表现为天气现象情景的区域是什么，即地球和月亮之间的区域是什么？③他对这一区域的描述实质是赫拉克利特创始的学说：存在着两种由太阳光作用地球表面而产生的"发散"。当阳光撒落在干燥的土地上，就引起土地的又热又干的发散，亚里士多德把这种发散大都当作烟，也当作火和风。当阳光撒落在水上，就引起如同水一样又

---

① 即如果卷 IV 是真作。
② 339ᵃ27—32。
③ I.3。

湿又冷的发散,相对烟状发散,亚里士多德把这种发散叫作雾状发散。干发散在形成火的过程中含有土的微小颗粒,而且已经显现出热和干这些火的固有属性,尽管程度较弱。湿发散在形成气的过程中含有水的微小颗粒,但是表现出水的主要性质——冷和湿[1]。气层的上部只有干发散;下部包括两种发散,并且显现出一种热,另一种湿。气层的这两部分分别叫作火和气。但是严格地说,上部不是火(即火焰,一种"过度的热,或酷热"),而是运动极易使之燃烧的易燃实体[2]。应该看到,两种发散均不能脱离对方而存在;但一方可以明确地主导另一方,由于正是这两种发散填满地球和月亮之间的整个区域,所以显然它们是所有天气现象的质料。《气象学》的前三卷试图对两种发散在热、冷或运动的影响下如何表现各种各样的现象和采取各种各样的形式进行一系列天才的说明。亚里士多德首先讨论在上部或赤热的区域发生的现象:流星,朝霞和云彩,彗星,银河[3];然后转向下部或空气区域,解释其中由湿发散所产生的结果:雨,云和雾,露和霜,雪和雹[4]。从这里他过渡到地球表面或下面的现象,对此他首先讨论了起因于湿发散的现象:河,泉,洪水,大海[5];然后讨论空气区域和地球区域中起因于干发散的事件:风,

110

---

① 340ᵇ23—29,341ᵇ6—22,359ᵇ28—360ᵃ27说明了发散的一般性质。在340ᵇ27,引文把湿发散描述为热,《论生灭》330ᵇ4也含有相同的观点。但在360ᵇ23,3ᵇ7ᵃ34,湿发散被描述成冷,340ᵇ23—29一段的逻辑要求我们理解 I. 27 中的 ψυχρόν。这实际上在两部可靠的手稿中都被发现了。实际上,亚里士多德认为湿发散是水和气之间的热中的中介(347ᵃ24)有时强调它对一方的近似,有时强调它对另一方的近似。

② 341ᵇ19。

③ I. 4—8。

④ I. 9—12。

⑤ I. 13—II. 3。偶然地,I. 3提供了有关时间的区域性思想的迷人描述。

地震，雷，闪，风暴，霹雳①；并且又回到一群起因于湿发散的特有现象，即引起反射或折射的现象：晕圈，彩虹和幻日②。所有这些说明，大量的密切观察是有证据的，然而演绎的推论使它们在很大程度上没什么价值。对彩虹的描述最有意思，并且正确地把彩虹看成折射的结果。

亚里士多德接着讨论发散"囚禁"在地球之中时所产生的结果，即矿物。它们被分成金属和"化石"，前者由湿发散形成，后者由干发散形成。大部分化石可以说是"有色粉状物"或由这种粉状物形成的石头③。

111   卷 IV 详细地考虑主动性质热和冷的运动和被动性质干和湿的改变④。热和冷的基本作用是以其适量出现，从给定的物质产生出新实体。产生的对立面是腐烂，它起因于腐烂事物本身内在的冷和外在的热⑤。热对现存实体的影响被描述成调和，它包括三种类型：催熟，煮沸，烘烤。后两种名字被从技艺操作转变成自然的相似操作；比如，消化被描述成一种煮沸过程⑥。从这个题目，亚里士多德过渡到与被动性质相联系的特点和现象：软和硬，弄干和弄湿，固化和液化，软化和浓化⑦。复合物体不论有无生命，其性质均分为那些蕴含着作用于感觉的能力——《论灵魂》的"特殊可感觉物"——的

---

①   II. 4—1II. 1。
②   III. 2—6；378ª14。
③   378^{b}15—^{b}6。
④   378^{b}26—28。
⑤   IV. 1。
⑥   IV. 2，3。
⑦   IV. 4—7。

性质和那些蕴含着能或不能受到作用的能力的性质；亚里士多德并且定义和讨论了后一种类型的十八对性质：可溶解的，不可溶解的，可弯曲的，不可弯曲的，等等。[①] 最后，根据同质物体在陆地或水中的优势，以及它们的温度，对它们进行了分类[②]；但又指出，组织尽管不太明显，却和器官一样，不仅具有某些物质性质，而且在有机体中起着某种作用[③]。这样就为在《动物的分类学》中探讨活的物体铺平道路，而这正是我们下一步要研究的。

---

① IV. 8, 9。

② IV 10, 11。

③ IV. 12。

第四章　生物学

按照亚里士多德的观点，生物学和心理学不是两门分离的科学。他的心理学和生物学著作形成一体，他对这些著作的划分大致如下。《动物志》是一部初级著作，旨在记录动物生活的主要事实。其它论文的目的在于从这些记录的事实得出理论。理论有一部分阐述有生命的东西的质料(《动物的分类学》、《动物的演进论》)，有一部分阐述它们的基本形式(《论灵魂》)，还有一部分阐述它们派生的固有属性(《自然短论》、《动物的运动论》、《动物的起源论》)。但是考虑到这两门科学后来的发展，分别探讨他的生物学和心理学将更为便利。

亚里士多德生长于医学之家，自然应该对生物学颇感兴趣，而且他的著作说明这是他的主要兴趣之一。就数学科学而言，他基本熟悉当时的数学知识[①]；但是据我们所知，他没有独特的数学发现。而就生物学而言，无论我们考虑他的观察能力，他对别人观察的事实所作的说明，还是他的理论讨论，他都远远走在他所处时代的前面；他的确是古代最伟大的生物学家，而且近代最伟大的生物学家

[①]　尽管他表现出某些严重的误解。参见 G. 米尔豪德:《哲学史研究》XVI. 367—392 页。

谈到他时说："林纳和居维叶一直是我的两个上帝，尽管在非常不同的方面；但是比起老亚里士多德，他们不过是小学生。"①

　　亚里士多德提到大约五百种不同的动物，这对于当时的认识来说是一个相当大的数目。但是他的参考资料却具有不等的价值。许多参考资料仅仅是粗略的暗示；许多仅仅是道听途说或民间传说的重复（常常在表达方面有保留②）③。但是也有许多参考资料表明了个人密切观察所具有的准确性和详细性。他可能从他父亲那里学会了解剖技术，他似乎解剖了大约五十种不同的动物④。他也许从未解剖一个人体⑤，但可能解剖过人胎⑥。对他不能直接认识的东西，他就尽可能地从牧人，猎手，捕鸟者，药商，特别是从爱琴海的渔夫那里获得他需要的情况⑦。他提到的考察地主要是他自己非常熟悉的两个地方：马其顿和色雷斯，以及特罗德及其邻近岛屿⑧。他很少考察他度过一些时光的其它地区，雅典和哈尔基斯的附近。

　　亚里士多德的许多观察使后来的研究者大为敬佩。例如，他认

113

---

①　达尔文的《生平与书信》III. 252。

②　例如，《动物志》501ª25。参见 523ª17, 26 处对赫罗多特和泰西亚的批评。

③　例如，"martichoras"或虎的假定描述，501ª25—ᵇ1。这些假造的书包括许多这样的内容；参见对豹和野牛的描述，612ª7—15，630ᵇ18—ᵇ17。

④　劳恩斯：《亚里士多德的自然科学研究》106页。

⑤　参见《动物志》494ᵇ22—24，他承认不知；491ᵇ1，494ᵇ33—495ª1，495ᵇ24—26，496ª19，表现出不知。

⑥　这似乎可见于下述段落，513ª32；《动物的分类学》666ᵇ7，671ᵇ6—9，676ᵇ31—33。参见奥格尔：《亚氏论动物分类学》，149页。

⑦　参见《动物志》572ª33；597ᵇ25；487ᵇ30；594ª23；528ª32，532ᵇ20，533ᵇ29，535ª20，557ª32，591ᵇ16，602ᵇ9，603ª7；《气象学》348ᵇ35；《动物的起源论》720ᵇ34，756ª32。

⑧　在《动物志》V，对后一地区的参考更为普遍。

识到鲸类动物的哺乳类特点,[1] 这一事实直到十六世纪才得到重视。他区别了软骨鱼和硬骨鱼,并且非常准确地描述了它们。[2] 他细心地描述了小鸡胚体的发展,发觉在鸡蛋生下的第四天,鸡心"像蛋白中的一滴血液,跳动着和运动着,宛如充满了生命"。[3] 他出色地描述了反刍动物胃室的四壁。[4] 他察觉到头足纲动物交配的显著特点,而这直到十九世纪才被发现。[5] 他对鱼蛙和龟鲋的描述极为详细[6],并且基本被后人的观察证实。他对蜂的习性(尽管不是对其结构)有绝妙的描述[7]。他对哺乳动物的脉管系统基本描述得很好,尽管包含一些至今不可思议的特点[8]。

自 然 分 类

亚里士多德不仅是收集关于动物种类的有用知识的第一人,而且是进行动物分类的第一人。在《分类学》一书中,他饶有兴味地讨论了分类问题。[9]柏拉图的二分法的划分方法主要有三种缺陷。

---

[1] 《动物志》489^{a}34—^{b}2,521^{b}21—25,566^{b}2—17。

[2] 489^{a}34—^{b}13,VI. 10;《动物的起源论》,733^{a}6—17。

[3] 《动物志》VI. 3。

[4] 《动物志》507^{a}33—^{b}12;《动物的分类学》674^{b}7—15。

[5] 《动物志》V. 6。

[6] 620^{b}11—29;《动物的分类学》696^{a}27—33。

[7] 《动物志》V. 21,22,VIII. 27,IX. 40。

[8] 《动物志》513^{a}15—515^{a}26;《动物的分类学》III,4,5。在辛格博士的《历史和科学方法的研究》卷 II,和 D. 阿尔希 W. 汤普森在《希腊传说》中论自然科学的文章中,可以看到对于亚里士多德对动物最卓著的观察所做的一些描述。

[9] I. 2—4。

（1）如果划分适当，每一种差出自前面的种差（例如，"有羽毛的"动物划分为有倒刺羽毛的动物和没有倒刺羽毛的动物，而不是分成野生的和驯养的），那么二分法就意味着每一最低种是仅由一个种差——一可确定物的完全确定的形式——为特征的。但是如果这样，我们就会不可避免地打破那些包括具有多种共同属性的成员的自然群；比如我们就会把一些鸟归为陆地动物类，而把另一些鸟归为水中动物类。（2）在使用二分法时，每对种差中有一个是纯否定的，不能再进一步分化；"没有不存在之物的种"。只有肯定的可确定物才容易确定。（3）我们将过早地达到对任何给定的可确定物的完全确定；如果我们每一步只限于一可确定物的两种选择形式，我们就不会有足够的种差来分析现实存在的种。

如果我们为了避免这些困难而在划分中采取新的基本划分，例如，把有羽毛的动物分成野生动物和驯养动物，那么我们就引入某些极不相关的东西并且抛弃了作为二分法基础的原则。因此，最好从一开始就引入多种种差；并且要承认实际上有大的自然类，像"鸟类"和"鱼类"，它们以一系列种差相区别，而许多种差具有相同的特点。 115

亚里士多德基本认识到动物界具有的三种等级的类似性。首先有存在于单一种内的完全同一的类型。差异虽然存在于个体之间，却非常有用，而且自然结构的任何部分都不能产生它们或使之永存。其次有同一"最高属"下各个种之间的类似性；这样的种有相同的物体部分，只是程度不同，即数目、大小、软硬、光滑粗糙等方面不同。第三是"最高属"本身之间的类似性；因为亚里士多德牢牢抓住胳臂、前腿、翅膀和脚掌之间，骨头和鱼刺之间以及羽毛和鳞片之间的相应关系①。

他怎样把这些原则应用于具体的动物分类呢？在他的著作中看不到呆板的分类。他清楚地认识到分类的困难；认识到存在着一些不属于任何公认的"最高属"的孤立的种和这样两个属之间的中介种。但是他分类的主线非常清楚，这是一个基本上经受住了时间检验的分类；它在当时是前所未有的伟大进步，而且直到林奈以前无人堪比。亚里士多德最广的划分是红血动物和无红血动物，这相应于现代的"脊椎动物"和"无脊椎动物"。红血动物的主要的属是胎生四足类，鲸目类，鸟类，卵生四足类和无足类（爬行类和两栖类），鱼类②。此外还有孤立的种（人）和一些中介种。③无红血动物的划分是根据它们内部和外部的坚硬程度。有软皮类（头足纲类），它们外表软而只是体内硬；软甲类（甲壳类），外表硬些而体内软；贝壳类或介壳类（软体类，头足纲类除外），外表更硬而体内软；昆虫类，（亚里士多德根据他的划分原则说）它们内外坚硬。④另外还有例外的形式，即半动物半植物类：海葵，海绵，海参，海蜇。

这些属均有许多差别，它们相应地可以有多种划分，⑤但是亚里士多德提出的最说明问题的划分是依赖于繁殖方式的划分。⑥根据动物从其母体出生时所达到的发展程度，可以对它们进行自然分类。这取决于母体具有的维持生命所必需的热量的程度。亚里士多德对

---

① 《动物志》486ª14—ᵇ22, 497ᵇ6—13；《动物的分类学》644ª16—23。

② 《动物志》I.6，II.15；《动物的分类学》IV.10—13。

③ 《动物志》490ᵇ16—19。

④ 《动物志》I.6，IV.1；《动物的分类学》IV.6—9。

⑤ 例如，根据呼吸方式，或栖息地，《动物志》VIII.2。

⑥ 《动物的起源论》732ª25—733ᵇ16。

孵蛋时热能起的作用印象极深,[①]认为这是所有发展的动力。就热能
而言,最大的差别就是存在于有血(即红血)动物同带有类似而较冷
血液的动物之间的差别。在红血动物中,有肺动物意味着较之无肺
动物更热,因为在亚里士多德看来,肺的目的是调节过度的热量。

　　动物的最高类型是胎生类,这样的动物有足够的生命热量以产
生在性质上与母体相同的后代。亚里士多德没有发现胎生动物的
卵子,他把胚胎看成交配的直接产物。其次的类型是产"完善的"
卵的动物类,即卵在产生之后体积不再长大。下一大类是产"不完
善的"卵的动物类。但是这里出现一种情况,它使动物分类对亚里
士多德及其继承人变得非常困难。尽管鱼类大都产"不完善的"卵,
却有一类鱼,即软骨鱼,根本不产卵,而产活的后代。有人可能会
把这看成生命热量的迹象,因此把这些动物置于鸟类和爬行类之　　117
上。但是这样做就要犯仅用一个种差的错误。亚里士多德认识到
这些动物实质上与其它鱼类具有同等地位。他把它们繁殖小生命
解释成由于热量不足而不是热量过度。它们先产卵,但热量不足,
不能使卵的表面硬化为壳;因此它们必须将卵保留在母体内直到小
生命出生[②]。

　　更低级的动物必须经过先于卵和小生命的第三个阶段,即蛆的
阶段。亚里士多德没有认识到蛆本身是从卵发展而来的,却把它描
述为正在转变成似卵之物。它不同于真正的蛋,因为其组成部分均
不是单纯营养物,其整体才发展成为一个活的东西。

　　比这还低级的动物是介壳类,它们甚至连蛆也不产生。有些介

---

①　他还认为这是产生变化的动因。甚至在无生物界也是如此。

②　《动物的起源论》718^{b}32—719^{a}2。

壳类动物通过无性生殖，产生出一种粘性液体，从中长出小生命。另一些干脆从母体长出小生命①。最后，在所有低级类型中，有时甚至高至鱼类，竟会出现从诸如泥这样的无生命质料产生的自发繁殖。

这样就得出以下自然分类：

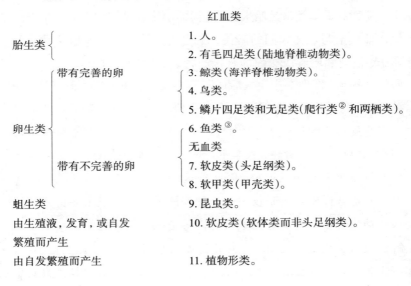

<pre>
                              红血类
胎生类 ┤   1. 人。
                            2. 有毛四足类（陆地脊椎动物类）。
       ┌ 带有完善的卵   ┌ 3. 鲸类（海洋脊椎动物类）。
       │   ┤ 4. 鸟类。
       │   └ 5. 鳞片四足类和无足类（爬行类②和两栖类）。
卵生类 ┤   ┌ 6. 鱼类③。
       │   无血类
       │   ┌ 7. 软皮类（头足纲类）。
       └ 带有不完善的卵   └ 8. 软甲类（甲壳类）。
蛆生类   9. 昆虫类。
由生殖液，发育，或自发   10. 软皮类（软体类而非头足纲类）。
繁殖而产生
由自发繁殖而产生   11. 植物形类。
</pre>

118

繁　　殖

亚里士多德认为，生命现象可以分成三大类：生长和繁殖，感觉，局部运动。其中第一类最根本，它可以独立存在（如植物的生

---

① 《动物志》546ᵇ15—547ᵃ1；《动物的分类学》761ᵃ13—19，ᵇ23—762ᵃ9。

② 但是蝰蛇在内部是卵生的，在外部是胎生的。

③ 但是软骨鱼和鱼蛙在内部是卵生的，在外部是胎生的，而且6—9类的某些成员是自发繁殖的。

长和繁殖），而其它两类离开它则不能存在。在这一类所包括的现象中，尽管营养性质及其结构引起他的兴趣，但他更感兴趣的似乎是繁殖。他的许多著名观察以及一些精辟的讨论都与这个问题有关。在他看来，繁殖以三种方式均可发生，即自发地，从单一母体，或从父母体生成。考虑到他使用的观察方法，就不会奇怪他竟然相信自发生成，而且这种观念统治了好几百年。他认为单一母体的无性繁殖发生于植物和像植物一样不动的动物。^① 但是他的主要兴趣在于确定性繁殖的性质。他一起讨论了两个相互联系的问题：父体母体各自的贡献是什么？其贡献是（像希波克拉底认为的那样^②）来自它的整个肉体，还是只来自决定性部分？^③ 前一观点的主要论证得自后代与父母的每一部分都相似，甚至在肢体残缺和后天特点方面也相似。对此亚里士多德回答说，（1）后代表现出与其父母的相似，比如声音、指甲、发毛、步法的相似，但是用肉体部分的任何物质遗传都不能说明其原因；（2）尚未有须或灰发的人生出的小孩却要变成有须或灰发的人；（3）小孩有时不像其父母，却像其不能有直接血肉遗传的远祖；（4）植物的某些部分常常相似亲本植物，而亲本植物在繁殖时却还没有具备它们。而且（5）可以这样提问：精液来自亲本的"同质部分"，即营养组织，还是来自亲本的"异质部分"，即器官。相似性的标志主要在器官上，但是器官不过是营养组织以特殊方式构成的复合物，任何物质部分的遗传均不能说明复合构成方式中相似性的原因。"如果某种东西后来创造出这种构合物，那 119

---

① 《动物的分类学》I.1。
② 参见达尔文的"泛生论"。《变化》第27章。
③ I.17, 18。

么相似的原因就是这种东西,而不是来自肉体各部分的精液。"①这里,亚里士多德正在摸索着下面的结论:雄性亲本的贡献根本不是物质的,而是给雌性亲本提供的质料印上某种形式。

而且(除了其它仍需研究的原因以外),(6)如果从后代与父母在某些专门的肉体部分的相似,论证精液必须包括来自每一个这样的部分的某些东西,那就同样可以论证由于儿子通常穿着类似其父的鞋子,其父的精液一定包括来自他的鞋的某种东西,肉体部分只是胚体为自身做的衣裳,而且,如果精液来自"创造性部分——工匠,而不是他工作所用的物质"就足够了②。"为什么不说精液从一开始就具有可以造出血和肉这样一种性质,而说它本身是血和肉呢?"③

反驳了泛生论学说之后,亚里士多德进而讨论另一个问题:父体和母体各自对生成的贡献的实际性质是什么?④精液在物体之中表现出来,必然或者是其自然部分之一(一营养组织或一器官),或者是像瘤一样不自然的东西,或者是多余的产物,或者是病态分泌物,或者是营养品。这里不难看出,精液只能是多余的产物。精液必然代表过剩的没用的营养品或过剩的有用的营养品,即食物中制造健康组织的多余因素或不制造健康组织的多余因素;健康的小动物有大部分精液,这说明精液是制造健康组织的多余因素。实际上,精液的最终形式表现为多余的有用的营养品,并且它以这种形

---

① 722^{b}1—3。
② 723^{b}27—32。
③ 723^{a}14—17。
④ 724^{a}9。

式直接地建立营养组织。营养品的这种最终形式在红血动物中是血，在无血动物中是类似的液体。精液显然不是血，因此必然意味着是血的直接产物。动物中的血逐渐形成其营养组织；此处不需要的血形成精液。后代相似于其父母不过是因为精液相似于血而已。"将要形成手或脸或整个动物的精液，已经是毫无差别的手或脸或整个动物了，而且，每一部分实际是什么，正是精液的潜在形式。"① 120

雌性体中与雄性精液相应的东西是月经，即雌性体多余的血液，由于其生命热低下，它不能形成精液。由于精液比月经更是"有形的"，所以精液的作用是后代的形式因或动力因，而月经是质料因，雄性因素使雌性因素结合起来，正如凝乳酶把牛奶凝结起来。因此存在着自然生产和人工生产之间的类似性。"雄性体发射精液，这不是随后产生的胚胎的部分；同样，任何物质部分都不是从木匠到材料的……而是通过他进行的运动，形状和形式从木匠来到材料。是他的手移动他的工具，而他的工具改动材料；是他的技艺知识和含有形式的灵魂以某种确定的运动移动他的手或任何其它肉体部分，而且这种运动随着制作对象的变化性质而变化。在发射精液的雄性动物中，大自然同样用精液作工具和掌握现实运动。"② 在交配中，动物达到物质和植物中持久的繁殖动力原则的统一；"动物类乎分离的植物。"③ 作为繁殖条件的这种统一，在植物中是持久的，这恰恰是因为生长和繁殖是植物的全部生活；而由于动物还有更高级的感觉和运动的生活，所以这种统一在动物中只是暂时的。

---

① 726ᵇ15—18。
② 730ᵇ10—21。
③ 731ᵃ21。

　　亚里士多德后来讨论了一个问题，它与前面就泛生论讨论过的问题原则上相同，但是它在生物史上起了很大作用。动物崽各部分是在胚胎中预先成形地存在呢，还是像蛛网的网眼一样后天不断形成的呢？[①] 亚里士多德回答说，这些部分不是都出现在胚胎中。不是它们出现了但小得看不见，因为肺比心大，却出现更晚。但是早出现的部分不产生晚出现的部分，否则它就已经有后者的形式，显然这是它没有的。发展的源泉在于雄性体，但是雄性体与发展中的胚胎没有接触。他把运动传给精液，精液把运动传给雌性体所提供的质料部分，这一部分又引起另一部分的运动，如此继续下去，如同一架机器一样。正如普拉特教授看到的："我们目前不能更好地解答这个谜；我们只能说精子一旦进入卵子，就引起卵子的一系列运动，这使它分化并发展出一个一个的部分。"[②] 热量是发展的工具，但仅仅是工具。"我们可以认为软和硬，脆和粘以及在有生命和灵魂的部分发现的任何其它性质都可以仅仅产生于热和冷，而当我们达到肉是肉，骨是骨这样一种原则时，情况就不同了。形成它们的是雄性体产生的运动，实际上，雄性体是产生后代的潜在之物。这正是我们在技艺产品中所见到的。热和冷可以使铁变软、变硬，但是制成宝剑的是所用工具的运动，这种运动恰恰含有技艺原则。因为技艺是产品的起点和形式；只不过它存在于其它事物中，而自然的运动存在于产品本身，产生于另一种有现实形式的自然。"[③]

　　亚里士多德先于冯·贝尔认识到，在生物发展中，比较一般的

　　121

---

① 　733^{b}23。

② 　《动物的起源论》译本，734^{b}16n。

③ 　734^{b}31—735^{a}4。

特点先于比较特殊的特点。因此，营养灵魂（我们与植物和动物共有的）先于感觉灵魂，感觉灵魂（我们与动物共有的）先于理性灵魂[①]。当灵魂有一个物质基础时，它要求这个基础比四元素的任意一种"更为神圣"，而这样一种营养灵魂和感觉灵魂的基础存在于给精液以泡沫状性质的元气之中——这种东西不是气，也不是火，而是"类似于星星的元素"[②]。唯独理性与质料没有联系，唯独它"首先从外部进来高于并且超出外部并且唯独它是神圣的"[③]。这个问题在亚里士多德设想探讨精液的理由时，已经讨论得很多。他对这一点没有发表什么意见。有一种学说针对起源和命运这两方面特点把理性与灵魂的其它能力完全区别开来。亚里士多德在另外几部著作中讲到这种区别[④]，尽管在其它一些段中他似乎是要坚持理性与感觉的连续性[⑤]。

　　生长是起码的生命职能，因此最先出现的肉体部分一定是一个有"增长原则"的东西[⑥]。亚里士多德根据观察和理论认为，这就是心脏。"因为只要小动物从其父母分离出来，它必然能够自立，如同一个离开父母而独立门户的儿子一样。因此它必须有一个第一

122

---

① 736ᵃ35—b5。

② 亚里士多德在其它地方（II. 5）说（未受精的卵在某种意义上有生命，否则它们怎能腐烂呢？从这一事实推出），雌性因素有营养灵魂，而雄性父体的特殊贡献是感觉灵魂。甚至雌性体亦有元气，尽管它还没有足够的能力把血液调合成精液。参见105页，n. 3。

③ 736ᵇ27—737ᵃ1。

④ 例如，《论灵魂》III, 4, 5；《形而上学》1070ᵃ26；《尼各马可伦理学》1178ᵃ22。

⑤ 《后分析篇》III. 19；《形而上学》A. I。

⑥ 《动物的起源论》735ᵃ15。

原则，后来发展阶段上肉体各部分的顺序就是根据这个原则安排的……。因为动物生长，一只动物的营养在其最终阶段就是血液或其类似物，血管是它们的容器，而心脏是它们的本源。"① 其它部分的连续增长，从一种观点可以解释为起因于冷和热的作用，但这是片面的解释；认识到它们的终极因，即它们促进生物体生命的方式，同样是必要的。亚里士多德关于发展顺序的观点毫无疑问建立在观察胚胎的基础上，但是他还能提出一个必然的解释。然而他对观察的至上性抱有可靠的科学的信念。（有关蜜蜂生成的）"事实尚未被充分地掌握；一旦掌握它们，则必须归功于观察而不是理论；只有断定的结果符合观察的事实，才能归功于理论"②。

    在亚里士多德以前，关于决定两性差别的原因有过很多讨论。亚里士多德认为，他的前人均未充分地接近这些事实。③ 他本人提出了一个自以为令人满意的理论。他认为，设想雄性器官可以在一个胚胎中发展而雌性器官可以在另一个胚胎中发展，这是不正确的，除非构成整个肉体机构的血管系统中一开始就有某些差异。性别部分不是性的原因，而是更内在的一种差异的伴随物；当胚胎由于其大量的热而能够"调合"多余的血液成为精液时，就产生一个雄性体，当它没有这种能力并且多余的血液保持不变（如同月经表明雌性体中多余的血液保持不变）时，就产生一个雌性体。雄性父体的精液能否控制雌性母体提供的质料，决定着胚胎是热些还是冷些。因此，决定两性的差别原则上说从性交时刻就出现了。性别部

123

---

    ① 740^a5—23。

    ② 760^b30—33。

    ③   IV. 1。

分是机体后来相应于生物体的需要分为两类器官形成的，一类有能力产生精液，另一类要容纳大量不能变成精液的多余血液。

　　遗传特征根据类似的原则也得到解释 [①]。如果雄性父体完全优胜于雌性母体，其后代就是雄性并且在其它一些方面相似于父亲。如果雄性父体优胜，但是它传递的动力由雌性母体的反作用减弱了，那么其仔就不像父亲而像父亲的父亲；若是动力减弱得更甚，则其仔像父系的远祖。如果雄性父体作为个体而不是作为雄性是优胜的，则其仔是雌性而像父亲；如果它作为雄性而不是作为个体是优胜的，则其仔是雄性而像母亲。如果雌性母体优胜，则其仔是雌性并像母亲。如果雌性因素虽然优胜，却在性交过程中减弱了，其仔则像母系的远祖。如果父母的身体发出的动力混合起来，其仔则不像任何祖先，而只保留其种的特点。最后，如果混合更为完全，其仔则仅保留作为动物的一般特点；换言之，它们是介于其父母从属的种与其它一些种之间的畸胎。

目　的　论

　　亚里士多德在动物的特征之间做出一个重要区别 [②]。有些性质标志着整种的特点，另外一些性质（如，在某些情况下的颜色）是在种内变化的。这两类性质得到不同的解释。前者用终极因，或换言之，用形式因解释；例如，有眼睛的动物之所以如此，是因为感觉

---

① 　IV. 3。
② 　778ª16—ᵇ19。

124 是动物存在的目的之一，是动物的基本特点之一。"当我们探讨确
定的有秩序的自然产物时，我们一定不能说每一产物因为变成这样
才存在某种性质，而要说它们因为如此存在才变成这样，因为变化
过程伴随着存在并且是为了存在，而不是相反。"① 另一方面，变化
的特征要由质料因或动力因解释。"动物必须有眼睛（因为这是动
物的基本概念），但是它在另一种意义上必须有某种特殊的眼睛。"②
这样对亚里士多德使用终极因就有所限制；他认识到自发的变化，
这是必须用机械的原因加以解释的。

　　然而，他探讨有机生命的问题的方法基本是目的论的，这在他
的著作《动物的分类学》和《动物的演进论》中最为明显，后一部著
作可以看成是前者的附录。在《动物的分类学》的开始部分，他规
定，对于生物学家来说，终极因比动力因更重要。③ "让我们考虑物
理学家或建筑师如何着手他的工作。他首先为自己形成一个符合
他的目的的明确图像……，他用这个图像作为随后采取步骤的理由
和解释……。现在，美好的目的和终极因在有关自然的著作中仍然
比在像这样有关技艺的著作中更为突出。"④ 自然过程与技艺过程非
常近似，竟使亚里士多德在这里实际上把自然研究包括在构造性科
学中而不是理论科学（即形而上学和数学）中。"必然性的方式和推
断的方式，在自然科学中与在理论科学中不同……"，"因为后者的
起点是存在之物；而前者的起点是将要存在之物。因为正是已经存

---

① ^{b}1—6。

② ^{b}16—18。

③ 参见为动物研究的辩护，645^{a}7—26。

④ 639^{b}16—21。

在之物——健康，或者说人——由于其存在如此如此的特点，才使预先存在或这样那样的先前存在之物的产物成为必然的，而不是这样那样的先前存在物，由于其存在或已经被产生，才使健康或人的现实存在或将来存在成为必然的。追溯一系列必然的先前存在物的起点也是不可能的，但是可以说，这个起点本身是无限的，它确定了这些存在物作它的后续。"① 因此，恰当的研究次序不是从每一动物的形成过程开始，而是首先考虑它的实际特点，然后探讨它们的进化；"因为进化过程是为了所涉及的事物，而不是事物为了进化过程"②。恩培多克勒采取相反的方法。例如，他认为脊骨划分为脊椎类，不为任何目的，而是"由于在子宫中弯曲的胎位，它碰巧被折断了"③。其他一些人说，"肉体内的水分因流动而引起胃和其它食物或废物储存器的形成；呼吸通过呼吸道而打开鼻孔的出口"④。这就好比当有人问一个木雕师，他雕刻的东西获得其形状所凭借的力量是什么，他却回答说"凭借斧子和钻"。这个回答是真的但不充分。"他说凭借他的工具的敲击，这一部分形成凹状，那一部分形成平面，这是不够的，他必须阐明他为什么用这样一种方式敲击以产生这样一种结果，以及他的最终目的是什么。"⑤ 早期思想家的错误在于他们考虑质料因和动力因，却不知道形式因或（对于同样的事物的）终极因。正当德谟克利特刚刚对本质概念有点理解的时

125

---

① 同上，^{b}30—640^{a}8。

② 640^{a}18。

③ 同上，^{a}21。

④ ^{b}12—15。

⑤ 641^{a}5—14。

候,(亚里士多德遗憾地说道)苏格拉底把注意力从自然转到了政治学和伦理学上来①。甚至德谟克利特也错误地设想"形状和颜色构成各种动物及其一些部分的本质"②。这种设想是强调结构而忘记功能。一只死手与一只活手有相同的结构,但死手不是真正的手,因为它不能胜任一只手的工作。生物学家必须考虑使所有活生物和活器官与死物相区别的东西,这就是灵魂。他不应该考虑灵魂的每一个形式。人所特有的理性灵魂在他的视野之外;但是他必须考虑灵魂的力量,凭借这种力量,有生命的东西生长并繁殖其种类,凭借这种力量,它们有感觉,并且进行运动。亚里士多德认为繁殖具有这种特殊意义,而类型的保存最清楚地证明了自然物的目的性。"一种运动只要有某些明显的终极目的,任何东西都不应成为障碍,我们总是说这样一种终极目的是运动的目标;从这里显然可以看出一定真正存在着某种东西,它相应于我们称为自然的东西。因为一个既定的胚胎不会产生任何偶然的生命,也不会由任何偶然的生命产生,但是每一个胚胎皆由确定的母体产生,并产生确定的后代。因此,胚胎正是对后代有主要影响的东西和制造者。"③

我们将会看到,亚里士多德的目的论是一种"内在"目的论。每个种的目的对于这个种来说是内在的;其目的不过是那类事物,或更确切地说,是在其存在条件(例如居住条件)允许的范围内,尽可能自由和有效地生长和繁殖其种类,获得感觉和进行运动。大概亚里士多德只有一次(而且只是不太确定地)以为一个种的特点可

---

① 642ª24—31。

② 640ᵇ29—31。

③ 641ᵇ23—29。

能是为了其它种的利益；鲨鱼的嘴在面部下方，所以当它们转身撕咬时，其捕捉物可以跑掉，但这也使它们免于吃的太多[①]！基本原则是"只有当动物能够利用一个器官的时候，自然才给它这个器官"。

当亚里士多德把动物结构说成起因于目的的时候，就自然地产生起因于谁的目的这一问题。没有迹象表明它起因于个体动物的目的。自然一般被描述成有目的地起作用，但自然不是有意识的动力；它是一切有生命事物中出现的生命力量。此外，一度还加上上帝；"上帝和自然从不随意造物"[②]。但是，亚里士多德虔心信仰的上帝（见《形而上学》）是一个陷于自我沉思的上帝，并且把世界仅仅作为其想望的对象来推动。"上帝和自然"这一表达似乎是对普通思维方式的让步；像许多思想家后来所做的那样，亚里士多德好像满足于根本不能令人满意的目的概念，这种目的不是任何心灵的目的。

他的目的论是不完全的。他必须承认动物结构中存在许多不完善之处。一件艺术品的不完善之处可以归结为工匠的缺陷，而它们却不能这样。它们被归结为物质的缺陷，但不是因为在质料本身中或任何特殊质料中存在着恶的东西，而是因为自然的工作常常需要质料，无论这种质料对其它目的多好，对眼前的目的却是不好的。有两种不完善特别有意思。首先，在一个种的个体分子中有不完善之处。当自然造就某些完善的个体时，（我们可以问）为什么它不造就其它完善的个体呢？亚里士多德说，这是由于质料的多变性。

127

---

① 696ᵇ24—32，在《政治学》1256ᵇ15—22，亚里士多德采取苏格拉底的立场，认为植物为了动物而存在，较低级的动物为人而存在。但在那里，他不是写生物学。

② 《天文学》，271ª33。

天体完全服从永恒规律，因为它们由"第五元素"的纯实体构成，陆地事物发生变化，因为它们的质料从来不是纯正的土、水、气或火，而是以这些元素的无穷的组合方式构成的。这是因为亚里士多德没有明确的化学亲合力理论，更缺乏元素只能以固定的比率组合这样的思想。

其次，我们必须考虑退化器官，它们在一属之下的大部分种中皆有作用，但是在某些种中却弱小得似乎没有作用。对于这样的器官，亚里士多德只能说它们表现为"记号"①，以表明自然物正常的（在这些情况下未能实现的）目的。

亚里士多德的目的论解释不是全都同等地获得成功。他常常几乎像现代进化论者那样解释了动物的外在部分。他描述了鸟类的可见部分与其变换的生活条件的适应性，对此，丘维尔的赞扬不会过高。在论述内在部分时，由于缺乏十分高超的解剖手术以及当时完全没有可靠的解剖学和生理学思想，他碰到极大的障碍。例如，他没有认识到神经系统的存在和大脑的头等重要性；在他看来，大脑的使用是调节热量的过度。比他对脑区的详细解释更有价值的是他得出的某种广泛的概括。例如，他认识到所有生命的延续性。他看到有些植物具有最小限度的生命，几乎很难与无生命质料区别开；有些生物沟通了植物和动物；存在着动物属之间的连接环节；人除了其理性之外，在种类上是更高的四足动物的继续②。亚里士多德是表述同源原理的第一人，例如，腿、翼和鳍之间，羽和鳞

① 《动物志》502ᵇ23，611ᵃ31；《动物的分类学》669ᵇ29，670ᵇ12，689ᵇ5。
② 参见《动物志》VIII.1；《动物的分类学》681ᵃ9—ᵇ8，等。

之间的同源 ①。他认识到器官等价规律，借助这个规律，一个种缺少某些器官就可以用以下事实加以解释：有用的质料在形成某些器官时已被用尽 ②。他发现自然中的劳动分工，即分配一种器官于各种职能和分配一种职能于各种器官 ③，尽管他指出，大自然有时产生器官为一个目的，而使用它则为第二个目的 ④。他清楚地说明了食物差别和营养器官中的差别之间的关系 ⑤。他注意到，任何动物都不具备多种有效的防御手段 ⑥。在这些和其它许多情况中，目的论方法使他能够发现任何机械方法所不能发现的事实。如果说他的目的论有时过于容易，仅仅转移了对真正的机械因果联系的注意力，那么，考虑到他的生物学比他以前的任何学说以及晚于他许多世纪的学说大为优越，这是可以原谅的错误 ⑦。

---

① 《动物志》486ᵇ17—22；《动物的分类学》693ᵇ2—5，695ᵇ20—25，696ᵃ25—27；《动物的演进论》，709ᵇ30，713ᵃ1，714ᵇ3。同源是职能同源，而不是结构同源，亚里士多德对它的认识不是基于任何深入的解剖学研究。

② 《动物的分类学》651ᵇ13，655ᵃ27，658ᵃ35，663ᵃ32，664ᵃ1，685ᵃ25，689ᵇ30，694ᵃ27，ᵇ18，695ᵇ7；《动物的演进论》714ᵃ16。然而歌德认为他的原则的独到之处在于"自然必须在一部分节省，以便在另一部分使用。"

③ 《动物的分类学》683ᵃ22；《政治学》1252ᵇ1。

④ 《动物的分类学》659ᵃ20，662ᵃ18，688ᵃ22，690ᵃ2。

⑤ 《动物的分类学》III14。

⑥ 663ᵃ17，参见《动物志》4876ᵇ26，504ᵇ7。

⑦ 贝恩在《身心》中清楚地说明亚里士多德的目的论的预见在达尔文那里得到显著的证实。

第五章 心理学

灵魂和灵魂的能力

心理学的目的是"发现灵魂的性质和本质，以及它的属性"。[①]
论述属性的方法是证明；亚里士多德问，存在一个相应的发现本质
的方法吗？他建议划分是一个可行的方法并且实际上采用了它。
第一步是确定灵魂属于哪一种主要的存在划分，即属于哪一种范
畴，还要确定灵魂是一种潜能，还是一种现实性。但是在这一点上
产生困难。假定灵魂有不同部分，假定这些部分以各种组合方式的
存在而产生出各种各样的种，或者属；这样，也许不可能有一个灵
魂的定义。也许基本事实是灵魂有不同种类，也许没有任何东西符
合一般的"灵魂"这个名字，或者说各种各样的灵魂中只有很少的
共同实质[②]。

亚里士多德的回答实际是说，灵魂的种类不是非常相似的，以
致灵魂的任何一个单一的定义将能使我们充分认识它从植物和植

---

① 《论灵魂》402ª7。

② 402ª10—ᵇ8。

物形动物中的低级表现形式直到人或上帝中的最高表现形式的所
有不同种类；灵魂的种类也不是非常不同的，以致我们不能认识其
所有种类的共同实质。几何图形可以这样顺序排列：从三角形开
始，直到越来越复杂的形式，每一种形式都潜在地包含着所有前面
的形式。同样，灵魂的形式也形成一个顺序确定的系列，它的每一
种形式预先假设所有其顺序在先的形式，并且不为它们所蕴含。最
低的灵魂是营养灵魂；因为它存在于一切有生命的或"有灵魂的"
事物中，即存在于植物和动物等类事物中。然后是感觉灵魂，它存
在于所有动物中。同样的模式在感觉灵魂中重新出现，触觉是所有
其它感觉形式预设的最低感觉形式，只要它们存在，甚至有时它们
不存在，触觉也存在。① 对亚里士多德来说，触觉、味觉、嗅觉、听觉、
视觉形成一个系列，它越来越表现出感觉的独特实质，即接受它的
对象的形式而排除其质料。② 这样说大概不是不着边际的。

　　感觉灵魂不仅有感觉功能，而且由此必然有感受愉快和痛苦
的功能，因而也有愿望的功能。这些功能是所有动物都具备的。在
大多数但不是全部动物中，还有从感觉能力派生出来的其它两种
能力。(1)在其认识方面产生一种能力，亚里士多德称之为想象
(φαντασία)；记忆则是它的进一步发展。(2)在其食欲方面产生一
种能力，即运动能力。③ 最后，还有人的独特能力，即理性。④ 一般

130

---

① 　414^b2—4, 415^a3—6, 435^a12。
② 　比尔：《希腊初等认识理论》203 页。参见《论灵魂》429^a2。
③ 　哈姆雷特的"你当然有感觉，否则你怎么能运动"(iii. 4, 71)大概来源于亚里
士多德(G. G. 格林伍德：《古典论丛》xvii. 463 页)。
④ 　413^a22—^b27, 414^a29—415^a12。

认为，这种能力不同于知觉；但是，当知觉不是以看、听这样一些专门形式而是以作为知觉的一般性质起作用时，它就赋有各种各样的功能，它们在感觉和理性的鸿沟之间架起一座沟通桥梁。

亚里士多德试图说明灵魂能力中这种顺序的必然性。如果一切生物的生命都是要延续的，那么它们必然通过生长和消亡的过程来延续，因此营养功能必须在一切生物中起作用，以便保证它们的存在。感觉不是同等必要的；植物和不动的动物在它们生长的土壤中自动找到食物。但是，运动力预先假设感觉，因为没有感觉，它就毫无用处；一只动物若是在发现食物时却不能认识它，则走来走去也属徒劳。此外，触觉是最不可少的感觉。在一定距离以外，一只动物不一定可以区别一个东西对它是好是坏，但是，当它与这个东西实际接触之后，就应该能够区别它的好坏；而且这正是由于食物含有可触知的性质。味觉是触觉的变形，同样是必不可少的，因为它是对食物的可触知性质的认识，这种认识使食物吸引动物，使非食物排斥动物。

其它感觉与其说是存在的手段，不如说是保证安康的手段。在一定距离，知觉尽管不是必要的，却有助于动物获得食物和避免伤害。此外，听觉和视觉以各种方式辅助思维活动，听觉具有特殊价值，因为言语是教和学的主要工具；视觉具有特殊价值，因为它不仅在对象、颜色方面，而且在数量，大小，形状和运动方面，都非常精确地展现事物之间的差别。①

---

①　III. 12, 13；《论感觉》，436^{b}10—437^{a}17；《形而上学》980^{a}21—^{b}25。

灵魂和肉体

　　亚里士多德早在《论灵魂》中就提出一个涉及他的心理学的实质的问题。他问，灵魂的所有属性是同属于其占有者（即我们称之为生物的灵魂和肉体的统一体）呢，还是某些属性专属于灵魂？^①如果灵魂有专门属性，它与肉体就是可分离的，否则，它只是通过想象中的抽象活动才能与肉体分开，就像我们把物体的数学属性和物理特点分开一样。大部分精神现象都受到某些物体方面的影响。在预见到一个著名的现代理论时，亚里士多德又补充说，只要有必要的物体条件出现，那么最轻微的精神原因或者没有任何原因，都会产生气愤和恐惧这样的情绪。因此，精神现象是"含有质料的形式"，其真正的定义将既不省略其形式或目的（其理性因果关系），也不省略其质料（其生理条件）。这样，灵魂或者说这种灵魂，都属于物物学家研究的范围。我们不应该像辩证法家那样把愤怒仅仅定义为复仇欲望，也不应该像普通物理学家那样把愤怒仅仅定义为心脏的热血沸腾。质料中所体现的形式需要一种特殊的质料来体现，认识这一点和认识形式本身同样重要^②。

　　我们将会看到，亚里士多德绝不主张两种实体学说。灵魂和 132
肉体不是两种实体，而是一个实体中不可分离的因素。但是，这里
"不可分离的"一词需要仔细考虑。灵魂和肉体像一般的形式和质

---

①　403^a3—5。

②　403^a5—^b19，412^b6—9，413^a4—9。

料一样，在某种意义上是可分离的。某一质料与灵魂结合构成一个生物，但它在结合之前就已经存在，并将在结合消失之后继续存在。这个质料只是与一般的形式（而不是与这个形式）不可分离的。同样，这个形式可以脱离这个质料而存在。因为在亚里士多德看来，一个种的所有成员体现出一个形式，这个形式尽管不能独立于所有成员而存在，却可以独立于某一成员而存在。因此，它自身存在需要的不是这个质料，而是这一类质料。它需要一个有某种化学构成和一定形状的物体，它不能在另一种物体中得到体现。说人类灵魂移到动物身体上，好比以为木器不是通过凿子而是通过长笛体现出来的 [1]。灵魂的存在也要有体现，尽管亚里士多德这里做些保留，以赞同人类灵魂中的最高因素——能动的理性；由于它"来自于外界" [2]，所以它在肉体死后也存在 [3]，尽管亚里士多德没有说它以个体形式存在还是消溶于更广泛的精神统一体中。

　　从灵魂和肉体关系的这种一般理论可以看出，亚里士多德并没有认为自我的观念是纯精神的东西，而它的肉体与其它物理事物都是外在世界的一部分。相反，他认为灵魂和肉体形成一统一体，这个统一体只要持续着就是完整的，其中，灵魂和肉体是只有用哲学眼光才能加以区别的方面。灵魂的存在是首先确定的，质料的存在是后来推出的，这种与笛卡尔的观念相类似的看法在亚里士多德看来是不可思议的。整个自我，即灵魂和肉体，是给定的和不容置疑的东西。物理世界亦是同样。亚里士多德有时使用富有唯心主义

---

[1]　407^b24。

[2]　《动物的起源论》736^b28。

[3]　430^a22；参见 $413^a4—7$，$^b24—27$。

意味的语言,但基本上可以说是一个朴素的实在论者。含有唯心主义的语言是他用来表述思想与其对象等同的语言。[①]但是他的根本观点不是认为思想构成对象,而是认为心灵是"形式的所在地"或"形式的形式",[②]即这样一种东西,在它领悟某种普遍性之前,它只是一种潜能,而一旦它领悟了一种普遍性,它就完全由这种领悟所刻划,所以可以说它与其对象成为一体。这不是唯心论,而是极端的实在论,因为它不考虑精神对客体的修正,更不考虑精神对客体的构造。

亚里士多德发现前人认识到灵魂的三种标记。他接受这三种特征,但拒斥有关它们的早期理论。灵魂是运动的一个原因,但不是自我运动的;它运动而不被推动。它认识,但是绝不能因此而认为它由与它认识到的相同因素所构成。它是无形的,而早期理论没有十分清楚地想象出它的无形性。

在《论灵魂》卷 I 对早期思想的批判中,至少出现另一个重要观点。亚里士多德问,是整个灵魂包含在它的每一种活动中,还是应该把这些活动赋予不同的部分[③]?生命应该赋予一个部分或多个部分,还是生命有不同的原因?如果灵魂是可分的,那么什么使它聚集?这不是肉体(严格地说,肉体由灵魂聚集)。使灵魂聚集的东西必定最有权获得"灵魂"这个名字。如果此物是一个统一体,为什么不从一开始就把统一体归为灵魂本身呢?如果它是可分的,什么聚集它呢?而且,灵魂的每一部分聚集肉体的某些部分吗?植物

---

① 例如,429^{b}6,430^{a}3。

② 429^{a}27,432^{a}2。

③ 411^{a}26。

和某些昆虫在划分以后，在其身体的各个分离的部分中就有其灵魂
的所有部分。这样，灵魂接受的分离不是分离成性质不同的部分，
而是分离成均具有整体性质的部分。灵魂实际上是同质的，像一个
营养组织，而不像一个器官，尽管亚里士多德没有这样说。虽然他
常常使用"灵魂的部分"这一传统的说法，但他用这个词却是指"能
力"。他的心理学是机能心理学，但他不是通过谈论一种做这或做
那的神秘能力来回避对事实的真正解释。他只是考虑这样一个事
实：即灵魂表现出各种各样的运算，而在这些间歇性的运算背后，
我们必须假设一种进行这种运算的持久动力。但是这些能力不是
像一堆石头那样存在着。它们在个体中有明确的、有价值的发展次
序，以及发展的相反次序。此外，它们还有一个特点，我们可大致
称之为相互渗透性。例如，智慧和欲望是不同的能力，但是欲望的
最高种类具有这样一种性质：它只能出现在有智慧的生物中，并且
本身是智慧的 ①。选择或意志可以同等被称为有欲望的理性和有理
性的欲望，这就涉及到人 ②。

　　亚里士多德在第二卷开始正面说明他的理论。他首先定义灵
魂。灵魂属于哪个范畴是显然的。因为在所有事物中，物体首先
被普遍认为是实体；在物体中，自然物体首先是实体，因为它们是
所有其它物体的本源，比如人工物体是从它们制造出来的。而在
自然物体中，不仅包括元素和它们的无生命混合物，而且包括有生
命的物体。有生命的物体不是第二种意义下的实体，在这种意义
下，质料（或潜能）和形式（或现实）实际上是实体的元素，所以它

134

---

① 　 432^b5, 433^a22—25, ^b28。
② 　《尼各马可伦理学》1139^b4。

们可以称为实体。有生命的物体是有具体质料和形式的单个独立
的实体。在这个具体的统一体中，显然物体起质料的作用或具有属
性，灵魂起形式的作用或具有本质属性。希腊文对生物的自然表达
是 ἔμψυχον σῶμα，"有灵魂的物体"，这一事实帮助了亚里士多德。
在这一表达中，"有灵魂的"显然代表那些使有生命的物体与其它
物体相区别的属性，和代表自我营养的能力，有无这种能力标志着
高级生物与低级生物的区别。这样，灵魂是生物的形式或现实性。
但是"现实性"是含混的。与一个外行相比，科学家即使不用科学
方法进行思维，也有知识的现实性；但他若用科学方法进行思维，
则这种现实性更完整。同样，灵魂是生物的第一现实性，而它发挥
职能则是第二或更完整的现实性。一个人即使在睡觉时也是有灵
魂的，但此时他不是完全现实的；除去营养机能，他的机能都处于
睡眠状态。一个生物恰恰是一个赋有器官的物体，即装有巧妙地适
合各种不同活动的部分。因此，灵魂是"配有器官的自然物体的第
一现实性"。在生物中，我们区别作为质料的物体和作为形式的灵
魂，正如就一把斧子而言，我们区别它的材料和它作为斧子的性质，
或就眼睛而言，我们区别出学生的眼睛和视力；而且我们区别第一
现实性（即灵魂）和第二现实性（即醒时的生命），正如我们区别斧
子的性质和现实的劈砍，区别视力和实际的看一样。显然，灵魂
与肉体是不可分离的，除非灵魂的某个部分（亚里士多德考虑到理
性）不是任何物体的现实性。[①] 但是我们得到这样一个问题：如果

135

---

　　① 亚里士多德在其它地方(415[b]7—28)提出，灵魂不仅是肉体的现实性或形式
因，而且（根据形式因、终极因和动力因的同一性这条一般原则）是它的终极因和它所
产生的包括位置、性质或大小的所有变化的动力因。

灵魂是物体的一种现实性，那么它的任何部分又怎能不是这样呢？理性与其它能力的联系，是亚里士多德心理学中最不可思议的部分之一。

这样抽象的一个定义，对我们理解灵魂的多变的现象不会有什么帮助。亚里士多德意识到这一点，所以进行更具体的描述，以上面所指明的方式详细说明了灵魂的主要能力。然后，他详细地探讨这些能力，首先探讨营养。

营　养

亚里士多德指出，把生物的生长仅仅归为它们内含元素的作用是错误的①。甚至火或热量也不过是营养的辅助原因。在所有自然整体中，存在着"生长和大小的限度和比率"，即适合于任一种类动物大小的限度，动物肉体的各部分之间遵守的比率。这种限度和比率属于形式方面而非质料方面，属于灵魂方面而非肉体方面。其实，并非火或热量是生长的原因，相反是灵魂作用于肉体中的热的实体②，后者转而造成食物的性质变化，恰似舵手移动他的手，他的手又能转动舵，因此驾船行驶。灵魂是一个不被推动的推动者，热实体受到推动而运动，食物仅仅是被推动的（即发生化学变化的）。

营养是"由相似的东西"产生的，还是"由不相似的东西"产生的，这个问题过去一直争论不休。亚里士多德解决了这个问题，他指出，营养是同化，是使不相似的东西成为相似的东西。

---

① Ⅱ. 4。

② 参见 105 页。

营养的最终目的不是保留个体生命，因为个体生命无论如何注定要很快消亡；而是保留种，只有依靠种，生物才能"享有永恒和神圣的生命"。亚里士多德把繁殖归于与营养相同的能力；灵魂的基本的或起码的能力的完整名称是"营养和繁殖的能力"。

136

感　　觉

在亚里士多德以前，大多数思想家把感觉看作好像基本是一个被动的过程，在这个过程中，感官由对象而发生性质变化。针对这种观点，亚里士多德认为，如果把感觉叫作性质的变化，那么必须区别两种性质的变化。① 感觉不是由一种状态取代其对立面那样一种性质的变化，而是这样一种性质的变化：它是潜能的实现，是某种事物"向自身和现实性"的接近 ②，或用《物理学》的话说是完善。③ 这种区别是正确的，但并未使我们得到充分深刻的理解。建筑一堵墙也是一种完善 ④。这两种性质的变化的区别一方面说明感觉行为要求感官和感觉能力与之并存，同时又没有说明感觉行为的精神的、非肉体的独特的实质。在另一段，这一点得到比较清楚地阐述，亚里士多德在这里强调了可感觉性使植物或非动物产生物体变化和使动物产生感觉这一精神事实之间的根本区别。⑤ 在另一段，

---

① 　II. 5。
② 　417^{b}6，16。
③ 　246^{b}2，247^{a}2。
④ 　246^{a}18—20。
⑤ 　424^{a}32—^{b}18。

这一点得到更清楚的说明,那里把感觉描述成一种辨别能力,由此通过连续的发展,达到认识的最高行为。①

但是,不能说亚里士多德卓有成效地坚持了感觉是与任何物质东西毫无共同之处的纯精神活动这样一种思想。他依然没有摆脱前人的唯物论的影响。有一批思想家把感知描述成相似的感知相似的,另一批思想家把感知描述成不相似的感知不相似的。这两种观点一致以为感知是外在物体使感知者发生物体变化。亚里士多德解决了这个问题。像以前解决类似的营养问题一样,他把感知描述成这样一个过程,其中不相似的变成相似的,感官同化于对象。手变热,眼睛变得有色,②而且(他还应补充说)舌头变得有味道,鼻子变得有气味,耳朵变得有声响。感知与营养的区别在于:就营养而言,食物的质料被吸收,而感知接受形式但不接受质料③。这样,如果发生了感官与对象的同化,这丝毫不能解释感知的本质事实,即由于这种物理变化,附带产生一些完全不同的东西,即心灵对一个客体某种性质的了解。只有当接受形式意谓着意识到形式时,这才是对感知的真实描述;而且,感官由其对象的形式而获得能力,这种描述是毫不相关的。"接受形式"这一短语掩盖了根本的歧义。

因此,在亚里士多德对感知的描述中,心理学和生理学之间有一定的混淆。若是详细深究他的生理学,他的观点如下。每一感官对两个极端之间的一组或多组性质十分敏感;例如,眼睛对颜色十分敏感,亚里士多德认为颜色形成一个系列,其中每一中间色都是

---

① 424ª5,432ª16;《后分析篇》99ᵇ35。
② 425ᵇ22。
③ 424ª18。

由某种比例的黑色和白色组成的。若是对这些性质的整个范围敏感，感官必须本身具有这些性质的混合物的特点，在这种混合物中，任一极端物都不过分突出。因此，感觉是适中的或有比率的。为了使感官可以受到外在物体的影响，必须满足三个条件：(1)中介物体产生的变化必须有一定强度，否则，感官的迟钝将使感官不受影响。这就是细小的有色物体或轻微的声音不能单独地被感知的原因，尽管它们在构成宏大物体或响亮声音的部分时被潜在地感知，因为思维可以发现它们构成了所感知的对象。(2)对立面在物体中组合的比率一定不同于在感官中组合的比率。因此，手感觉到的热或冷不同于物体本身的温度。但是(3)这种比率之间的差别不可太大。对立性质的一定比率变化与感官的持续存在是一致的，但是如果比率变化过大，感官就被毁坏[1]。由于触觉是必要的感觉，热、冷或硬这些可触性质若是过度，就会毁坏感官并且也毁坏动物[2]。

感知的现实化同时就是对象的现实化。实际的声音和聆听，不过是一个事件的可以区别的两个方面。除去实际的聆听以外，没有实际的声音而只有潜在的声音。与此同时，亚里士多德反对以前那种"不看就没有黑白"的观点[3]。他的意思一定是说，除了基本性质以外，对象在没有感知者时还有一种确定的能力，它们以这种能力在感知者面前制造感觉。但是，他没有陷入这些"感觉的持久可能性"所表现的困难。

---

① 424ᵃ2—10, 26ᵇ1, 426ᵃ27—ᵇ8, 429ᵃ29—ᵇ3, 435ᵃ21。

② 435ᵇ7—19。

③ 425ᵇ25—426ᵃ27;《范畴篇》7ᵇ35—8ᵃ12;《形而上学》1010ᵇ31—1011ᵃ2. 参见 162 页。

　　亚里士多德把感知对象分为三类。[①] 两类是直接感知的，即各种感官所特有的可感觉物和所有感官，[②] 或至少视觉和触觉共有的可感觉物。[③] 对于前者，欺骗是不可能的或者无论如何是罕见的。亚里士多德认识到的全部共有的可感觉物是运动和静止，数和一，形状，大小，以及（我们大概应该加上）时间。[④] 第三类感知对象是作为"特有的可感觉物"的伴随物而被偶然感知到的东西；如果你看到一个白东西，它是第亚尔斯的儿子，你就偶然感知到第亚尔斯的儿子。

　　在亚里士多德对特殊感觉及其对象的论述中，[⑤] 许多思想除有历史意义外，还有其它意义。一个颇受注意的论题是感官和中介物的构成。亚里士多德认为，甚至触觉也利用中介物（肌肉），因此，触觉器官不是肌肉，而是"某种内在物"。[⑥] 至于视觉，他根据下述两个观察到的事实建立了自己的理论：[⑦]（1）眼中之物不被看见（这表明中介物是必要的），（2）火可以在亮处或暗处被看见，而无光有色物体却只能在亮处被看见。[⑧] 他因此以为火（以及天体）具有无光物体所没有的能力；即"使潜在透明的东西成为现实透明的东西"这种能力。潜在透明性是气、水和许多固体的共同特点。在这样的

139

---

　　① II. 6。

　　② 418^{a}10。

　　③ 《论感觉》442^{b}5 — 7。

　　④ 418^{a}17，425^{a}15；《论感觉》437^{a}9，442^{b}5；《论记忆》450^{a}9，451^{a}17；参见《论灵魂》433^{b}7。

　　⑤ II. 7 — 11；《论感觉》3 — 5。

　　⑥ 422^{b}19 — 23，34 — 423^{a}17，423^{b}1 — 26。

　　⑦ II. 7，参见 W. B. 约瑟夫《古典评论》XVIII. 131。

　　⑧ 即使磷光物体的"专门颜色"也不能在暗中看见，419^{a}2 — 6。

物体中，现实透明的状态就是光。因此，光不是运动而是一种现实性或状态；它不是由运动产生的，而是由在某种潜在透明中介物的影响下瞬时性质变化所产生的。这是第一阶段。在第二阶段，潜在的有色物体作用于现在实际上透明的中介物，即产生进一步的性质变化，因此变成现实有色的并产生现实的景象。阿弗罗迪西阿的亚历山大认识到亚里士多德理论中的这两个阶段，即光的产生和颜色的产生这两个阶段，甚至称颜色为"一种辅助光"。唯独火和天体可以产生中介物的第一种变化以及第二种变化；它们可以"在暗中"被看见，这恰恰因为它们首先使黑暗变得明亮。

迄今为止，透明物只表现为外在中介物，但是在《论感觉》中，[①]它的意义在两个方面扩展了。（1）由于一些观察的结果，亚里士多德注意到，真正的视觉器官不是眼睛的外部表面，而是头脑中的某种东西。因此，一个透明的中介物必然一直扩展到内在器官，所以水晶体必须由水这样一种透明实体构成。（2）这里把透明性看成或多或少地出现在任何物体之中，把颜色描述成物体的透明物的界限（即，只要透明体处于大抵是不透明的物体之中），而光是透明体在其不受约束条件下的现实性，即它存在于诸如气和水这样的透明中介物之中。

普 通 感 觉

亚里士多德对专门感觉的描述含有相当敏锐的推理，但是由于

---

①　438^{a}12—16，^{b}5—16，439^{a}21—^{b}14。

依据不可靠的物理学和生理学，所以他的描述基本上错了。我们必须考虑他对非专门化的感知——普通感觉——的描述。他很少用这个短语[1]。但是，如果不把这个短语解释为五种感觉之外的另一种感觉和对一群变化多端的客体的理解，而解释为所有这五种感觉内在的共同实质，那么，它就便利地概括了一个完整学说。我们必须把感觉看成一种能力，它以自己的一般性质履行某种功能，但为某种目的又把自己分为五种感觉并为自己创造出适应其专门功能的器官。

感知能力以这种非专门化的方式所产生的功能如下：(1)对"普通可感觉物"的感知[2]。亚里士多德强调说，所有这些可感觉物都是借助运动，即他（相当晦涩地）看作与客体相一致的精神运动而感知的。普通可感觉物附属于专门可感觉物[3]，正如被专门称为"附属物"的对象一样。但是亚里士多德区别了这两种情况，认为像白与甜或与第亚尔斯的儿子这样的符合不过是偶然情况，而每一个对象——至少视觉和触觉的对象——都有大小、形状、连续性、静止或运动，单位或数目。我们感知到普通可感觉物，不是通过作为视觉的视觉，而是凭借一般感知能力，它除其专门化的视、听等功能以外，还有相对于所有可感觉对象的共同性质的非专门化的功能。

(2)对"附属可感觉物"的感知。这种感知开始是这样说明的：

---

[1] 在 425ª27；《论记忆》450ª10；《动物的分类学》686ª31；参见《论记忆》455ª15。

[2] 418ª10—20, 425ª13—ᵇ11, 428ᵇ22—30；《论感觉》442ᵇ4—10；《论记忆》450ª9—12, 451ª16, 452ᵇ7—13。

[3] 425ª15。

所见的白色物体是第亚尔斯的儿子①。但后来又得出一个区别。②(a)
有这样一种感知，即当两种性质同时出现时，用视觉感知到甜，就
是说，我们过去看到过并且尝过味道的对象，今天只是看到。(b)
有这样一种感知，即用视觉感知到克里恩的儿子。现在心理学认为
这两种情况不仅涉及感知，而且涉及记忆和联想。就由眼前感知的
刺激使联想唤起的那些事物的复杂性来说，这些情况是不同的。亚
里士多德把对附属物和普通可感觉物的理解归为感知，而没有明确
地认识到联想所起的作用，因此他没有对这样的感知与专门可感觉　141
物的感知相比是易于犯错误的这一点进行解释（尽管他注意到它的
存在）。

　　(3)我们感知到的感知。③亚里士多德问，用视觉还是用其它
某种感觉，我们感知到我们在看呢？(a)如果用其它某种感觉，那么
(i)由于凡感知到视觉的，必然感到视觉对象的颜色，这样就会有两
种感觉感知到颜色；(ii)我们必须或者假设第三种感觉，以此我们
感知我们感知到我们在看，如此以至无限；或者最后达到一种感知
自身的感觉。如果是后者，我们可能把自我意识也归为视觉的最初
感觉。(b)另一方面，如果我们这样做，那么，由于用视觉感知就是
看并且所见之物是颜色或有色体，凡原来在看的东西则必须是有色
的。对于这个难题，亚里士多德回答说，(1)"用视觉感知"是宽于
"看"的表达，我们用视觉感知黑暗，尽管我们看不见它；(2)看者在

---

①　418ᵃ21。

②　42ᵇ22——ᵇ4。

③　425ᵇ12——25；《论睡和醒》，455ᵃ12——17；参见429ᵇ26——29，430ᵃ2——9，关于
理性的自我认识。

某种意义上是有色的,因为感官接收可感觉对象而不接收其质料,即感官受感觉性质的限制,因此当对象不复存在时,感知和印象保留在感官中。

亚里士多德的回答实际是说,我们正是用视觉感知到我们在看,但不是用那种作为视觉的视觉,而是用作为感知的视觉。这是一切作家对自我意识涉及的难题进行讨论的最早段落之一。[1]亚里士多德没有把自我意识都归因为一种单一的中心的能力。认识、感知、意见和推理主要是作用于与自身不同的对象,同时附带地理解自己。但是在其它地方,这种反省活动被描述成是使生命有价值的东西,[2]神圣的生命被描述成纯粹的自我认识,"对认识的认识"[3]。

(4)对两种感觉对象的区别[4]。亚里士多德说,这不能只由一种感觉产生,也不能由两种感觉分别作用产生。这必然是一种功能在一个时刻所起的作用,即后来所谓的统觉的综合统一。亚里士多德认为综合是一种功能的作用,它在位置和数目上为一,却含有外表上或作用上的差异。但是,他指出,一事物可以潜在地是黑的和白的,却不能在现实中同时既是黑的又是白的;同样,一种感觉或感官不能同时具有白和甜的性质,这是它区别白和甜的必要的先决条件。他只能遭到以点的类比所提出的异议:点实际上既是一条线的开始,又是另一条线的终结。

---

① 参见柏拉图《卡尔弥德篇》篇,168. d. e。
② 《尼各马可伦理学》1170^{a}25—^{b}10。
③ 《形而上学》1074^{b}34。
④ 426^{b}12—427^{a}14。

在别处 ①，他更深入地论证道，同时感知两种性质，无论同属（白、黑）或不同属（白、甜），都涉及共同感觉的作用。

(5)亚里士多德说，在睡觉中发现的所有感觉的不活动性，不能是单纯的巧合，而必然是起因于中心感知能力的不活动性，上述感觉不过是这种能力的差别②。对于这种不活动性，亚里士多德企图不仅做出生理说明③，而且给出一个终极因④。

想　　象

我们现在论述"想象"这种能力⑤，在亚里士多德看来，这是感觉的一种附产品。φαντασία 在其本来意义上说与 φαίνεσθαι "显现"密切联系，代表一对象的显现或一种精神活动，这种精神活动与显现的关系恰如听和发出声响的关系。亚里士多德在这样表述的一些段落中，把 φαντασία 说成是在可感觉对象面前起作用，例如，他把它区别于意见，指出太阳显现出只有一尺宽，我们却相信它大于我们居住的世界⑥。显然这等于把前面赋予感觉的能力赋予 φαντασία，即能够感知普通可感觉物。这种解释从一段文字可以证实。⑦ 在这段文字中，亚里士多德区别了专门可感觉物、附属物和

① 《论感觉》447^{b}17—448^{a}19，448^{b}17—449^{a}20。
② 《论睡和醒》454^{b}25—27，455^a—^{b}13。
③ 455^{b}28—458^{a}25。
④ 455^{b}14—28。
⑤ 427^{b}27—429^{a}9。
⑥ 428^{a}24—^{b}9；《论梦》458^{b}28，460^{b}3—27。
⑦ 428^{b}18—30。

普通可感觉物几方面的 φαντασία，并指出，φαντασία 在第一种情

况下，只要有感觉就是无误的；在第二种情况下，即使有感觉也是

143 有误的。这等于把理解附属物，甚至专门可感觉物以及普通可感觉

物的工作都给予 φαντασία；相应地，感觉就要被降低到单纯地被动

地受作用的水平，而这应该由 φαντασία 在能够给出任何有关对象

的正确或错误的信息之前得到解释。

　　但是，亚里士多德对想象的基本描述却不引起对他的感觉理

论的改变，因此上述段落是否代表他的深思熟虑的观点是令人怀

疑的。φαντασία 通常被描述为仅仅是可感觉物体消失之后的作用。

"灵魂通过肉体的运动"即感知，它建立起肉体和灵魂的相互作用，

尽管就灵魂来说，直到回忆发生以前，功效都是潜在的，即不是有

意识的精神状态，而是无意识的精神变化。后来，由于睡眠中感觉

的抑制，运动变成现实的；就是说，形成并得到了类似于感觉但不

是那样活生生的印象，它作为对客观事实的指导，则不太可靠；这

就是想象活动。它的生理条件是：感官的相互作用必须随着血液被

"原生的精神"传递到中央感官——心脏[①]。

　　除了解释眼前的感觉之外，φαντασία 的主要功能是：

　　(1)形成后象；亚里士多德注意到肯定和否定的两种后象[②]。

　　(2)记忆。亚里士多德首先强调记忆涉及过去，然后推论记忆

---

　　① 《论梦》459^{b}7，461^{a}3—8，25—^{b}15；《动物的分类学》659^{b}17—19；《动物的起源论》744^{a}3。关于亚里士多德把心脏而非大脑看成中央感官的推理，参见《论睡和醒》458^{a}15；《论青年和老年》467^{b}28；《论生死》469^{a}4—23；《论呼吸》478^{b}33；《动物的分类学》666^{a}14；《动物的起源论》781^{a}20。在这一方面，他起了反动作用，他的错误阻碍了许多世纪的认识。

　　② 《论梦》459^{b}5。

是我们感知时间的能力，即"感知的基本能力"——普通感觉——
的一种功能。①他又说，没有印象，不可能有记忆。因此记忆是含
有想象的那一部分灵魂的功能。但是，被记忆的乃是过去事件而非
现在印象；这怎么可能呢？亚里士多德回答说，感知在灵魂中产生 144
的是一种知觉对象的图象或印记，类乎图章戒指的印记。看到一张
图象，则可以说我们意识到它的原本；同样，意识到一个印象，就
可能意识到它是某种东西的印象，并且意识到某种过去的东西。满
足这两个条件，我们不仅有想象，而且有更复杂的活动，即所谓的
记忆。亚里士多德指出，这两种活动非常相象，以致可能有一个记
忆印象而以为它仅是一个印象，或者仅有一个印象而以为它是一个
记忆印象。

　　亚里士多德从记忆进而讨论回忆。②回忆既区别于持续的现实
记忆，又区别于重新记住已经全部忘记的事情。它是那已经变成纯
潜在的（即从意识中消失的）记忆经过努力或不经努力的再现。回
忆过程的原则是：感知在感官中留下的运动要有规则次序的相继
发生。观念的联想——这里几乎是观念的最早的表述③——由类似
性、对立性或连续性而发生，回忆一个对象，容易引起回忆与它相
类似的、相对立的，或是在原来经验中与它相连续的东西。这一原
则在无意识的回忆中起作用，是自觉回忆要遵照的指南。亚里士多
德接着详细而有趣地描述了回忆过程以及时间的间隔感觉在这个

――――――――

　　①　《论记忆》I. 关于亚里士多德的记忆和回忆理论，参见博格曼：《哲学研究》
VIII, 342—352。
　　②　《论记忆》2。
　　③　在某种程度上，柏拉图的《斐多篇》73^b—74^a比亚里士多德考虑得更早。

过程中所起的作用。

(3)梦①。亚里士多德认为,梦的内容是感觉方面的,尽管在做梦时感觉本身是静止的(因为他没有认识到眼前感觉对梦的组织所起的作用),这一事实表明梦是想象性的工作,即是过去感觉的副产品。由于没有来自外界的刺激,心灵更自由地获得印象,同时更易于受到这些印象的欺骗,这是因为(a)它不像醒时那样有机会以一种感觉检验另一种感觉,(b)辨别能力由于血液对心脏(即感知的中央器官)的压迫而处于中止状态。这样,在梦中,我们习惯于把印象当感知,而这样做就是做梦。

145　　亚里士多德对其梦的理论补充了关于睡梦预卜的有趣讨论。在这段讨论中,他坚持认为应该在轻信和过分怀疑之间保持巧妙的平衡。

(4)有关欲望的想象和(5)有关思维的想象最好在欲望和思维的题目下来论述。

运　　动

亚里士多德最初认识到的四种主要功能是营养、感觉、运动、思维②。现在该论述第三种③。运动是由整个灵魂还是由某一部分灵魂引起的? 如果是后者,那么它是由一个没有其它功能的特定部分灵魂引起的吗? 显然,运动不是起因于营养能力,因为它总是朝着

---

① 《论梦》I—3。

② 413ᵃ23，ᵇ11—13。

③ III. 9。

一个目的，并且引起想象或欲望，此外，它还不为植物所具备。运动也不起因于感觉能力，因为许多有感觉的动物都是不动的。运动也不起因于理性，因为即使理性对应该回避或追求的东西进行思考时，它也不一定促使我们采取回避或追求的行为，即使它促使我们这样做，也不一定做得好；欲望似乎也是必要的。运动也不唯独起因于欲望，因为有自制能力的人服从理性，压抑欲望。

　　这样，运动的原因显然是欲望和实际思维（如果我们可以把想象看作一种思维形式的话）①。但是思维和想象只有在受欲望对象的支配而运动时，才支配我们运动，所以实际上只有一种能力支配我们运动，即欲望能力。然而，有两种欲望。一种是愿望或理性的欲望，它希望美好的东西；另一种是嗜好或非理性的欲望，它希望表面美好的东西。或者用另一种方式表述这个反题，愿望旨在未来的美好的东西，嗜好旨在被错当成绝对快乐和绝对的善的眼前快乐。我们可以区别动物运动中涉及的四种东西②：（1）目的的对象，它运动而不被推动；（2）欲望的能力，它受到推动而运动，（3）动物，它被推动，（4）肉体器官，欲望用它推动动物，即这样一种器官，它本身是静止时（它只在性质变化的意义上被欲望"推动"），却以推或拉推动毗邻部分。亚里士多德通过关节活动说明了这一点，毗邻的 [146] 关节之中，一个静止，另一个作旋转运动，即同时推和拉；③但是，引起运动的器官归根到底是心脏，这是整个肉体的中枢，在这一点

---

①　III. 10。
②　参见，对营养的分析，416^{b}20 — 29。
③　《物理学》244^a 2；《动物的运动论》698^{a}14 — ^{b}7。

上，灵魂把肉体驱动起来①。

　　因此欲望是运动的原因。但是欲望预先假设了要达到善或快乐这样的想象——也许是计算的（即深思熟虑的）或仅仅是感觉的想象②。在后一种情况下，只要想象出现，动物就根据模糊的"想象"进行活动（而且即便最低级的动物在这种意义上也有想象和欲望）；在前一种情况下，想象的善相互衡量。有三种可能性：（1）从嗜好产生的非理性的行动，（2）或者嗜好战胜愿望，或者愿望战胜嗜好（即不节制③），（3）从"自然更高的"欲望即愿望，产生的行动④。

　　因此欲望和肉体运动可以看成是感觉的第二个结果。因而四种主要能力化简为三种：营养，感觉，思维。现在我们来谈最后一种能力⑤。

思　　维

　　正如感觉是接受可感觉的形式的，思维是接受可理解的形式的⑥。思维必然没有自己的肯定的形式，否则就会阻碍它与其对象一样了。它的唯一实质就在于它是一种能力；在它思考以前，它不是现实的东西。因此，它必然完全独立于肉体；否则，它在现实地思考之前就要有某种特定性质。它是我们借以掌握本质的能力，而感

---

①　《动物的分类学》665ª10—15。

②　433ᵇ29，434ª5—10。

③　更恰当地说，用《伦理学》的语言表达为不节制或节制。

④　434ª12—15。

⑤　III. 3—8。

⑥　III. 4。

觉是我们借以掌握含有本质的质料的能力。

　　对于这种说法可能会有两种反对意见。(1)如果理性与其对象毫无共同之处，那么它怎能认识呢(因为认识是受作用的一种方式)？(2)如果理性本身是可知的，那么(a)如果理性是由自己的专门性质而可知的，并且一切可知的东西都有相同的性质，那么其它可知的事物一定由于它们之中掺和了理性才是可知的；而(b)如果理性不是由自己的专门性质而可知的，那么它一定掺和了某种性质，使得其它事物成为可知的。亚里士多德像解决类似的关于营养和感觉的困难一样，解决了第一个困难。他说，理性开始只是潜在地与其对象同一(恰如一块蜡板潜在地包含着后来刻写上去的东西)，只有在认识这些对象时，它才现实地成为自身的对象。亚里士多德在某种意义上接受第二种选择，以此回答第二个困难。他说，心灵与其对象是以同样方式成为可知的。通过认识非物质形式，心灵与其对象同一；整个心灵充满了整个对象，对象没有任何东西是心灵不能理解的，心灵也没有任何部分不为对象所占据；这样，通过认识其对象，心灵认识自身。因此，心灵自身同样有使其它事物成为可知的性质，但这不是一个相异的混合物，而恰恰是没有质料的形式，这就是心灵的根本性质。这样我们可以排除第一种选择。外在事物自身没有心灵，因为它们是仅带有隐含形式的具体事物，而心灵却是与纯形式潜在地同一。

　　思维分为两大类①。(1)对未分事物的思维。在这一类，亚里士多德考虑(a)可分但实际在数量上不分的事物，即量，如果我们愿

_____
① 　III. 6。

意，则可区分出其中的部分。直到我们这样区分时，这些量是由心灵在一个可分而不分的时间通过一次思维活动理解的。（b）类上不可分的东西，即最低种，也是在一个不分的时间被灵魂的一次不分的思维活动理解的。（c）量上不可分的东西，例如点，被一否定的思维活动认知。点仅仅被认知为没有长、宽和深的东西，线被认知为没有宽和深的东西，瞬间被认知为不持续的东西，等等。对任何一种未分对象的理解，我们都可以称之为直接直觉，与此相区别的是（2）另一种认识，即判断，它结合两个概念并同时把一给定整体分析为它的主体和属性这样两种因素。正如在感觉中，我们有对专门可感觉物的无误感知和对普通可感觉物及附属物的有误感知之间的

148　区别，这里，亚里士多德同样指出判断是有误的，而直接直觉——对单个对象的本质的理解——是无误的。

　　亚里士多德接着说明理性与想象如何联系①。一个思维不是一个印象，但是我们思维就必然有印象②。更确切地说，"思维的机能是考虑印象中的形式"③。印象是一种特殊的精神现象，恰如感觉亦是一种特殊的精神现象；当心灵辨明两个或更多个印象的同一之处时，就开始出现思维④。但是亚里士多德的学说认为，即使这样掌握了普遍，想象仍是心灵所需要的。"没有印象，灵魂根本不能思维。"在几何证明中，虽然我们不利用三角形的特定大小，我们却得出一个特定大小的三角形；一般在思维中也是同样，如果我们在考虑不

----

① III. 7, 8。

② 427^{b}14—16, 413^{a}16, 432^{a}7—14；《论记忆》449^{b}31。

③ 431^{b}2。

④ 434^{a}9, 参见《后分析篇》100^{a}4—16；《形而上学》980^{b}28—981^{a}12。

定量的事物，我们却会想象一些定量的事物，而如果我们的对象是定量的但不确定的事物，我们就把它想象成具有确定的量。只有结合连续性，才能考虑事物；尽管事物本身没有时间，却必须结合时间才能考虑它们。[①] 这里，亚里士多德似乎是在反驳柏拉图在"被划分的线"中表达的观点：科学思维需要想象的帮助，哲学思维探讨纯形式却不借助想象这种手段。[②] 亚里士多德认为，想象的使用是理性为其与较为低级的思维能力相结合而付出的代价。

主动和被动的理性 [③]

最后，我们必须考虑亚里士多德的心理学的最高峰。他坚持认为 [④]，"灵魂中必然有一个区别，它相应于作为每类事物基础的和潜在的质料与制造这些事物的动力因之间的一般区别；技艺与其材料之间的区别就是一例。"这里要注意两点，（1）主动和被动的理性之间的区别属于灵魂 [⑤]。这是任何把主动的理性等同于完全不属于个人的神圣的理性这样一种解释的关键，却不是那种认为主动的理性是人类灵魂中内在的神圣的理性这种观点的关键。这样一种观点面临的主要困难是：亚里士多德在明确论述神圣的性质的唯一一段

149

---

① 《论记忆》449ᵇ30—450ᵃ9。

② 《理想国》510ᵇ—511ᵈ。

③ 亚里士多德说到"被动的理性"，但是实际上没有使用"主动的理性"这一短语。

④ iii. 5。

⑤ ἐν τῇ ψυχῇ 几乎不能只意谓"在灵魂的情况下"。两种理性在一个人身上的暂时结合为 κωρισθείς 所蕴含，I. 22。所以，德奥弗拉斯特也说（ap. Them. 108, 23）μεικτὸν γάρ πως ὁ νοῦς ἔκ τε τοῦ ποιητιχοῦ χαί τοῦ δυνάμει χωρισθείς。

文字中(《形而上学》Λ卷),描述上帝的用语没提到内在性。(2)主动的理性不是从无创造的理性。它根据给予自己的质料进行工作,并把这些质料从潜解推进到现实 ①。我们下面必须弄懂以上所说的是什么意思。亚里士多德接着说:"一种理性类似于质料,因为它变成所有事物;另一种理性类似于动力因,因为它制造所有事物。"第一个陈述说明普通的理解活动。感觉对象的形式传达到感觉主体并暂时成为感觉主体的全部本性,在这样的意义上,感觉机能变成自己的对象;同样,在认识中,理性也变得与自己的对象相等同。这样,理解活动被归为被动的理性。主动的理性有什么作用?它在什么意义上制造所有事物?技艺制造自己的对象是通过把物质变成其对象。如果这种相似性是严格的,那么主动的理性的作用一定是通过理解被动的理性而使它们变成自己的对象。这里我们将看到亚里士多德的一般原理的一个实例:"由已经是现实的事物的活动使得潜在事物成为现实事物。"② 显然,我们逐渐认识到我们过去一般不认识的事物。亚里士多德自问道,这怎么能发生呢?难道这种从潜在知识到现实知识的过渡意味着我们自身有某些已经现实地知道的东西,即有某种脱离我们日常意识的因素,使得我们没有意识到这种预先存在的知识,而这种因素却又与日常意识或被动的理性有某种交流并使它们达到认识吗?当亚里士多德谈到我们可以像上帝一样生活的时刻的时候,他将(根据这一解释)考虑这样的时刻:即主动和被动的理性之间的区分被打破,并且,根据理性

150

---

① 所以德奥弗拉斯特把主动理性描述成 ὁ κινῶν,它推动被动理性起作用。

② 《形而上学》1049^b24。

认识总是现实的和完全的这一原则，我们意识到自己的整体性。①

　　根据这种思路，主动理性所作用的是被动理性，被动理性是一种可塑物质，主动理性在它上面印记上可知对象的形式。但是，亚里士多德在这同一句话中引入另一种思路，它似乎在柏拉图用太阳作为善的理念的符号时就已经提出来了②。一种理性由于变成所有事物而类似于质料，另一种理性由于制造所有事物而类似于动力因，比如光这种肯定状态；因为在某种意义上，光使潜存的颜色变成现存的颜色。颜色的某些条件存在于黑暗之中，但是，若要使颜色现实可见，还必须有进一步的条件，即光；主动理性和可理解性的关系恰如光和可见性的关系一样。光的类比不可过于强求。主动理性不是被动理性和对象之间的中介；在亚里士多德看来，认识是直接的而不是间接的关系。但是，尽管不是一个中介，主动理性却是被动理性和对象之外的第三事物，我们若是要理解认识，就必须考虑它；正如光是眼睛和对象之外的第三事物，我们若是要理解视觉，就必须考虑它。光是中介条件，发光物的存在使它成为现实透明的③，正是它的现实性使能够看的眼睛可以现实地去看，使可见对象现实地可以被看见。同样，主动理性已经认识所有可理解的对象，因此使本身具有潜能的被动理性可以现实地去认识，使可知物可以现实地被认知。

　　亚里士多德接着说，"主动理性是可分离的，不被动的和纯粹

---

① 《形而上学》1072^{b}14，24；《尼各马可伦理学》1177^{b}26—1178^{a}8，1178^{b}18—32。
② 《理想国》507^b—509^d。
③ 418^{b}12。

的，是（即因为它是）一种现实性。因为主动总比被动具有更高的
价值，始源总比质料具有更高的价值。"这里说的"可分离的"一词
151　的意思要从后来出现的"当它被分离后"这一表达来推测。它意谓
主动理性一度曾与被动理性结合为一体，因此可以与它分离；这显
然是指死亡时被动理性的灭亡和主动理性的存在下去。在其它地
方 ①，亚里士多德干脆把"理性"说成存留的死亡，但是这里他没有
考虑主动理性和被动理性的区别；当考虑这种区别时，他显然认为
被动理性与感觉和想象一样，是作为特定肉体的现实性却又不能使
之长存的灵魂的组成部分。上述有关主动理性的其它话强调了这
一事实，即主动理性完全独立于肉体，而且它不含有未实现的潜能，
但总是认识它所认识的事物。

　　亚里士多德继续说，"现实的认识与其对象同一；潜在的认识
就个人而言在时间上在先，但一般说它在时间上不是在先的；理性
不是此时起作用，而彼时不起作用。"我们前面已经看到，在某种意
义上说，主动理性"在灵魂中"，但是我们没有意识到它，或者只是
在受到启示时才意识到它；这样，在某种意义上说，个人的潜在认
识先于现实认识。但是"总的说来"不是这样；当被动理性还仅仅
是潜在的认识时，主动理性是现实地认识。显然这意味着尽管主动
理性在灵魂之中，却超出个人范围；我们完全可以设想，亚里士多
德的意思是说，主动理性对所有个人都是同一的。

　　"当它被分离之后，只有本质的并且唯独本质的东西是不死而
永恒的（然而我们记不得，因为它是不被动的，而被动理性是可消

---

① 《形而上学》1070ᵃ26。

亡的）；没有它，任何事物都不能认识。"尽管主动理性总是不被动的和纯粹的，但却意味着其真正的实质在与肉体的结合过程中是暧昧的，而在这种结合完结后却是纯粹的。这是意味着脱离肉体的理性意识到其全部认识，而和肉体结合的理性意识不到这一点吗？

在这一卷前面的一段中，亚里士多德谈到老年对心理生活的影响①，这一段有助于理解"我们记不得"这个费解的说法。"直觉的思维和思考通过（肉体）内部其它某些东西的毁灭而消失，而它们本身是不被动的。但是推理以及爱或恨不是理性的属性，而是有理性的人的属性，但他必须具有理性。因此，当他死亡时，记忆和爱都不存在；因为它们过去不是属于理性而是属于这个已经死亡的复合物；毫无疑问，理性是更神圣的东西，是不被动的。"从前面那一段似乎很清楚地看出，亚里士多德这里的意思是记忆逃脱不了死亡。其根据是(1)主动理性是不被动的；它不受生活环境的影响；因而它的认识不带有日期或环境的痕迹。而(2)被动理性确实受到生活环境的影响，因此随个体的死亡而消失。

这一章的最后几句话可以有各种各样的解释：

(1)"没有被动理性，主动理性什么也不能认识。"

(2)"没有主动理性，被动理性什么也不能认识。"

(3)"没有被动理性，任何事物都不能认识。"

(4)"没有主动理性，任何事物都不能认识。"

我们很容易看出，这些话根据上述哪一种解释都不能组成我们"记不得"的根据。它们不过是通过"没有主动理性，任何事物都不

① 408ᵇ24—30。

能认识"这一说法，总结了这一章的论述。

　　亚历山大把主动理性等同于上帝。扎巴里拉采用了这个观点，他的论证可以概括如下："可以清楚地阐明，主动理性完全脱离质料而存在 ①。在《形而上学》A 卷中，也仅仅在这里，亚里士多德审慎地讨论了存在哪些纯粹的非物质形式。他认识到的非物质形式就是上帝和理智。主动理性不能是理智一类的东西，因为理智显然只有推动其各自范围的功能。因此，主动理性必定是上帝。作为'第一可理解物'②，上帝是所有其它可理解物中可理解性的根源。正是上帝作为主动理性，才使潜在的认识对象成为现实的认识对象，并同时使本身只具有认识潜能的被动理性能够现实地去认识，恰如阳光使潜在可见的成为现实可见的，并且使具有视觉潜能的眼睛现实地看见。"

　　扎巴里拉的看法永远值得我们予以最认真的对待。但是，由于
153 他热心于取得《动物学》和《形而上学》的完全一致，似乎他对前者做了某些生硬的解释。那里说的主动理性，存在于人类灵魂之中。而 χωριστός 一词，他认为意谓"分离"，实际上更可能意谓"可分离的"；个体生时主动理性的存在方式与个体死后主动理性存在时的 χωρισθείς 状态，似乎形成鲜明对照。此外，很难像扎巴里拉那样设想，在主动理性作为 νοητόν 而不是作为 νοῦν 的特点中，它被表达为使得个体认识是可能的。

　　上帝若是在《论灵魂》中作为内在于个体中的表象，则与它在

---

① 《论灵魂》430ᵃ17。
② 《形而上学》1072ᵃ26—32。

《形而上学》中作为超验的"他"的表象不一定不一致。然而，若是把上帝描述成在我们掌握认识之前就具有我们的全部认识并将认识传给我们，则与A卷中上帝只认识"他"自身这种描述不一致。有可能这两本书代表亚里士多德对上帝的两种不同样式的思想。但这样设想不是必然的。亚里士多德在《论灵魂》的这一段没有具体提到上帝；尽管这里对持续不断的纯粹思维活动的描述，在某些方面类似于《形而上学》中把它们归为上帝的描述，亚里士多德却可能没有将二者等同视之。更有可能他相信从最低级的生物，即完全陷于质料的东西，连续升到人、天体、理智和上帝这样一个层次；人的主动理性是这个层次的最高分子之一，但其上仍有其它分子以及上帝。这就是《形而上学》所指出的纯自然神论学说对《论灵魂》的解释①。

① 在希克斯编辑的《论灵魂》lxiv—lxix；艾登逊的《希腊哲学史》249—254；韦伯的《自然神学史研究》264—273；库菲斯的《论亚里士多德关于引力学说的历史》等著作中，可以看到对各种解释的很好描述。

第六章　形而上学

在《形而上学》中，到处可以看见激发亚里士多德求知的动力，这就是希望获得那种堪称智慧的知识。亚里士多德指出，人类生来就有求知欲。可以看到，在最低级的水平，我们乐于使用我们的感觉。在高于感觉、趋于更完善知识的第一个阶段，涉及到记忆的使用，它使我们与最低级动物区别开。下一个阶段是"经验"，这是只有人才能达到的阶段，以此通过联合对同类对象的多次记忆（例如，记忆那些在发生某种疾病时，对卡里亚斯、苏格拉底和其他人有帮助的东西），我们获得一条实用的规则，但不知其理由。更高的一个阶段是"技艺"，即建立在一般原则基础上的关于应用规则的知识。最高的阶段是"科学"，即关于原因的纯粹知识，这是最高的，因为它不像技艺那样以某种终极的应用目的限制自己的兴趣，相反，它是为知识的知识，这是文明最后和最高的产物①。

"智慧"一定不仅是科学或关于原因的知识，而且是关于第一原因和最普遍原因的知识。因为这最完全地满足我们所自然使用的智慧的标准。它是最广泛的知识；是关于最难认识的事物的知识，因为其对象最为普遍，因而离感觉最远；它是最精确的知识，

①　《形而上学》A. 1。

因为其对象最抽象，最不复杂；它是最有教益的知识；最自成体系或独立的知识；也是最权威的知识，因为它将是关于所有事物的终极因的知识。哲学从原始的好奇心产生，并且走向消除好奇心和彻底地理解世界，以致使对事物现状的好奇心没有立足之地①。

155

　　亚里士多德在《物理学》中列举了他认为是第一原因的东西——质料因，形式因，动力因，终极因。他进而考虑是否以前有哲学家已经考察过与此不同的其它原因，以检验这种分析的准确性。因此他在探究中全面描述了早期哲学，A卷余下的篇幅全用于此。正如可以预料的那样，他的结论是：任何早期思想家都没有发现与四因不同的原因，而这四因都被谈到，尽管只是"模糊地"或"只言片语地"谈到②。

　　在B卷，亚里士多德阐述未来哲学家必须面临的主要问题。对亚里士多德来说，形而上学自始至终较之思维的任何其它领域都更是"成问题"或"困难"的事情③。他已形成了一些观点，但是总的说来，没有教条的系统，而只是一系列论文。它们论述了在他感到充满费解之处的领域中如何发现真。Γ，E-I，MN这几卷可以说是相当确切地考虑了B卷的问题，它们不时回过头来说几句④，这更强调了这种联系，Λ卷是一篇独立的论文，但是偶然地也提供了亚里士多德对上述一些问题的回答。只有Δ和K卷与整体无关⑤。

———

①　A. 2。

②　A. 10。

③　ἀπορίαι。

④　《论辩篇》1004ᵃ33，I. 1053ᵇ10，《形而上学》1076ᵃ39,ᵇ39，1086ᵃ34（？），ᵇ15。

⑤　参见第13—14页。

亚里士多德主要考虑两个问题①。(1)一门最高的形而上学科学是可能的吗? 这门科学是研究实在本身的性质而非这种或那种实在的性质,并从一些根本原则推出宇宙的详尽性质的纲领性科学。从Γ卷和E卷并参照《后分析篇》来看,他的回答是:一门形而上学科学是可能的。凡是者自身都有某种仅仅作为是的性质,而且这是可以认识的。有些原则适合一切是的东西,并且是所有证明的基础,即矛盾律和排中律。但是形而上学不能从这些原则或其它任何主要原则得出实在的细节。有各种不同的实在,它们各有自己的性质和最初原则,这些原则不是推出来的,而是同普遍的最初原则一样直接掌握的。实在的本性也不是在所有是者中都完全而同等地表现出来。是并非是在完全同等意义上属于每一是者的属性。有一种是,它是最严格和最完整的意义上的,这就是实体;所有其它事物不过是由于与实体有某种确定的关系,比如实体的性质,实体之间的关系,等等。适合于是的也适合于一;凡是者是一,凡是一者则是,而且一尽管相联系,却有不相同的意义,因为它是实体的一,性质的一,数量的一,等等②。"是"和"一"是高居范畴区别之上的语词,并且对每一个范畴均适用③。我们必须加上"善";但是,"善"的基础不同。它适用于每一个范畴④,却不适用于每一个是者;亚里士多德认为,"善和恶"是可以在每一范畴内发现的对立。正是根据这些提示,经院哲学家发展了"超验"学说——是,一,真,善,

① 总共约有 15 个同题,于 B.1. 提出并在 B.2—6 得到辩证地讨论。
② 这些形成《形而上学》I. 的总题。
③ Γ.1, 2。
④ 《尼各马可伦理学》1096ᵃ19。

事物，某物。但是，这个目录虽然基于亚里士多德的暗示，却没得到他的权威根据。

实体有三种级别：那些具有分离的实体性存在而又发生变化的东西，那些没有变化但只是作为具体实在的可分离的方面而存在的东西，以及那些既分离存在又没有变化的东西。研究它们的是三门不同的科学：物理学、数学和神学或形而上学 ①。物理学和数学还可以再分。比如，数学分成算术和几何两大分支，以及它们的各种应用。虽然存在着所有数学的共同原则（例如，等量减等量其差必等），却还有算术和几何各自专有的原则。

亚里士多德指出，对形而上学的论题可能会有两种看法；有人可能怀疑：第一哲学是普遍的还是涉及某种特定的实在。这两种观点是可以融合的，若有任何不可改变的实体，对它的研究就将是第一哲学，而且这种研究是普遍的，恰恰因为它是第一的 ②。在研究是的主要类型时，形而上学研究是本身。是的真正本性不在仅能作为一个具体整体的要素而存在的东西中表现出来，也不在受潜能和变化影响的东西中表现出来，而只在实体和不变的东西中表现出来。

Λ 卷又把形而上学限制在研究是的一部分（把其它学科限制为由此而是）。这里，讨论的主题首先限于作为宇宙"第一部分"的实体。然后再划分实体，不是像 E 卷分成可变和不可变两类，而是分成三类：永恒的可感觉物（天体），可毁灭的可感觉物和不可感觉物。前两类实体是物理学的主题 ③；2—5 章论述可感觉的实体，6—10

---

① 《形而上学》E.1。

② 《形而上学》E.1。

③ 1069ᵃ36。

章论述不可感觉的实体，相应地，前者必定被当作后者的准备。然而，不仅 Λ 卷 2—5 章，而且 Z—Θ 卷的大部分都论述可感觉实体所涉及的原则，这样它们都要被看作仅仅是形而上学的准备，否则，这些卷主要讨论的那些原则也是在上帝和推动行星的"智慧"中独立而不变的存在物。不能说亚里士多德实际上正确坚持了物理学和形而上学的区别；可以看到，《物理学》的大部分我们都可以称之为形而上学[①]。它不是对自然规律的归纳的探索，而是对物体和它们发生的事件的先验的分析。

(2)亚里士多德考虑的第二个主要问题已经预先提及。即是不是正像有可感觉的实体一样也有不可感觉的实体？如果有，它们是什么？普遍的东西是像柏拉图在其理念论中声称的自存实体吗？尤其是，最广泛的普遍的东西——是和一——是实体吗？还有，数学对象是实体吗？亚里士多德坚决否定这后三个问题。驳斥柏拉图的型式，即驳斥普遍的东西的实体性，是《形而上学》的主要论述之一，亚里士多德反复提到这一点。我们若是详细地追求这种反驳，则嫌冗长；而且这些论证的意义也不相等。其主要观点是：我们经验的世界是具体的个体事物作用和相互作用的世界。考虑这些事物，我们就意识到许多个体物的共同特点。亚里士多德认为它们像个体那样是实在的，客观的。它们根本不是心灵的产物，同样不是柏拉图的型式。但是，他告诫我们仅赋予这些特点以普遍的东西所专有的存在样式，即作为个体特征的存在样式。我们一定不要断定一个具有普遍的东西的分离的世界。而且，我们一定不要以为

---

① 当然仅仅是自然的形而上学。

我们能够仅以普遍的东西的作用就能解释这个（世界，因为这是一个）变化的世界。人的形式在某种意义上是在每一个别人出生时起作用的东西，但这是由其父亲所体现出来的人的形式。房子的形式在建筑每一房屋时起作用，但这是个别建筑师所理解的房屋形式。

柏拉图是否这样将普遍与它的特殊事物分离开来，这是令人怀疑的。把普遍及其特殊事物区别开，在某种意义上就是分离。这是把普遍当作独立的实体。很难说柏拉图是否也认为它是一个独立存在的实体。他的许多说法使他遭致这样的质疑，但是很可能他仅仅是突出地，形象地表述特殊事物永远蕴含普遍这一学说。然而，很难设想亚里士多德竟会如此完全曲解他多年来几乎形影不离的老师，以致把实际上仅是强调和表达的差别当作根本差别。

亚里士多德还认为柏拉图相信数学对象作为理念和特殊事物的"中间物"而存在 [①]。亚里士多德的几何学对象的概念本身给这些对象以中介性，尽管不是作为两类独立实体之间的另一类独立实体。在亚里士多德看来，几何学对象是从其可感觉性质抽象考察的可感觉物。考察仅仅作为有某种形状界限的可感觉物，就是考察几何学对象 [②]。但是还可以进一步抽象。不仅可以不考察可感觉物的"可感觉的质料"，而且可以不考察几何学对象的"可理解的质料"，即广延 [③]，这样就达到直线，圆等等的本质，即构造它们的原则。但是，亚里士多德会说，他的观点与柏拉图的观点的全部区别在于他不认为抽象的中间物和最终结果是独立存在的，而柏拉图则认为二

159

[①]　A. 987^{b}14。

[②]　M. 2, 3。

[③]　1036^{a}11。

者是独立存在的。这个争论的对错取决于有关型式讨论所产生的同一问题，即柏拉图主义者的所谓"分离"是指对实际分离性的认识，还是仅仅指对"分离的"事物之间可认识的区别的认识。

　　尽管亚里士多德否认普遍的东西或数学对象是实体，他却认为有不可感觉的实体。首先有上帝，不被推动的宇宙推动者①，其次有理智，他们受上帝推动，又推动天体②。然后亚里士多德指出，人类理性（或其中的"主动"要素）在个体死亡之后能够脱离任何肉体而存在③。

证明的最初原则

　　亚里士多德在阐述了形而上学将研究证明的最初原则之后，开始建立作为所有证明基础的两条主要原则，即《后分析篇》的"共同第一原则"：矛盾律和排中律。④前者是这样表达的："同一属性不能在同一时间和同一方面既属于又不属于同一事物。"我们将会看到，这是对一条是的规律的相当客观的阐述。但是从它得出一条心理规律；认为同一属性在同一时间同一方面属于又不属于同一事物，将是同一时间同一方面对自身相反的描述，因此是不可能的⑤。

　　亚里士多德没有打算证明这条规律，这是正确的。他说，若是

---

① Λ.7。
② Λ.8。
③ Λ.1070ᵃ24—26；《论灵魂》III.5。
④ Γ.3—8。
⑤ Γ.3。

要求证明它，则暴露出一个人缺乏逻辑训练。要求证明一切事物就是要求一个无穷倒退；因此不应该提出事物情况的性质所无法满足的要求。如果某一东西必定是不加证明而已知的，那么，什么东西比矛盾律更适合于这样已知的呢？正如我们已经看到，矛盾律在思维中是不能怀疑的，尽管我们可能会口头上否认它。我们赞同矛盾律，以此可以（1）反驳否认它的人，指出否认它就是假定它的真；（2）表明导致否定它的那些理由是站不住脚的①。

（1）我们的反对者必定要说些什么；如果他拒绝这样做，我们就别指望说服他，正如我们不能指望说服植物一样。我们不必要求他作一个陈述；我们只需让他说一个词，比如"人"。如果他这样说，他肯定以此意谓某些东西，或某一东西。他已经意味着："是人"是某种确切的东西并且不是"不是人"，因此，是一个人则在"人"的同一意义上不是一个非人。这样，他承认了矛盾律的真。一个固执的怀疑论者一定不再说话②。此外，否认这条规律就是抹杀宇宙中所有区别。如果一个人不是一个人，那么（由于"人"和"非人"之间的对立更甚于"人"和"非船"），他必然更不是一条船，因而（如果这条规律不是真的）是一条船，并且同样是任何其它事物③。

对矛盾律的否定必然或是整个的或是部分的。如果部分否定，则承认它适用于某些情况。如果整个否定，则或者（a）凡能被肯定的都能被否定并且凡能被否定的都能被肯定，或者（b）凡能被肯定

---

① 篇幅有限，我只能指出下述复杂论证中最突出的几个观点。完整的描述见迈尔：《亚里士多德的三段论》I. 41—101 页。

② 1006ᵃ11—ᵇ34。

③ 1007ᵇ18—1008ᵃ2。

的都能被否定，但并非凡能被否定的都能被肯定。不过，后一种选择意味着某个东西肯定不是，其对立面肯定是；就是说，承认矛盾律适合某些情况。如果我们的反对者采取前一种选择，他就是说一切事物都没有任何确切的实质，即任何事物都不是。他这是说所有陈述都真并且所有陈述（包括他自己对矛盾律的否定）都假。他说的都不确切，因此我们不能指望与他争论①。

人们的行为表明他们不是这样思维的。如果同一事物是人又不是人，那么根据相同的原则，同一事物适合于人又不适于人。但161 是，对任何人来说，如果他认为他应该做某件事，他就不会根据他也不应该做这件事而不去做它②。

（2）对矛盾律的否定，就是主张或符合普罗泰哥拉的名言：只要 A 显得是 B，就是 B。有些人（不同于那些仅仅为了争论而否认矛盾律的人）根据他们思考世界本性时所经历的现实困难而否认矛盾律，这是因为他们看到在自然过程中，同一事物可以出现对立面。他们认为既然无中不能生有，事物必然已经有对立的属性。对此可作如下两点反驳：（a）区别潜能和现实性——同一事物也许潜在地有对立属性，但在现实上不能有相反的属性；（b）指出有另一种完全没有潜能和变化的实体③。

有些人相信现象的真，这同样是来自对可感觉物的观察。他们注意到同一事物对某些人来说是甜的，对别人来说是苦的；并看到真不能仅仅由数人头来确定。他们注意到同一事物在不同时间对

---

① 1008^{a}7—^{b}2。

② 1008^{b}12—^{b}27。

③ 1009^{a}6—38。

同一人的可感觉性是不同的；并认为一种感觉不能比另一种感觉更真[①]。

这种错误的根源在于把可感觉物和整个实在等同起来，而可感觉物中有很大的变化因素。这些思想家看到可感觉物总是在变化，因而推论：根本不能对它们谈论真假；他们忘记凡正在丧失某种性质的东西依然有一些它所丧失的性质，而且凡要出现的性质必然有一部分已经是那样。他们忘记数量发生变化的东西在质量上可以是稳定的。他们忘记变化的尘世世界即使在物理世界也只是很小的一部分。他们忘记除物理世界之外，还有不变化的事物[②]。

我们必须指出，即使各种感官特有的"专门"性质的感觉是确切无误的，所有其它感觉作用引起的"想象"也不是无误的。我们必须问这些思想家，他们是否真正怀疑大小和颜色是像在远处或近处，像病人或健康的人，入睡的人或醒着的人，专家或外行所看到的那样。他们的做法说明他们并不怀疑。此外，任何感觉均不同时给出有关其专门对象的对立信息。即使在不同时间，它也不给出有关可感觉性质的对立表述，而只给出关于有这种性质的对象的对立表述。如果同一种酒或感觉者的肉体发生变化，那么这种酒似乎此时甜，彼时不甜，但甜性不发生变化；凡成为甜的东西必须满足相同的条件。如果我们得出必然区别，同一事物在同一条件、同一时间、同一方面、对同一感觉表现相同，则感觉的表面的自相矛盾消失了。我们可以承认，没有感觉者，就不会有可感觉的性质和感觉的活动；但是刺激感知的对象必定独立于感知。如果没有东西是如

162

---

①　1009ª38—ᵇ11。

②　1010ª1—ᵇ1。

此，只是思维使它是如此，那么人本身的是就在于被认为是人，因而不能在于思维；人的是将是被感知，而不是感知者——像大家认为的那样[①]。

我们将会看到，亚里士多德从讨论矛盾律开始，已经导致对感觉论或主观唯心论的攻击。他的立场如下：感官知觉本身若是不掺和任何联想与解释，则是确实无误的。它是对不同于意识的某种东西（αἰσθητόν）的觉察并且是一对象（ὑποκείϛενον）的伴随物（πάθος）[②]。每种这样的感性都有自己的区别于其对立面的特点。例如，"甜"代表某种确定的感性。凡体验到的感性，只要标以"甜"则必有这种特性，而且如果有这种特性，就不能标以"苦"。感觉本身不与感性相矛盾。因此对感性来说，没有理由怀疑感觉者。

感性尽管区别于感觉，却依赖于感觉者。它实际上是一定对象和一定感觉主体相遇的结果。如果对象或感觉者的肉体发生一定变化，则产生不同的感性。因此，即使我们考虑物理对象，也没有理由怀疑矛盾律；我把过去称为苦的东西现在称为甜，这只说明或者这个对象或者我肉体内的某些东西发生了变化[③]。感觉和感性163 都与感觉者有关，而且没有感觉者它们就不能存在，这一事实绝不证明不存在任何与感觉者无关的事物，即绝不证明"人是万物的尺度"。因为感知不由我们自己的意志产生。感知由这样那样的东西所刺激，而这些东西必然独立于它们所刺激的感知。如果说"刺激物"和"被刺激物"，或者"被感知物"和"感觉者"是相互联系的语

---

① 　1010^{b}1 — 1011^{b}12。

② 　1010^{b}20。

③ 　同上，19—26。

词，那么这并不说明刺激物和被感知物没有自己独立于其刺激和被感知的性质①。

　　亚里士多德的观点还有一种成分。有些条件有利于对实在所是的对象的感知，即与对象接近，身体的健康状态，醒着的条件。②集中起来，这似乎意味着不仅有红或甜的感性，而且有譬如属于物理对象的相应性质；在有利的感知条件下，当对象有某种性质时，我们理解相应的感性，而在不利的感知条件下，假定对象有甜的性质，我们却感知苦的感性③。但是值得怀疑的是，亚里士多德是否主张这样一种理论，而且他是否完全阐明他所说的含义。就冷和热而言，他的理论肯定意味着除了可感觉的冷热以外，必定有纯客观的冷和热；因为所有复杂物体的形成，包括感官的形成，都可归为冷和热的作用。他实际上确实区别了物理的热和可感觉的热④。但是他在颜色或气味方面却几乎没有做出类似的区别。

　　反驳彻底的怀疑论或感觉论时所能说的或所需要说的，原则上几乎包括在上述概括的论证之中。这种赞同矛盾律的论证仍被指责为是循环的，但是，亚里士多德主要限于一种合适的方法，以此说明对矛盾律的否定恰恰意味着对它的肯定。对排中律的论证与此类似⑤。

---

①　1010^b30 — 1011^a2。

②　1010^b3 — 11。

③　$\theta . 1047^a4$ — 7 也意味着次要性质（热、甜）属于独立于感觉的对象。

④　《动物的分类学》648^b12 — 649^b7。

⑤　$\Gamma . 7$。

164

形而上学主题的进一步确定

　　E 卷在说明研究独立不变的是就是研究是本身之后，着手排除一些与形而上学不相干的"是"的意义，即(1)偶然或或然的是 [①]，和(2)作为真而是 [②]。(1)偶然的是不被形而上学所研究，因为它根本不能被研究。例如，一座房子有若干不确定的偶然属性。科学不能研究这一系列不确定的属性；例如，建筑学集中研究房屋建筑，即房屋的基本性质："生物和器具的隐蔽处" [③]，而不考虑其偶然属性。同样，几何学不研究三角形的任意一种属性和每一种属性，而只研究作为三角形而属于它的属性。形而上学不研究主体和属性的联系，其中属性不是从主体本性产生出来的，而是它的偶性；它之所以不研究这些东西是因为它们根本不是认识的对象。亚里士多德似乎考虑到两种可能性。(a)偶性不符合规律，可能有自己的规律。如果 A 通常是 B，就可能有这样一条规律，在某些条件下，A 总是或通常是非 B [④]。如果发现了这条规律，那么就会发现表面的偶性不是偶性，所以仍然没有对偶性的认识。但是(b)在人类活动中，也许还在其它某些情况中，亚里士多德发现了根本不能成为认识对象的真正的偶然性 [⑤]。如果一个人有某种方式的行为，则必遭横死，但

---

　　①　E. 2, 3。

　　②　E. 4。

　　③　H. 1043ᵃ16。

　　④　E. 1027ᵇ25。

　　⑤　参见 80, 188, 201 页。

是没有任何东西使他有那种方式的行为是必然的，而且只有他做出这样的行为之后，才能确定他是否要遭到横死 ①。

（2）形而上学不研究的另一种是，乃是"作为真而是"。排除这一点是因为它不属于对象而属于心灵状态；我们必须假定它不为形而上学而为逻辑所研究 ②。的确，亚里士多德承认"假事物"概念，因此可能承认"真事物"概念。但是，或者（a）一个"假事物"意谓一个不存在的事物，一个真事物意谓一个存在的事物，在这种情况下，"真""假"不是在其固有意义上使用的；我们探讨的不是"作为真而是"，而是作为存在的是。或者（b）一个假事物是这样一个事物，它产生出某种不是的事物现象，如同一个布景绘制或梦的效果一样 ③。这些很可能是心理学的主题而不是形而上学的主题。

还剩有两种主要意义的是：以范畴为分类的是，潜在的与现实的是。ZH 卷研究前一种是，θ 卷研究后一种是。

实　　体

亚里士多德在《形而上学》中没有把范畴当作整体来论述。不是实体的范畴仅仅是"是的分支和伴随物" ④。实体在三个方面先于那些范畴 ⑤：（1）"因为实体可以独立存在而其它范畴不能"。这并不

165

---

①　1027ᵃ32—ᵇ14。
②　然而，θ.10 讨论"作为真实的存在"，这在《形而上学》中大概是不适当的。
③　Δ.1024ᵇ17—26。
④　《尼克马可伦理学》1096ᵃ21. 关于关系。
⑤　Z.1028ᵃ32—ᵇ2。

意味实体可以没有其它范畴而存在，而是其它范畴不能没有实体而存在。没有性质的实体和不以实体为先决条件的性质同样是不可能的。实体是包括性质、关系等等的整个事物，它构成本质，能够分离存在。它含有一些性质，但是这些性质不是在它之外的东西，而是它除本身外还需要添加的东西。另一方面性质是一种抽象，它只能存在于实体之中。显然，如果这是亚里士多德的意思，那么他考虑的实体一定是个体事物。第二实体（即属和种）是普遍事物，因此根据他的说法不能独立存在，而必须由它们的个体的专门性质作补充。

（2）在定义中，实体居先。定义任何其它一个范畴的部分都必须包括对基础实体的定义。亚里士多德暗指定义一个实体无需包括对属于任何其它范畴的任何东西的定义；但是这不对，因为一实体的所有种差都是性质。

（3）对认识而言，实体居先。我们知道一个事物是什么，这对我们的认识比我们知道它的性质、数量或位置时更为清楚。的确，如果我们想知道不是实体的某个范畴的某种东西，我们就不能问它有什么性质，等等，而必须问它是什么，它的准实体是什么，就是说，使它成为它自己的东西是什么。在这个论证中，实体显然被看成不是具体的事物而是本质性质。这种双重意义浸透了亚里士多德对实体的整个论述。

在亚里士多德看来，实体的存在以及实体和其它范畴的区别是自明的。实体的基本意义是"不断定一个主体，但所有其它东西均被它断定"。有些语词既能作主词又能作谓词；例如，我们可以说"白的是颜色"，也可以说"这块木头是白的"。有些语词在他看来只能作主词。"这个白的(东西)是一块木头"不是一个恰当的断定，而是偶然的断定①。这种逻辑学说似乎是错误的②。但是，尽管它不正确，实体和非实体之间的形而上学区别却是正确的。对类似"苏格拉底是白的"这样的陈述的看法表明，被说成白的不是苏格拉底的白性，不是与其结合的任何其它性质，也不是这些性质与白性的总和，而是具有所有这些性质的东西，即这样一个个体事物，它是这些性质的基质，而这些性质由它得到统一。毫无疑问，这是"普通人"的观点。哲学家还要争论实体除全部性质以外或其上是否还含有"某种不知道"的东西，而这是所有性质的基质。亚里士多德站在普通人一边。他认为(如果我们不考虑上帝和其它心灵)，实体是包括性质并包括被他称为质料或基质的模糊或未知因素的统一体。特别是，变化这一事实迫使他去区别性质和本体。性质不能变化。它就是它所是的东西，它不能变成其它任何东西；它只能接续另一种性质。如果有不同于纯相继性这样一种变化的东西，就必然有不同于性质的实体。但是亚里士多德不满足于探讨质料就此为止，他坚持认为个体事物不同于它们的性质和关系(尽管这是他的思想，特别是他反对柏拉图主义的主要思想)；他继续探索个体实体中使它们成为实体的东西是什么：是质料还是形式(或本质)。这个对立面同潜能与现实性的对立面形成他的形而上学的主要特点。这两种对立密切联系，但是广义地说，在一种对立中，世界被看成静态的，好像处于它的历史的某一瞬间；而在另一种对立中，世界

① 《后分析篇》83ª1—17。
② 这似乎是由于没能完全区别主谓逻辑关系与主体-属性的形而上学关系。

被看成动态的，好像处于变化的过程中。

质 料 和 形 式

亚里士多德认为，世界表现为一个等级系列，其最高的一级是非物质实体，而所有其它现实存在的事物是复合的事物，在这些事物中，可以说形式嵌进不同层次的质料之中，而质料被铸成为越来越复杂的形式。看待这个问题的所有方法都需要予以注意。(1)如果我们从具体的尘世对象出发(比如生物)，我们就会发现它能够有四方面变化。它可以在空间移动；可以有性质变化；可以变大些或小些；可以被毁灭(并且已经被产生)。亚里士多德认为，质料(ὕλη)是变化所预先假设的东西，能够以四种方式变化的事物可以在性质变化的四层质料之中："场所质料"或位移质料，可变质料，大小变化的质料，产生和衰亡的质料。它们有明确的逻辑次序；第二种预设第一种[1]，第三种预设第二种[2]。第四种和第三种相互蕴含[3]。后三种质料实际上总是在一起的；它们属于所有尘世物体。然而，"场所质料"不仅逻辑上独立于其它三种质料，而且能够脱离它们存在，并且在天层中也是这样存在的，天层相应地比大地上的事物"更神圣"[4]。世界上除了心灵，所有个体事物都是形式与质料，至少是与"场所质料"的统一。但是，思维可以区别出一种更稀薄的质料，尽

---

① 《物理学》260ᵇ4。

② 260ᵃ29。

③ H. 1042ᵇ3；《论生灭》I. 5。

④ H. 1044ᵇ7；θ. 1050ᵇ21；《物理学》260ᵃ28。

管没有"可感觉质料"它就根本不存在，就是说至少要有场所质料。
这是"可理解质料"[①]，即空间广延。这种认识在亚里士多德思想中
出现得很晚，就其清晰的论述而言则仅见于《形而上学》。从任何
可感觉事物都可以脱离开它的整个可感觉质料去思想。在陆地上
的事物中，可以抽象掉它们具有的基本性质——冷热、干湿——以
及由此产生的所有性质；在宇宙空间事物中，可以抽象掉它们的旋
转能力；这两类事物依然可以有形状和大小。通过对现实物体的抽
象，可以达到数学对象。我们可以首先把这些对象干脆看成三维客
体，仅此而已。然后可以脱离这些立体实际上与之不可分离的三维
来考虑这些立体的平面。同样可以考虑这些平面的线段，尽管这些
平面同样不能独立存在[②]。我们现在虽然已经抽象掉所有在普遍语
言中称为质料的东西，仍然没有达到纯形式。因为一特定的直线、
平面或立体同直线、平面或立体的形式的区别体现在广延之中。(有
些柏拉图主义者天真地把直线，平面，立体分别等同为数 2，3，4[③]；
现代数学家则更准确地以方程表述它们。)抽去广延或"可理解的
质料"，则只剩下纯形式。

　　柏拉图把空间当作可感觉事物的物质因素或基质，即可感觉事
物从一开始就由此形成具有一定形状的东西，而这些形状是和永恒
存在物相似的东西，即形式[④]。亚里士多德认为，广延尽管在可感觉
事物中，却不是构成这些事物的材料。这是更相应于我们对质料的

---

① Z. 1036ᵃ9，1037ᵃ4。参见 K. 1059ᵇ15。

② M. 1077ᵇ17—30。

③ 《论灵魂》404ᵇ18—25，429ᵇ18—20；H. 1043ᵃ33。

④ 《蒂迈欧篇》50ᶜ，52ᵃ。

168

一般概念的东西，它既有广延又有运动。此外，陆地上事物的质料还能有其它三种变化的样式。

（2）我们也可以从另一头开始，首先考虑"第一质料"。可以看到，亚里士多德很少使用这个表达，尽管他的追随者正确地把它看作亚里士多德系统中最重要的涵义之一。第一质料不在任何地方独立存在。它只是那些具有质料和形式的个体事物本性中的一个因素。它只存在于与基本对立物冷热之一的结合之中，与另一基本对立物干湿之一的结合之中。最简单的陆地物体是土、水、气或火。这四种"简单物体"又是形成"完全混合的"或同质物体的质料。无机物一般是同质物体；植物和动物的最简单最缺乏组织的部分，即营养组织，也是同质物体。它们为植物和动物的其它部分提供质料，而其它部分又组织起来以形成更高的职能——比如帮助感觉或位移。这是异质部分或器官。如同营养组织是器官的质料，器官本身也是整个生物体的质料，而生物体则是更复杂的统一体；生物体是比器官更为完全形成的统一体，正如器官是比营养组织更为完全形成的统一体，营养组织是比"简单物体"更为完全形成的统一体[①]。最后，在动物的最高组织或形成的东西-人-之中，有一附加形式，这个形式不是肉体结构或其任何部分的原则，不使用肉体器官而能比肉体长久。这就是理性，或更严格地说，主动的理性，即支持被动理性思维的神秘实体。再高一层是推动行星天层的理智，这是根本不与肉体结合，而只从外部作用于各个天体的纯实体。最高一层就是纯实体，即上帝。

---

① Z. $1040^{b}5$—16。

　　宇宙中每一个实体都是个体；在亚里士多德看来，普遍尽管是完全实在的和客观的，却总是不独立存在的。纯实体和具有质料和形式的具体实体一样都是个体。但是这里出现困难。(1)亚里士多德在具体实体中发现质料的"个体化原则"。在一般情况下，他至少认为最低种的形式在这个种的每一个分子中是同一的，所以它不能把某一个体区别于另一个体，而使之区别的被说成是质料。[①]那么，纯实体的个体性是以什么为基础呢？它只能基于形式的区别，经院哲学家在把上帝和理智当作独立的最低种的唯一分子时得出这一逻辑结论。但是这几乎不能解决问题。尽管一个种可以实际上只有一个分子，种的本性却是可以有多个分子。这样，怎能区别每一理智与同一种下虽不存在却可想象的分子呢？形式和质料都不能区别；那么还能怎样区别呢？

170

　　(2)除了这个困难以外，在制定处于其质料中，即在那"本身不可知"的东西中的具体实体个体化原则方面，还有不能令人满意的东西[②]。它导致下面这个悖论：世界上最实在的东西(除纯实体外)不是完全可知的。

　　必须进一步考虑这些困难。(1)亚里士多德要在质料中发现个体化原则，这是由于最低种的思想在他的头脑中占主导地位；这种思想就是：存在着这样一些特性的固定组合，它们形成所有个体的性质的核心，而它们本身是在这些个体中体现出来，并且只有它们才是自然界企图获得并使之永存的东西。所有不如它们重要和永

---

　　① A1016^{b}32；Z. 1034^{a}5—8，1035^{b}27—31；I. 1054^{a}34；A1074^{a}31—34；《天文学》278^{a}6—^{b}3。

　　② Z. 1036^{a}8。

久的差别注定不配称为形式，只能被当作同一形式和不同的质料结合的结果。但是，一个种的众多分子不是出自赤裸裸的质料，而是出自分化了的质料——即有多于种的形式的单个实现所需要的质料的类①。人的形式是和某类肉和骨相结合的。但是，如果同形式相结合的肉和骨的两种比例是性质上同一的，那么它们就不能创造出两个不同的人，正如它们若是第一质料的两种比例也不能创造出不同的人一样。肉和骨的特征，即形式是不同的。苏格拉底和卡里亚斯的种形式一致，而其质料形式必定不同。沿着这条思路，我们将达到个体的本质这一概念，它除种的形式以外，还包括诸如从构成不同个体的质料的差别产生的永恒特征。考虑亚里士多德系统中形式和目的的相互关系，我们应该认为每一个体的目的不仅是达到典型的种的完善形式，而是以个体形式所适合的特定方式实现它。然而，几乎看不到亚里士多德这样考虑这个问题。②

171　　（2）在不同段落中，亚里士多德暗示了对如何认识个体这个问题的一个解决办法。（a）个体尽管是不可定义的，却可借助直觉思维或感知被认识：借助直觉思维，可以认识类似于"这个圆"这样的由理智认识的个体，借助感知，可以认识可感觉个体③。除了科学的抽象和推论过程，还有更具体和直接的理解方式，据此一下子就可以掌握个体的全部实质。亚里士多德这里在说明一个重要事实，即我们对个体，比如对个别的人的认识，不是在一系列普遍命题的形

---

① 《天文学》。

② 主要一段是 A. 1071ᵃ27—9，"不同个体的原因和因素是不同的，你的质料、形式和动因以及我的质料、形式和动因"，参见 Z. 1038ᵇ14；《论灵魂》412ᵃ6—9。

③ Z. 1036ᵃ2—8。

式中，以这样一种形式是不能完全阐述出这种认识的。但是他根本没有制定出直觉思维这样一种理论，其中直觉职能与他所指定的其它职能——对科学最初原则的认识，对本质和简单实体的认识——相互关联①。

（b）他在别处有一个不同的解决办法。② 只有潜存的知识，即科学家不在思考其科学对象时而在他的心灵存在的知识，这是普遍的知识；现实知识只是个别事物的知识。或者，正如视觉直接看到"这种颜色"，而只偶然看到一般颜色，因为这种颜色是颜色；语法知识也直接与"α 这种情况"有关，而只偶然与"α"的知识有关。这一论点也有几分合理。用亚里士多德自己的例子，语法知识的现实性不能限于掌握一系列普遍规律。一位学者解释某一段话，他是在最完全的意义上做语法考虑。适合这一科学的语法亦适合所有科学。还可以进一步说，现实的科学思想根本不考虑脱离了特殊事物的一般，而只考虑特殊事物的一般。凡是对一般规律的深刻认识，都伴有对归属于一般规律的特殊事物的某些感知的或想象的意识。当特殊事物完全消失时，这个规律就不再是真正知识的对象，而是一种方便的记忆术，它可以重新复活，或像亚里士多德所说的，只有通过重新接触特殊事物才能现实化。

但是这并没有解决整个问题。因为尽管科学研究如此考虑特殊事物，却不考虑它们完全的特殊性。科学家把它们当作一种普遍性的一些实例，只是模糊地意识到它们不同的个体本性。对它们的 172

---

①　θ.10。

②　M. 1087ª10—25；参见《论灵魂》417ª21—29。

充分认识，似乎必须有感知或直觉思维以及科学。

　　Z卷对事物的实体因素是什么进行很长一段争辩，最后声称是形式或本质。① 其探讨方式如下。众所公认，实体是本源和原因，它是形成事物本质的东西。它是对"为什么"这类问题的回答，比如"为什么打雷？"或"为什么这些砖和石建起一座房屋？"。在所有这些情况下，我们都是在寻找原因，抽象地说，这种原因是本质，但是在某些情况下，比如在房屋（或一般的人造物）的情况下，它是有益的目的，在有些情况（比如打雷的情况）下，它是致动的原因。我们总是问，什么把质料制造成特殊事物？回答是，特殊事物本质的出现，这个本质不是此事物中与它的质料因素并存的另一因素，也不是由这些因素复合构成的东西。正是这种本质把某些因素制成血肉，把另一些因素制成音节。

　　亚里士多德在这里主要是强调，不要把本质看成与质料成分并存的成分，也不要把它本身看成由质料成分构成。如果用前一种方式看问题，我们则需要一个进一步的结构原则来解释本质如何与质料成分结合起来；如果用后一种方式看问题，我们就要知道这些成分怎样结合形成本质，也就是说，我们以前询问具体事物什么，现在也得来询问本质：是什么构成它是这样的？我们必须完全中止对本质的任何质料性的理解，把它看作具体事物结构的原则。也许有人认为，柏拉图在型式学说中充分强调这一点以反对前苏格拉底的唯物主义观点。但是，亚里士多德在驳斥柏拉图的超验型式学说时，却正确地强调了他自己相信的内在形式的同样的非质料本性。

---

　　① Z. 17。

　　值得注意的是，亚里士多德把本质说成是对"什么是一事物是，因而是它的实体的原因?"的回答，亚里士多德指出这个回答不过是抽象的。如果我们问什么把这些肉和骨造就成人，把这些砖和石建成房屋，使这些云形成雷云，毫无疑问，正确的回答是"人、房屋或雷的本质的出现"。但是这个回答没有使我们更进一步。亚里士多德指出了更真实的解释方式，他说，我们抽象地描述成本质的东西，具体地看，有时是终极因，有时是动力因。一般是终极因。这些肉和骨之所以形成人是因为它们获得人的形式，即人类灵魂；但是更深入的回答是"因为它们是这样组织起来的，以便有益于人的存在、精神和道德活动的目的"。亚里士多德在生物学中一直旨在以职能解释结构。对人造物也是同样。什么使这些砖和石建成房屋? 是它们如此安排以便用作生物和器具的隐蔽所这一事实[①]。因此，形式因一般也是一个终极因[②]。但是在自然实体和人造物的生产中出现某些副产品，对此无法确定终极因[③]，要参照致动的原因做机械解释。雷也许肯定像毕达哥拉斯所说，是要恐吓塔塔族居民的，但是把雷解释成由于云中火的熄灭或做其它机械解释会更保险[④]。甚至凡起因于终极因的东西也起因于机械的原因。透过灯具的灯光是为了使我们免于迷途，但这是由于粒子微小的东西必能通过大孔的东西，或其它某些物理原因[⑤]。这种具有终极因和必然性的双重

173

---

① H. 1043^{a}16, 33。
② 1044^{b}1。
③ 同上，12。
④ 《后分析篇》94^{b}33。
⑤ 同上，27—31。

作用一般在自然实体和人造物中起作用①。这样,Z 卷在把构成事物本质的实体与本质等同时,又用终极因或机械的原因或用二者指明了一个不太抽象却更令人满意的解释。

对生成的分析

下一步自然要考虑亚里士多德对生成的分析②。他的主要目的是说明,自然的、技艺的和自发的这三种生产方式均涉及类似条件。(1)这里,所谓自然生成是指所有生物中内在发起变化的,特别是繁殖其种类的能力。自然生成与其它生成一样,"所有生成的事物都是从某种东西由某种动因产生出来的,并生成为某物"③。就是说,自然生成涉及的东西是:(a)已经具备其后代要有的种的形式的个体,即父体④;(b)能够作为种的形式媒介物的质料,即母体所贡献的质料⑤;(c)具有相同种的形式的一个新个体。(2)在技艺生产中,形式的预先存在不太明显。一座房屋的建造不要预先假设一个现实房屋的存在,不像繁殖要预先假设一个现实的父亲。然而在某种意义上,有一个预先存在的房屋,即建筑师想象的房屋形式⑥。(3)自发生产有两种形式———一类模仿自然生产,另一类模仿技艺生产。一个没有技术的人可能偶然发现一个医生根据科学理由才

---

① 《后分析篇》34—37。

② Z. 7—9。

③ 1032^{a}13。

④ 1034^{a}21—^{b}1, 1032^{a}25。

⑤ H. 1044^{a}35。

⑥ Z. 1032^{b}1。

能描述的一种处理方法^①；还有，繁殖在高级生物中需要性的结合，而在低级生物中却自发地进行（亚里士多德这样相信）^②。在这两种情况下，他竭力说明，正像在自然生产和技艺生产中一样，产品的一部分必定预先存在^③。

在繁殖中，形式和质料同样不是被产生的。如果形式本身被产生，则它要从其它某物产生出来，就是说，要把其它形式加到其它质料上；而如果那种形式被产生，则还要把别的形式加到别的质料上，如此反复以至无穷^④。对这一段最明显的解释是它主张形式的永恒性。然而有些时候，亚里士多德把形式说成瞬时生成和消亡的^⑤。看起来，我们必须区别繁殖本身（新实体的起源）和次要形式的变化（性质变化或大小变化，它们将包括所有人造物的生产）。在前种情况下，形式必须实际上预先存在，即在父体中；在后种情况下，形式只需潜在地预先存在^⑥。在这种情况下，它不是永恒的；但它不是由一个过程产生的。它随过程即时接着发生。它此时是，彼时不是，但是根本不能生成。一个白的东西可以变成黑的，但是白不变黑。这个白的东西逐渐变成黑的，但是在每一部分，黑随白即时接着发生^⑦。接触和形式一样，"是又不是，没有生成或毁灭"^⑧；个别房屋的形式随砖瓦最后接触的瞬间而同时产生，个别铜器的形式随

₁₇₅

---

① 1034ᵃ20。
② 1032ᵃ30，1034ᵇ4—6。
③ 1034ᵃ24—30。
④ 1033ᵃ24—ᵇ19。
⑤ 1039ᵇ26；H. 1044ᵇ21，1043ᵇ15。
⑥ Z. 1034ᵇ18。
⑦ H. 1044ᵇ21—26；《物理学》VI. 4。
⑧ 《天文学》280ᵇ27。

锤与铜料的最后接触的瞬间而同时产生。同样，个别动物的个别形式随雄性因素对雌性因素的生命转化的最后瞬间而同时产生。凡生成物皆逐渐生成，但是形式没有部分；它是整体的结构①。

即使种的形式现实地预先存在（即在自然繁殖中），它也不脱离个体实例而存在。形式是永恒的，仅仅由于其具体体现永不间断。形式表示"这样的"，而不表示"这个"；表示一个特征，而不表示带有这个特征的某个具体事物。正因为如此，柏拉图的型式对解释生成毫无用处②。

对生成的这种描述还应加上 Λ 卷的描述③。除了形式、质料、缺失④这三种内在原因以外，Λ 卷考虑三种外在原因，它们是：（1）相近的致动原因，即技艺生产中有关的技艺，自然繁殖中的父体⑤；（2）在自然繁殖情况下，遥远的和共同的致动原因，即太阳，它沿黄道运动并产生出季节次序⑥；（3）终极的原因或第一的致动原因，它运动不是由机械动因，而是由欲望和爱的存在⑦。这样，Λ 卷比 Z 卷探讨的更广泛。Z 卷对生成的兴趣在于说明形式和质料的关系；而 Λ 卷对这个问题的兴趣在于说明在什么程度上可以说所有事物有相同原因⑧。亚里士多德指出，除了关于第一原因以外，不同属的事物只是相似地有相同原因；而且当他说"你的质料、形式和致动

---

① 亚历山大，《形而上学》486，13—33；参见 Λ. 1070ᵃ21—24。

② Z. 1033ᵇ19—29。

③ Λ. 4，5。

④ 1069ᵇ32—34，1070ᵇ18，22。

⑤ 1071ᵃ14；28。

⑥ 同上，15。

⑦ 同上，36。

⑧ 1070ᵃ31。

原因不同于我的，尽管它们的一般描述相同"①的时候，他比在其它地方更清楚地认识到个体的存在不同于种的形式。他还以同样的精神坚持认为"普遍原因不存在，个别原因是个体的原因；人普遍地是人的原因，但是没有一个普遍人，佩勒斯是阿基里斯的原因，你的父亲也是你的原因②。"所以，第一原因也不是一个一般原则，而是一个个别精神③。

潜 能 与 现 实

Z 卷主要把形式和质料的区别看作处于历史任一时刻的个体内部存在的区别，看作定义中阐述的事物本质和不可认识的基质（没有基质，本质就不能存在）之间的区别。但是，随着讨论的深入，亚里士多德逐渐地愈加注意事物从相对不成形的条件向相对成形的条件的发展，开始使用"潜能"和"现实性"这两个表达；在 θ 卷，他转而讨论二者之间的区别。他区别了 δύναμις 的两种意义④。其一是这个词在普通希腊文中指谓的意义，即能力：一事物中产生另一事物中某种变化的能力。其二是一单个事物中从一种状态转为另一种状态的潜能，这才是他主要关心的。他清楚地看到，潜能概念是不可定义的；他只能借助特殊实例来说明其实质。正如一个正在建筑的人同一个知道如何建筑的人的关系，醒着的人同睡着的人的

---

① 1071ª27。
② 同上，19—23。
③ 1075ª11—15。
④ 1045ᵇ35—1046ª11, 1048ª25—ᵇ4。

关系，看的人同有视觉但闭上眼睛的人的关系，由质料成形的东西同其质料的关系，成品同原料的关系，一般地说，这也是现实性同潜能的关系。

　　麦加拉学派否认潜能的存在。他们说，一事物是或不是处于某种状态，可以谈论它的仅此而已。亚里士多德则坚持认为，可以谈论它的并非仅此而已。在 A 是现实地处于 B 状态以前，它必定是潜在地处于这种状态，这种说法似乎只是不言而喻的；而且如果我们针对"为什么 A 现实地变成 B"这一问题，回答说："因为它过去已经潜在地是 B"，则毫无疑问我们作了一个不是回答的回答。潜能概念常常用来掩盖思想的极端贫乏。然而亚里士多德强调这一概念却有实在的论点，即变化不是突变。完全是非-B 的 A 绝不会突然变成 B。更仔细地考虑 A，就会发现，B 的某些条件已经出现；否则，A 根本不会变成 B。一个学会建筑技艺的人在高兴并且有材料的时候，可以开始建筑；而没有学会建筑技艺的人就不能建筑。因此，我们必定在前者身上发现后者所没有的建筑能力。或者，有两个人都没有听任何东西。但是假定在他们附近响起铃声，一个人听见而另一个人没听见。事实显然使我们认识到他们先前条件之间的区别，我们说一个人可以听见而另一个人听不见，这就表达了这种区别。没有潜能，我们就不能解释变化①。

　　但是仅凭潜能我们也不能解释变化。没有某些现实事物的动因，任何事物都不能从潜能变成现实性。现实性先于潜能。它在逻辑上居先，因为"能够是 B"比"是 B"乃是更复杂的概念。但它还

------

① θ.3。

在另一种意义上居先。A 并非潜在地是 B，除非它能够成为现实的
B；由于 A 只有借助已为现实之物的作用才能成为现实的 B，所以
它作为 B 的这种潜能要预先假设一种现实性。的确，潜能到处预先
假设了现实性并且植根于现实性之中。例如，我能够知道我现在所
不知的东西，恰恰由于我已经知道一些东西；一切知识来自预先存
在的知识。此外，在亚里士多德看来，对事物的最终解释存在于对
它有用的目的。因此现实性是潜能指向的目的，而不是相反。动物
看，不是为了可以有视觉能力，而是有视觉能力为了可以看[1]。

　　但是，对现实性优先的主要证明如下[2]：永恒之物本性上先于
可毁灭之物；没有事物是凭借潜能而永恒的。凡有是的潜能也可以
有不是的潜能，而永恒之物由其本性则不能不是。因此，在某种意
义上说，宇宙中所有原初实体免于潜能。上帝是最完全意义下的现
实，因为他什么时候是什么，就永远是什么，没有丝毫未实现的潜
能的因素。形式也是完全现实的。种的形式绝不会开始是或不再
是；种的形式只在新的个体上才得以实现。尽管质料在一种观点看
来是纯粹的潜能，也不是那种最深的潜能，即不是的潜能；它是永
恒的。正如我们已经看到的那样，世界上所有个体事物可以根据它
们受潜能影响的程度划分等级。（除了上帝和理智）天体受潜能影
响最小；它们没有产生和消亡或大小变化或性质变化的潜能。而只
有涉及场所运动的潜能。甚至这也不是运动或不运动的潜能。它
们根据本性必然永远运动，唯一有关的潜能是它们的运动可以从 A

---

[1]　$1049^b4 — 1050^b2$。
[2]　$1050^b6 — 1051^a2$。

到 B，或从 B 到 C，或从 C 到 A。大地上一切事物都有全部四种潜能，但是即使这里也有纯现实的东西，即最低种，它是永恒的，因为生成永不间断。

最后，亚里士多德的现实性优先的学说导致他否认世界上任何恶原则的存在[①]。潜在的东西胜于坏的现实性，同样也劣于好的现实性。如果永恒的东西可以没有潜能因素，则它一定更可以没有恶因素。"离开特殊事物则没有恶"。换言之，恶不是宇宙的必然特点，而是世界过程的副产品，即个别事物的努力追求过程中偶然出现的东西，在这种过程中，个别事物企图达到其可能的完善并因而尽可能地接近神的生命，"变得尽可能地长生不死"[②]。它们在很大程度上不能成功，这是由于质料或必然性，但这不是一条恶原则，而是一条与善恶无关的原则。在亚里士多德看来，世界过程就是努力追求形式或善，以致质料本身有时也被描述成这样的[③]。

179

亚里士多德的神学

Λ 卷被看作《形而上学》的顶石非常正确。亚里士多德把"神学"之名给予最高科学，这种科学研究这样一种是，它把依靠自身的实体存在和摆脱一切变化结合起来[④]；正是在这一卷，我们发现亚里士多德对神学的唯一系统的探讨。在他的其它著作中有些段落

① $1051^a4 — 21$。
② 《尼各马可伦理学》1177^b33。
③ 《物理学》$192^a16 — 23$。
④ E. $1026^a10 — 19$；K. $1064^a33 —^b3$。

对说明他的神学观点很有价值①；在另一些段落，显然他在使自己适合当时的观点②。他似乎在早期著作中就提出与 Λ 卷大不相同的"上帝存在的证明"。据说他在《论哲学》这篇对话中就提出可称之为本体论论证的预想；他论证说，"哪里有较好者，就有最佳者；在现存事物中，一个比另一个更好；因此有最佳者，这必定是神"③。他确实使用了目的论论证。在同一个对话中，他描写一个种族第一次看到大地和海洋的美丽，星空的壮丽时就得出结论：这些巨大的东西是神的杰作④。梦、预兆⑤和动物本能⑥被亚里士多德用来进一步证明神物的存在。但是在他的现存著作中，通常把适应性不是归为神计划的杰作，而是归为自然界的无意识的目的论，这些著作表达了亚里士多德成熟的观点。

然而，我们发现他在 Λ 卷中⑦对上帝存在的论证与流行的宗教思想相去甚远，以致可以肯定，他没有迎合读者的理解或偏见；而且他论证的根据是他的形而上学中根深蒂固的原则。这个论证是宇宙论论证的形式，可以表述如下。实体是第一存在事物⑧。因此，如果所有实体是可毁灭的，则所有事物是可毁灭的。但是有两种东西是不可毁灭的，即变化和时间。时间不能已经产生，也不能停止　180

---

① 关于《论灵魂》的"主动理性"是否被等同为上帝，参见 148—153。
② 这些观点常常由于谈到"神"而被发现。参见《尼各马可伦理学》，1099ᵇ11，1162ᵃ5，1179ᵃ25。
③ 《残篇》1476ᵇ22—24。
④ 同上，ᵃ34—ᵇ11，参见 ᵃ11—32。
⑤ 《残篇》1475ᵇ36—1476ᵇ9。
⑥ 西塞罗：《论神的本性》ii. 49，125。
⑦ 6，7。
⑧ 1069ᵃ19—26，参见 Z. 1。

不是,因为这将意谓在时间以前还有一个时间,或在时间终止之后还将有一个时间。变化必然是与时间同等持续的,因为时间如果不等同于变化,就是变化的伴随物①。现在唯一持续的变化是位置变化②,唯一持续的位置变化是圆形的运动③。因此必然有永恒的圆形的运动④。

若要产生永恒运动,就必须有(1)永恒实体。对此,柏拉图的型式可以满足。但是(2)这个永恒实体必须能够引起运动,而型式却不能⑤。(3)它不仅必须有这种能力而且要发挥它。(4)它的本质一定不是能力而是活动,因为若非如此,它可能不发挥这种能力,变化就将不是永恒的,即不是必然持久的。(5)这样的实体必定是非物质的,因为它必定是永恒的⑥。

这个结果由经验证实⑦,因为经验表明,有的东西在运动时带有不停的圆形的运动,即星空。必定有东西推动它。在运动并且被推动的东西,是我们不能满意的中介物;一定有在运动而不被推动的东西⑧。经验表明,这个不被推动的运动者一定是永恒的,实体的,纯现实的存在物,而且它的存在是已被证明的。

现在,怎么能有东西引起运动而不被推动呢?运动的物理因果关系意味着运动者和被动者的相互接触,因而意味着被动者对运动

---

① 即"变化的计数",《物理学》219ᵇ1,等。

② 《物理学》261ᵃ31—ᵇ26。

③ 261ᵇ27—263ᵃ3,264ᵃ7—265ᵃ12。

④ Λ.1071ᵇ4—11。

⑤ 参见 A.991ᵃ8—11,ᵇ3—9,992ᵃ29—32;Z.1033ᵇ26—1034ᵃ5。

⑥ Λ.1071ᵇ12—22。

⑦ 1072ᵃ22。

⑧ 参见《物理学》257ᵃ31—ᵇ13。

者的反作用 ①。所以,不被推动的运动者一定通过作为欲望的对象,以非物理的方式引起运动。有两段话把第一推动者所引起的运动看作有准物理性;第一推动者被说成不仅直接作用宇宙外层,不仅间接作用宇宙内层,而且现实地在宇宙之外 ②;然而,这是一个轻率的表达,对此不应该当真。亚里士多德真正的观点是第一推动者不在空间中 ③。

181

亚里士多德到底认为上帝只是变化的终极因,还是也是变化的动力因,对此争论甚多。回答是上帝是终极因,因而是动力因,只此一种方式。然而,上帝是终极因并不意谓它不存在,而意谓它无时不在。它是不朽的东西,其影响通过宇宙放射出来,使得一切发生的事情(无论如何,如果我们不考虑机缘与自由意志这些模糊范围的话)都依赖于它。它直接推动"第一层天";就是说,它引起群星每日绕地球旋转。由于它以富有启示的爱和欲望来运动,这似乎意味着"第一层天"有灵魂。这一点由其它地方的陈述可证实:天体是生物 ④。在解释日月、星辰的运动时,假设了一"套"同心圆天层,各层天的极点固定在其外的那一层天的外壳上。这样,各层天把自己的运动施给其内的那一层天,而第一推动者由于推动最外一层天,也就推动了所有其它层天。第一推动者引起太阳绕地球二十四小时转一周,因此产生昼夜交替以及随之而来的大地生活的一切事情。但是,季节交替在大地的经济中更为重要,它产生出播种和收

---

① 参见《物理学》202ᵃ3—7。

② 同上,267ᵇ6—9。

③ 《天文学》279ᵃ18。

④ 同上,285ᵃ29,292ᵃ20,ᵇ1。

获时期，以及动物的繁殖期，而且这是由于太阳在黄道上每年的运动；太阳接近地球的任何一个地方，那里繁殖就发生，而当太阳离去，毁灭就发生①。这种运动像日月星辰的其它专门运动一样，起因于"理智"。"作为终极目的"的理智也在运动②；即它们由于爱和欲望而运动。它们与第一推动者的关系没有得到详细说明，但是由于第一推动者是宇宙独一无二的主宰者③，而且"天和整个自然依赖于"它④，所以我们必须假设它推动理智，而理智正是它们的欲望和爱的对象。这个系统的细节有些不可思议，但是我们大概要这样看：各个天层是想望和热爱其相应"理智"的灵魂和肉体的统一体。

　　爱或欲望怎样产生必须予以解释的物理运动呢？这个理论是这样的：各个天层期望得到尽可能相似其运动原则的生活。符合其运动原则的生活是持续不变的精神生活。天层不能再现这种生活，但是它们展现下一个最好的生活，进行唯一完善持续的物理运动，即循环运动⑤。亚里士多德排除直线运动，因为他认为如果直线运动是持续的，则需要无限空间，而他不相信无限空间⑥。

　　我们现在可以考虑亚里士多德对第一推动者本身的描述。亚里士多德根据第一推动者的非物质本性，排除了它的物理活动，因此认为它只有精神活动，而且仅仅是不依赖于肉体的那种精神活动，即认识；仅仅是不涉及过程，不涉及从前提到结论的过渡，而

---

① 《论生灭》336^{a}32，^{b}6。
② Λ. 1074^{a}23。
③ 1076^{a}4。
④ 1072^{b}13。
⑤ 《物理学》265^{b}1。
⑥ 265^{a}17。

只是直接的和直觉的那种认识。第一推动者不仅是形式和现实性，而且是生命和心灵，迄今尚未出现的"上帝"一词开始应用于它①。

认识若是不像人的认识那样依赖感觉和想象，则必定具有最好的东西；而最好的东西是上帝。所以，上帝认识的对象是它自身。"心灵由于参与了被知的东西而认识它自身，它通过触知和认知而成为已知，所以心灵和心灵的对象是同一的②。"就是说，在直觉中，心灵可说是与其对象直接接触；这时它不是借助一个东西作中项来认识另一个东西。恰如在感觉过程中，可感觉形式被带入心灵，而质料留下③，所以在认识过程中，可理解形式被带入心灵。心灵的特点是没有丝毫自己的特点，而完全以它正在认识的东西为标志；如果它有自己的特点，这就会干扰心灵在认识过程中对客体的完美的再现，正如一面镜子有了自己的颜色就不会那样完美地再现镜中对象的颜色④。因此，在认识中，心灵和它的对象有共同的特点，认识一个对象就是认识一个人的在认识这个对象时的那个心灵。

对自我意识的这种解释，起初是企图解释伴有关于对象认识的自我意识。正是由认识和通过认识其它某个东西，心灵才变成心灵的对象。我们一定不要以为心灵主要是认识它自己，或者，对它变成自己的对象提供一切解释，从而成为一种预期理由。但是，亚里士多德认为上帝具备的正是仅以自身作其对象的认识。有人曾把亚里士多德的神圣认识概念表示成与普通认识相反，是对自身直接

183

---

① 　Λ. 1072ᵇ25。
② 　同前，20。
③ 　《论灵魂》424ᵃ18。
④ 　同上，429ᵃ13—22。

的认识和对世界间接的认识,企图以此使它更能令人接受。圣·托
马斯说,一切事物本身是不能被认识的——这种结论是错误的,因
为理性正是通过认识自身,才认识其它一切事物①。还有许多经院哲
学家表达了相同的观点。布伦塔诺参照亚里士多德所讲的对相关
物的认识是相同的这段话支持这一观点。②除了上帝,所有事物的
存在完全归于上帝,所以上帝的自我认识必然同时是对所有其它事
物的认识。这种思路是可能的,卓有成效的,但不是亚里士多德采
用的。在亚里士多德看来,上帝应该认识自己,上帝应该认识其它
事物,这是两种选择③。他肯定第一种选择时,含蓄地否定了第二种
选择。的确,他明确否定了第二个选择所涉及的许多东西;他否认
上帝有全部恶的认识,否认上帝有从一个思维对象到另一个思维对
象的任何过渡④。企图从神圣生活排除一切恶的关系和任何"转折的
影子",结果就产生没有对象只有自身的认识这种不可能的贫乏的
理念。

　　Λ 卷表达的上帝概念当然是不能令人满意的。像亚里士多德
想象的那样,上帝具有不是宇宙知识的认识和不是从其认识产生的
对宇宙的影响;这种影响几乎不能叫作活动,因为它是这样一种影
响,即一个人可能无意识地对另一个人发生的影响,或者一副雕像
或图画可能对其赞赏者发生的影响。难怪评论家们发现几乎无法
相信这真是亚里士多德的观点,并试图在理解他的话时塞进一些不

---

①　《论形而上学》。

②　《论辩篇》$105^b 31 - 34$。

③　Λ. $1074^b 22$。

④　同上,25,32,26。

同的东西。甚至亚历山大也试图发现他这位老师对神命的某种承认，大多数古代学者同意他这一点。甚至阿威罗伊在否认上帝有任何创造性活动和意志的自由时，也认为它有对宇宙普遍规律的认识，而且认为自己这是步亚里士多德的后尘。圣·托马斯和邓斯·司各脱说话谨慎，却企图在有神论的意义上解释亚里士多德的上帝。我们自己的时代经历了布伦塔诺和泽勒之间的长期争论，前者主张这种有神论解释，而后者否认。布伦塔诺的企图注定要失败[1]；亚里士多德既没有神创论，也没有神命论。但是有些迹象表明，他的某种思维方式不像我们已经看到的他的深思熟虑的理论那样呆板无味。 184

上帝的活动是认识活动，并且只是认识活动。这并非仅仅是 Λ 卷的理论；它似乎是亚里士多德由来已久的思想的一部分，而且在其它地方表达得同样清楚[2]。另一方面，亚里士多德在批判恩培多克勒把现实部分排除在上帝认识之外时，实际上批判了他自己将上帝认识限于自我认识[3]。在考虑上帝本性时，亚里士多德感到，若是认为上帝对世界有任何实际兴趣，则会有损于上帝的完善；但在考虑世界时，他的思考却倾向于使上帝和世界结下更密切的联系。

如果要问亚里士多德是否认为上帝是创世者，回答一定是：他不这样认为。在他看来，质料是不能产生的，是永恒的；他明确反

---

① 　K. 埃尔塞在《亚里士多德关于上帝证明的学说》（1893 年）中详细检验了这一点。我考察了布伦塔诺在《心灵》（xxiii. 289—291）中论证的主要观点。

② 　《天文学》292^{a}22, ^{b}4；《尼各马可伦理学》1158^{b}35, 1159^{a}4, 1178^{b}10；《政治学》1325^{b}28。在《尼各马可伦理学》1154^{b}25,《政治学》1325^{b}30, 上帝被认为有 πρᾶξις, 但是在更广泛意义上，这里，θεωρία 是一种 πρᾶξις。

③ 　《形而上学》B. 1000^{b}3；《论灵魂》410^{b}4。

对创世说①。这倒不一定排除这样一种观点，即质料永远由上帝保持
存在，但是在亚里士多德那里看不到这样一种说法。此外，理智似
乎是独立存在的、非创造的存在物。布伦塔诺企图说明每个个体人
的理性在个体出生时由上帝创造，但是这根本站不住脚，因为亚里
士多德在有些章节明确主张理性具有永恒的预先存在②。

　　Λ卷有一段话，初看给人这样一种感觉：似乎亚里士多德以为
上帝内在地和超验地存在于世界之中。"我们必须考虑万物本性以
哪种方式掌握善与至善：是作为独立自存的东西，还是作为万物的
185　秩序。也许我们应该说它以这两种方式掌握善。比如一支军队，军
队之善在于其秩序和首领，而首领更为重要；因为首领的存在不是
由于秩序，而秩序却由于首领而存在。"③ 但是，尽管亚里士多德说
善既作为超验精神又作为固有的秩序而存在，他却没有说上帝以这
两种方式存在。在Λ卷中，他主要把上帝看作第一原因；根据他常
常重复的实体优先性学说，他一定认为这个原因是实体而不是秩序
那样的抽象。然而，他把秩序归因为上帝，所以他的上帝真可以说
是在世界中起作用，并且在这种意义上是内在的。

　　亚里士多德宇宙观的最显著特点之一是他彻底的目的论。除
了偶然的运动和巧合，凡存在或发生的事物都为了某个目的而存在
或发生。但是对这种观点进行什么样的解释却不太清楚。他的意
思是：(1)宇宙的结构和历史是神旨的完成；还是(2)由于以个体存
在物为目的的有意识活动；还是(3)自然中存在的带有目的的无意

---

① 《天文学》301ᵇ31，279ᵇ12。
② 值得注意的是《论灵魂》430ᵃ23。
③ 1075ᵃ11—15。

识努力？(1)第一种选择不符合 Λ 卷的理论，根据 Λ 卷，上帝唯一的活动是自我认识。但是 Λ 卷也有不同方式的思想。当把上帝比作一支军队的决定其秩序的首领，或人民的统治者时，或者，当把宇宙比作一个家庭，其中程度不同的确定的任务明确地分派给由上至下的所有成员时 ①，很容易使人以为亚里士多德认为上帝凭其意志支配着世界历史发展的主要命运。其它地方也不乏类似说法。亚历山大认为，就种的保持而言，亚里士多德相信神祐活动。这种解释的根据是亚里士多德在一处说，因为这些存在物由于远离第一原则而不能永久存在（就是说与星辰相对照的人、动物和植物）。②上帝安排繁殖的连续性，因而提供了一个第二至善之物。同样，赞扬阿那克萨哥拉引入理性作为世界秩序的原因 ③，意味着把宇宙的基本秩序归为上帝，这也因为亚里士多德说过"上帝和自然做事必成" ④。但是应该注意，如果我们忽视亚里士多德的那种也许是迎合常识的说法，则根本看不到上述思维方式的迹象；他与苏格拉底和柏拉图不同 ⑤，从未使用上帝的"天命"一词；他不大相信神的奖惩；他不像柏拉图那样有兴趣证明上帝对人的方式是正当的 ⑥。

　　(2)第二种选择似乎被排除了，因为自然中的目的论与思想活

186

---

①　1075ᵃ15，1076ᵃ4，1075ᵃ19。

②　《论生灭》336ᵇ31。

③　A. 984ᵇ15。

④　《天文学》271ᵃ33。

⑤　色诺封：《苏格拉底言行回忆录》i. 4, 6 等；柏拉图：《蒂迈欧篇》30c，44c。

⑥　他对于恶的问题的解决在于参照质料固有的 τὸ κακοποίον（《物理学》192ᵃ15），并非质料有任何向恶的预先安排；但是由于质料是对立面的潜能，所以它是善的潜能也是恶的潜能。

动明确对立 ①。总而言之,亚里士多德的主要想法似乎是(3)。因为在一段话中,他说上帝和自然做事必成,在另外许多段话中,他干脆说自然做事必成。无意识的目的论这种思想的确不能令人满意。如果我们认为行为不仅仅产生结果,而且是产生结果的目的,我们就必须认为动因或是模仿这种结果,或是旨在达到这种结果,或是实现其有意识目的的其它某种理智的工具。无意识的目的论暗含着不是任何心灵的目的的目的,因此根本不是目的。但是,亚里士多德的用语说明他(像许多现代思想家一样)没有感到这个困难,而且他愿意带着自然本身中的无意识的目的这一想法来考虑问题。

---

① 《物理学》199^{b}26。

第七章　伦理学

　　亚里士多德认为知识主要有三种：理论的，应用的，或生产的。追求第一种是为其自身，追求第二种是作为行为的手段，追求第三种是作为制造有用或美的东西的手段。最高的应用科学——其它所有科学附属于它并对它起辅助作用——是政治学，或者随着我们更充分地意识到人是公社的成员而不是国家的成员，我们可能更愿意称它为社会科学。伦理学仅仅是这门科学的一部分，因此，亚里士多德从不说"伦理学"是一门独立的科学，它只是"研究德性"的科学或"我们关于德性的讨论"①。

　　整个"政治学"分为两部分，为了方便起见，它们可以叫作伦理学和政治学。毫无疑问，亚里士多德的伦理学是关于社会的，他的政治学是关于伦理的，在《伦理学》中，他没有忘记个体的人是基本的社会成员，在《政治学》中，他也没有忘记国家的善的生活仅仅存在于其公民的善的生活中。但是，他不怀疑这两种研究之间存在着不同。对于它们之间关系的实质，他并不非常清楚。在《伦理学》卷首，他把国家的善描述成比个人的善"更伟大，更完美"，个人的

---

　　① 《后分析篇》89ᵇ9；《政治学》1261ᵃ31，"伦理学"（ἡ ἠθική）大概意谓德性的科学。

善不过是我们在不能得到国家的善的情况下所提及的东西①。但是，随着他对个人生活的讨论，他对个人生活价值的认识似乎提高了。在《伦理学》结尾，根据他的说法，好像国家仅仅附属于个人的道德生活，提供使人的欲望屈从于人的理性所需要的强制因素②。

188　　《伦理学》的主题体现在这部著作的第一句话中："每一门技艺和每一种研究，每一种行为和选择，似乎都是为了追求某种善；由此善曾被恰当地定义为万物之目的。"所有行为的目的都是不同于行为自身的东西，行为可以产生出这种东西，因而获得自身的价值。亚里士多德的伦理学肯定是目的论的。在他看来，道德在于某种行为，不是因为我们认为这些行为本身是正确的，而是因为我们认为这些行为将使我们更接近"为了人的善"③。然而，这种观点实际上不能符合他在行为和生产之间得出的区别：行为的价值在于自身，而生产的价值来自"劳动"——绳索，雕像，或任何它可能生产的东西。如果他更坚持这种区别，他有可能更接近康德式的理论。这种区别对他的伦理学不是没有影响的，但是手段和目的的范畴主要是被他用来解释人的行为。

　　某种特定行为的目的可能仅仅是达到更进一步的目的的手段，但是这目的系列必须有个终端；每种行为必须有一个最终目的，其本身就有价值，亚里士多德轻率地推论所有行为的最终目的必然相同。这样就产生两个问题：这个最终目的是什么？研究它的科学是什么？第二个问题不难回答。政治科学规定了应该研究什么科学

---

① 《尼各马可伦理学》1094^b7—10。

② 1179^a33。

③ 然而，他的目的论有时是内在的；善的行为是达到善的手段，在这种意义上，它形成理想生活的因素。

和由谁来研究；最令人钦佩的能力，例如策略，附属于政治科学；政治科学告诉我们必须做什么，不能做什么；因此，是政治科学研究为了人的善 ①。另一个问题较难回答，它要求《伦理学》的所有其它部分做出圆满的回答。我们肯定愿意在其许可的范围内准确地回答这个问题。伦理学研究"大都如此的事情"，"能够不是如此的事情"，我们绝不能奢求它具有一门科学可能具有的完善证明，比如数学，它研究"具有必然性的事物" ②。亚里士多德常常区别宇宙中的必然因素和偶然因素。虽然有时看不出来他的意思是说存在着客观上无法确定的事件呢，还是在区别我们可以探索的必然性和使我们困惑不解的必然性，但他显然相信人的行为中无论如何存在着实际的偶然性。然而，即使我们承认(1)不能准确地预见我们行为的客观后果，(2)未来的行为实际上是不确定的，亚里士多德以为这些事实减少道德哲学的准确性，似乎也是错误的。它们使人们无法准确地说出哪些行为将产生最佳结果。但是，受此影响的科学是应用伦理学或诡辩术，而不是抽象伦理学：前者企图告诉我们在特定情况下应该做什么；后者研究"应该"意谓什么，为什么我们应该做我们应该做的事情。

　　伦理学和严格的科学之间的差别在其它地方表达得更为清楚。伦理学不是从最初原则进行推理，而是推理到最初原则，它不是从本身可理解的东西出发，而是从我们熟悉的东西出发，即从纯事实出发，由此推回到基本理由。为了给出事实的必然知识，必须有良好教养。数学课题的最初原则通过感觉材料的简单抽象即可获得；

189

---

①　$1094^a1 — ^b11$。

② 　$^b11 — 27$。

数学的实质就是从这些最初原则演绎出结论。伦理学的最初原则深深地陷入行为的细节之中，不能这样简单地挑选出来；而伦理学的实质就是把它们挑选出来。为此需要两个条件。首先，培养学生应该使他们接受那些表现民族集体智慧的道德问题的一般的意见。这些意见既不非常清楚，也不十分一致，但是它们却是我们达到最初原则仅有的根据。第二个条件是要有一种研究，在这种研究中，检验、比较这些信念，清除其含混性和不一致性，得出"本身更可理解"的真实性，这种真实性绝不是显而易见的，但是一旦得到它，就是自明的①。如果伦理学不是证明科学，那么（用亚里士多德逻辑中常常得出的一个区别）它是论辩科学吗？在某种意义上，它是；论辩术﹡的一个应用恰恰是引导我们得出最初原则②。因此，亚里士多德常常不是从已知为真的原则出发，而是从"多数人"或"智者"，尤其是从柏拉图学派的那些人的意见出发进行论辩的推理。但是，这绝不意味着《伦理学》是从亚里士多德本人所不接受的意见出发所作的扩展了的以人为据的论证；他一定不会认为这值得他耗费心思。他基本上接受学园的意见作为自己的意见，当他不接受时，他就会毫不迟疑地说不。

人类生活的目的

　　亚里士多德从"多数人"那里接受了目的是 εὐδαιμονία 这种观

---

　　①　1095ª2—11, 30—ᵇ13, 1098ª33—ᵇ4, 1142ª11—20, 1145ᵇ2—7。

　　﹡　dialectic, 许多人把这译为或解释为亚里士多德的辩证法。实际上，这和我们通常所理解的辩证法是有差异的。——译注

　　②　《论辩篇》101ª36—ᵇ4。

点 ①。与此相应的形容词本来意谓"守护神看守的"，但是在普通的
希腊语中，这个词只是意谓好运气，常常专门指表面的成功。人们
习惯把它翻译成"幸福"，这在《伦理学》中是不合适的，因为"幸
福"意谓一种感情状态，它与"快乐"的区别仅在于它具有永久性，
深刻性和平静，而亚里士多德坚持认为 εὐδαιμονία 是一种活动，它
不是任何一种快乐，尽管快乐自然地伴随它。因此，"幸福"这种
比较含糊的译法好一些。如果问亚里士多德是不是一个享乐主义
者，那么最好根据他反复的、深思熟虑的陈述——生活的目的是活
动——来判断，而不要根据他因没有一个合适的词而使用一个不意
谓行为而意谓感情的词来判断。

　　亚里士多德承认，为了人的善是 εὐδαιμονία，这种说法并不使
我们明白多少。我们要知道什么样的生活是 εὐδαιμονία。实际上，
人们选择的生活方式似乎主要有四种。大多数人的目的在于快乐；
但这是奴隶或野兽的目的。较好的一种人目的在于荣誉，这是政治
生活的目的。但是，与其说荣誉依赖于接受者，倒不如说它依赖于
给予者，而生活的目的必须是我们自己的东西。荣誉的追求似乎使
我们确信我们有自己的美德，也许美德才更真正地是政治生活的目
的。但是，可以有美德而不活动，也可以有美德又有痛苦，而在这
两点上，美德都不能作为真正的目的。还有一些人追求财富；但这
是手段，不是目的。直到第十卷，亚里士多德才提到沉思的生活，
他试图表明这是最高的目的 ②。

---

①　1095ᵃ14—20。

②　1095ᵇ14—1096ᵃ10。

柏拉图提出比这些明显的善更深奥的东西，即一种善的型式，
191 它是宇宙中发现的所有善的本源。针对这种善，亚里士多德论证
道，(1)"善"对于它的所有应用来说没有共同的意义。然而，他不
能得出结论说，善的使用仅仅是歧义的；他折衷地认为，所有善表
明或得自唯一的一个善（实体范畴的善，上帝或理性的善）或者它
们类似地是一个善，即此范畴中的善是对此范畴中的其它事物来说
是善的，同样，彼范畴中的善是对彼范畴中的其它事物来说是善的。
亚里士多德论证道，(2)正如他所论证的任何柏拉图型式那样，任
何善的形式均不离开其特殊表现而独立存在；(3)否则，对应用目的
毫无用处；为了人的善是最广泛的善，对它的沉思将在日常生活中
给我们帮助①。

为了人的善必须具备两点。第一，它必须是终极的，即选择它
完全是为其自身，而不是达到任何其它东西的手段；第二，它必须
是自足的，即凭其自身使生活值得加以选择。这两点都属于幸福，
但是我们仍然要问幸福是什么。为了能够回答这个问题，亚里士多
德引入了柏拉图的功能或作用的概念。实际上，他是问什么样的生
活最使人满意。但是，为了回答这个问题，他发现必须问人的特有
作用是什么。这个问题是从技艺借用来的，并可以在技艺中找到
简单的答案。长笛吹奏者的作用是吹奏长笛，斧头的作用是砍劈，
看到这一点并不困难。甚至对于活的肉体部位，比如眼睛，手，看
到它们能做些什么也不困难。但是懂得人的作为就不是那么容易。
亚里士多德考虑了什么事情只有人可以做，以此回答了上述问题。

① 1096ᵃ11—1097ᵃ14。

我们与动物、植物分有成长和繁殖,与动物分有感觉,这些都不是人的特有功能。但是,我们在《论灵魂》中已经看到,除了这些能力以外,人还有一种更高级的能力,亚里士多德称之为 τὸ λόγον ἔχον,"提出计划或规则的能力"。人还有一种理解这个计划,服从这个计划的附属能力。幸福首先必须是有这种能力的生活,第二它必须是现实的活动,而不能仅仅是潜能,第三它必须符合美德,或者,如果有多种美德,它必须符合最好的和最完善的美德,第四,它必须自始至终在生活中出现,而不能仅仅短时间出现。[1]

这个定义得到有关幸福的普通观点的肯定,同时又改进了这些观点。有人说幸福是美德;我们说它是美德所倾向的那种行为。有 ¹⁹² 人说幸福是快乐;我们说它必然伴之以快乐。有人说幸福是表面成功;我们说,没有某种程度的成功,一个人就不能从事善的活动,即幸福。这样,我们的定义就考虑到幸福的一般概念的主要因素。美德是产生善的活动的源泉,快乐是它的自然伴随物,成功是它的正常的先决条件[2];尽管亚里士多德小心地补充说[3],在相反的情况下,可能会"表现出"美好的特点。

幸福是符合美德的活动,亚里士多德进而讨论美德的性质[4],直到第六卷末,他考虑的都是这个问题。我们已经看到,除了理性本身,即我们身上可以产生论证或制定计划的那一部分之外,还有一部分可以执行这个计划。这部分是中介物,因此可以归类为我们

---

① 1097ᵃ13 — 1098ᵃ20。
② 1098ᵇ9 — 1099ᵇ8。
③ 1100ᵇ30。
④ 1102ᵃ5 — 1103ᵃ10。

的理性因素部分或非理性因素部分。现在可以看出它的实际性质；它是欲望的能力：有节制的人服从自己建立的生活规则，没有节制的人则不服从这些规则。因此有两种美德，理性因素本身的美德和中介因素的美德，即理智方面的美德和德性方面的善。VI 卷讨论前者，II—V 卷讨论后者。II—III 卷 1115^{a}3 讨论善的德行和善的行为的一般性质；III 卷 1115^{a}4—IV 卷末详细讨论亚里士多德时代希腊人所认识到的主要美德；V 卷更详细地讨论正义。

品 格 的 善

亚里士多德首先讨论品格的善如何产生，以及表现的内容与方式。① 对于人来说，品格方面的善既不是自然的，也不是不自然的。我们生来具有获得它的能力，但是这需要通过实践来发展。亚里士多德认为，品格方面的善不像感觉能力，后者生来就是成熟的。正如通过建筑活动而学会做一名建筑师，通过演奏竖琴而学会做一名竖琴师一样，我们通过做正义或节制的行为而变得正义或节制。

193 "品格的状态是从类似的活动形成的②。"对这些活动制定的第一条规则就是避免过度和不足。训练或食物的过度或不足对身体都是有害的，同样，如果我们什么都害怕，我们就变得懦弱；如果我们什么都不怕，我们就变得莽撞。这两种情况都不会增长我们的勇敢。美德由适度而发展，获得美德时所做的行为将同样有相适度的

---

① 1103^{a}14—1105^{b}18。

② 1103^{a}14—^{b}25。

特点。这里有适度学说的萌芽，[1] 这个问题可留到后面讨论。

一个人在做出善行或恶行时，他对快乐或痛苦的感觉最能说明他的内在气质。快乐和痛苦的确可以称为道德问题。追求快乐，逃避痛苦，这是恶行的主要根源。美德涉及行为和感情，二者皆伴之以快乐或痛苦。正是由于痛苦，才改正恶行。即使与快乐不同的行为动机——高尚和有用——也带来快乐。在某些对象上感到快乐，是我们与生俱来的一种倾向，我们总是以它们产生快乐或痛苦来判断一切行为的。克服快乐较之克服愤怒更难，而美德的一个基本目的就是战胜快乐。然而，我们绝不能说美德即摆脱快乐和痛苦。对要感到快乐和痛苦的这种倾向不能抑制，而应正确引导。我们必须学会适时地适当地享乐。亚里士多德既不赞扬也不指责人的这种内在倾向。它本身是无关紧要的。它可以被克制，或者表现得违反"正确规则"，因而它或者变好，或者变坏，而我们的理性本身理解"正确规则"并试图把它强加给这种内在倾向[2]。

亚里士多德的论断——我们通过行善而变善——含有一个悖论。如果我们自己不善，我们怎能行善？他接着解释说，产生美好气质的行为和从美好气质产生的行为是有区别的。即使技艺中也有一部分类似情况，例如，一个人谈论起来非常符合文法，却可以不知道文法规则。但是在技艺中，重要的是要做正确的事情，而只有当一个人做出行为同时又（1）知道他做什么，（2）选择这种行为，并且是为了它自身，（3）由于持久的气质，我们才说他是善的或者 194

---

[1]　$^b26—1104^b3$。

[2]　$1104^b3—1105^a16$。

说他行善。这样,悖论消失了,产生善的行为不是其内在性质,而是像善产生的行为一样,在其外表。这里亚里士多德严格地指出一个完全的善行所包含的两个因素之间的区别:(a)所做的事情应该是这种情况下要做的正当事情,(b)做它的动机应该是好的。①

定义美德的方法现在清楚了。必须首先确定它的属,这必然是感情,能力,或意向这三者之一 ②。这里更深入地探讨了美德和恶德与中性事物之间的区别。美德不能是类似获得快乐的嗜好、愤怒、害怕这样的感情;我们不会因为人们有这些感情,而称他们好或坏,赞扬或责怪他们。这些感情不涉及选择,也不表示一种态度,它们不过是被动的感情。由于同样的原因,美德也不能仅仅是一种能力。因此,美德必然是通过适当地使用一种能力而由之发展起来的一种气质 ③。

以上的描述同样适用于恶德。下面看美德的种差。每一个可分的连续的东西(和美德的物质——感情和行为——就是如此)都有多、少和适中的量。两极之间有一个等距的客观中介或算术中介。但是还有一个"相对于我们"的中介,它对于不同的人是不同的。十磅食物也许太多,两磅食物也许太少,但得不出六磅食物对每个人都适量。所有技艺和技巧都以这种适度为目的,对完美的艺术品来说,任何增加或减少必然使之遭到破坏。同样,道德方面的美德将追求情感的适度和行为的适度,因此可以把它定义为"一种

---

① 　1105^a17—$^b18$。

② 　《范畴篇》第 8 章认识到的第四种性质——形——显然是不相干的。

③ 　1105^b19—1106^a13。

涉及选择的气质，即本质上是在于相对于我们的一种适度，它是由一条原则规定的，这就是那具有实践智慧的人用来规定美德的原则"①。

这个美德定义的后一部分的意义，可以留到后面我们论述讨论实践智慧的第 VI 卷时再考虑。现在我们只需注意一点，这个对道德方面的美德的定义牵涉心智方面的美德。道德方面的美德本身不是完全的。若是道德上有德行，则必须或者自己有实践智慧，或者遵照有实践智慧的人的榜样和教诲；因为正是通过把推理过程的一般原则运用于特例情况，正确的行为才得以确定。以后我们将看到，道德方面的美德在其最完全的意义上意味着有德行的人本身具备实践智慧。② 现在可以考虑这个定义中另一个新因素，即所提到的适度。必须记住，这是亚里士多德用来区别道德方面的美德和恶德的东西。就优点而言，美德无疑是一个极端，但是"就其本质和定义而言，它是适度"。③ 亚里士多德不是简单地劝我们避免极端，以求稳妥；他的定义比应用中介最安全这种说法具有更多的理论意义。我们已经部分地看到这个理论是什么。它实际上反对禁欲的观点，即摩尼教的观点，后者指责所有自然冲动；它同样反对自然主义的观点，后者抬高自然冲动使之不受指责，并以此作为生活准则。这两种观点本身既不好也不坏；它们各有自己合适的数量，各有自己合适的时间，合适的方式和合适的对象。然而，值得怀疑的

195

---

① 　1106^{a}14 — 1107^{a}2。

② 　1143^{b}18 — 1145^{a}11。

③ 　1107^{a}6 — 8。

是这个适度学说是否就是表述这种健全而真实的观点的正确方式。(1)只要美德包含一定强度的情感,或一定数额钱财的花费,如此等等,把它描述为适度就比较合适。但是时间、对象、方式也必须合适,所以亚里士多德企图把适度这样一种量的观念应用于合适行为中的这些因素,却绝不能成功。(2)合适的行为并非总是适度。即使本能的感情抽象地说是中性的,有时某种特定情感却应完全被抑制,有时其它一些情感却应最大程度地被仿效。合适的行为居两种极端情况之中,这似乎是一种偶然情况,尽管是非常频繁的偶然情况。(3)问题的实质不是情感应有某种特定强度,而是情感应服从"合适的规则"或我们所说的责任感。但是亚里士多德用他的定义的后一部分回答了这种反对意见。(4)亚里士多德不赞成任何纯算术计算将会告诉我们应做什么这样一种观点,即使以此为根据,也

196　很容易推测他认为我们先知道极端,然后由此推出适度。大概有些这样的情况。如果我考虑为慈善事业捐款,我可能首先看到捐款100元超出我的收入,而捐1元则嫌太少,可能我从这两个极端向中间考虑,最后决定捐款多少为宜。但是如果认为这就是我们在一般或正常情况下决定应做什么的方式,则大错了。亚里士多德不是这样表达的;在他看来,我们直接"感知"对错。

　　这个理论的意义在于认识到有必要把系统性或亚里士多德所说的对称性引入到我们内在的多种倾向中来。[①] 对称性是一个数量概念,但是善行有其数量方面;它必定不是太少也不是太多。希腊人过去就正确地认为,产生任何一类好东西——健康的身体,美

----

① 1104ᵃ18。

的艺术品，有德行的行为——都需要一些数量关系，性质取决于数量。这个学说用于美德不是很能说明问题，但是其中有一种真实的因素。

为了防止误解，亚里士多德接着指出，并非所有可命名的情感或行为都承认适度；有些情感或行为的名字本身就意味着恶，比如无耻，嫉妒，通奸，偷盗，暗杀。就是说，这些名字不表示美德所涉及的道德方面的中性情感，而表示这些情感不正当的过度或不足；不表示对付某一类对象的行为，而表示对付这一类对象的不正当行为。无耻是羞耻的不正当的不足；偷盗是获取财富的不正当的过度。适度与过度和不足相对立，因此，没有过度或不足的适度，同样没有适中的过度或不足。[①]

接着，通过概述主要的美德和恶德，适度学说得到说明。[②] 这在后面得到更详细的重新说明，因此我们在说到 III 卷，1115^{a}4—V 卷末时检验它则可能更便利。亚里士多德补充说[③]，对立的恶德较之与存在于其间的美德相互间更加对立。这个观点受到康德的批判，其理由是道德动机和所有其它动机之间的差别大于任何其它两种动机之间的差别，而且从恶向恶的转变实际上比从恶向善的转变容易得多。在对钱财缺乏正确态度方面，吝啬鬼和挥霍者是相像的，因此，一个人年轻时挥金如土，年老时很可能是一个吝啬鬼而不大可能合适地使用钱财。这个批评是有道理的。只是在其外在表面，在一个人所做的与自己心灵状态相反的那些事情方面，恶德

197

---

① 1107^{a}8—27。
② ^{a}28—1108^{b}10。
③ 1108^{b}11—30。

的相互对立才比它与美德的相互对立更厉害。

亚里士多德最后指出,美德有时接近过度,有时又接近不足,原因有二。有时这种结果产生于事实的本性,勇敢与胆怯对立按其本性更甚于与轻率对立。有时这种结果产生于"我们自己";美德与两个恶德的关系均是等同的,但是我们却倾向于把它与我们所易于陷入的恶德对立;这样我们不是把节制与其对立的恶德对立,而是与放荡对立。由此得出以下的实际忠告:(1)当心与相应的美德更加对立的恶德;(2)当心我们最容易陷入和在其中可使人享有更大快感的恶德。但是,毕竟没有一般规则可以帮助我们认识应该做什么;我们必须等待,直到我们处于特定情况,并且全面考虑它们;"决定取决于感知①。"

自愿的行为和选择

亚里士多德现在开始考虑一个人在什么样的条件下为自己的行为负责。人们仅仅由于自愿的行为而受到称赞和指责。强迫或无知造成的行为是不自愿的。被迫的行为是起因于外界的行为,行动者(或受动者)对此没有任何作用,就是说,在这样的行为中,肉体是由不可抗拒的外在力量作用的。由于害怕更大的灾难而做出的行为,比如在风暴中抛掉船上货物,也许被认为是被迫的,却可以被称为"混合的行为",但是更像自愿的行为。所谓抛掉船上货物这样一种抽象描述的行为是任何神智健全的人都不会自愿做的

---

① 　1108^{b}30—1109^{b}26。

行为，但是道德考虑的是特定情况下的特定行为，因而在具体情况下，为这样一种行为负责无需感到羞耻；而且，肉体运动的实际起因显然来自人本身。这样的行为有时受到称赞；有时，当人们由于害怕无法忍受的痛苦而做出不应做的行为时，它们被宽恕；但是有些行为还不如死，因此它们无论如何不能被宽恕。而且也不能认为凡为快乐或崇高目标而做出的行为都是被迫的，因为它们起因于某些外在东西。否则，所有行为都是被迫的。可是，随这样行为而出现的快乐表明，它们不是被迫的；它们的原因在行为者本身。

关于不自愿性的其它根源，即无知，可以做出一些区别。(1)如果由于无知而做出的行为令人感到遗憾，则它是不自愿的；否则，它只能被称为非自愿的。这个区别不能令人满意。"不自愿"和"非自愿"之间没有意义上的真正差别。也许可以认为亚里士多德用 ακούσιον 表示"不愿意"，用 ούχ έκούσιον 表示"不自愿"；但是不愿意和仅仅是不自愿的行为显然不能由行动者随后的态度区分开。[①](2)一个人酒后或盛怒之下做出无知的行为，但不是由于无知。无知是这种行为的近因，但这里的无知本身是由于喝酒或恼怒造成的。概括起来，我们可以说所有坏人的行为出于不知道应该做什么，但是他们的行为并不因此是不自愿的。这个区别导致第三个区别。(3)造成一种不自愿的行为的无知不是那种关于对我们好的东西的无知；这种"选择的无知"或"普遍无知"不是不自愿行为的条件，而是坏的条件。为人开脱的无知是不知道特定情况。所以，当(1)行为起因于行动者，和(2)他知道做出行为的情况时，行为是

---

① 尽管这可能表明行为与行为者的一般特点一致还是不一致。

自愿的 [①]。

　　προαίρεσις，即优先选择，这个概念已出现在美德的定义中。亚里士多德现在对它进行解释。选择和自愿行为的范围显然不等同。儿童和较低级动物的行为，以及一时冲动而做的行为，尽管是自愿的，却不是选择的。其他一些思想家把选择等同于某种形式的欲望——嗜好，愤怒或合理的愿望——或等同于某类特定的意见；但是亚里士多德毫无困难地把它们区别开来。选择最像合理的愿望，但是(1)我们可以期望得到不可能的东西，却不能选择它。(2)我们可以期望得到不依赖我们自己行为的东西，却不能选择它。(3)愿望是关于目的的，选择是关于手段的。最后亚里士多德还暗含着这样的意思：选择的对象是通过思考而决定的对象 [②]。思考的内容是我们能力所及和可做的事情，是手段而不是目的；要思考就要预先假设一个确切目的并考虑如何达到它。要思考就要从目的退到手段，再退到手段的手段，最终达到此时此地可以采用的手段。思考过程可以比作数学家的过程，他从欲解决的问题回溯到一个更简单的问题，它的解决将使他能够解决前一个问题，这样最终他达到一个他以现有知识可以解决的问题；"分析的最后一步是实际采取的第一步"。就是说，思考过程很像与演绎解释过程相反的数学发现过程。由于它一开始被不同于自身的某种东西（即对确切目标的欲望）所限制，它在其另一端也被不同于自身的某种东西（即对现实情况的感知）所限制。整个过程可作如下表述：

199

---

①　1109^{b}30—1111^{b}3。
②　1111^{b}4—1112^{a}17。

欲望　　　我渴望得到 A。

思考
- B 是达到 A 的手段。
- C 是达到 B 的手段。
- ⋮
- N 是达到 M 的手段。

感知　　　N 是我此时此地可做之事。

选择　　　我选择 N。

行为　　　我做 N。

　　这样，选择是"对我们能力所及之事的深思熟虑的欲望[①]"，或像亚里士多德在其它地方表述的那样[②]，"它或是有欲望的理性，或是合乎理性的欲望，而行为的这种起因是人"。

　　过去一直有人抱怨柏拉图和亚里士多德的心理学没有明确的意志概念。亚里士多德的选择学说显然企图表述这样一个概念。200 这个学说的一些特征表明在论述选择方面取得了前所未有的成就：区别了由嗜好的选择和由合理愿望的选择，把选择限制于既非必然也非不可能，但在我们能力之内（我们更应说被认为在我们能力之内）的事情；认为选择含有欲望和理性，而且，不是仅仅欲望＋理性，而是理性指导的欲望和欲望激起的理性。亚里士多德把选择定义成深思熟虑的欲望是不正确的，因为把选择当作一种欲望，而它显然不是欲望；但是他说选择可以称作有欲望的理性或合乎理性的欲望，却意味着欲望不是选择的属，而是不同于其选择的先决条件

---

① 　1112ᵃ18 — 1113ᵃ14。

② 　1139ᵃ4。

的新东西。还可以注意一点：亚里士多德宣称选择是关于手段的而不是关于目的的。这个限制不是希腊文或英文用词所自然表示出来的；可以有手段之间的选择，同样可以有目的之间的选择。其实，在正式讨论 προαίρδσις 的这两段①之外，几乎从未提及手段②。在《伦理学》的其它部分和亚里士多德的其它著作中，它一般意谓"目的"并且不指手段而指目的③。προαίρδσις 的专门学说是亚里士多德理论的一个主要部分，但对他一般使用这个词没有什么影响。

　　有德行的行为不仅是自愿的，而且根据选择，因此美德和恶德是由我们自己掌握的。苏格拉底的"无人愿坏"之说是不真实的，除非我们准备说人不是行为的根源和产生者。谁也不会试图劝告一个人不要挨冻受饿，因为这非他能力所及；但是立法者试图通过奖惩来劝说人们采取有德行的行为，这显然意味着美德和恶德是由我们自己掌握的。立法者甚至认为无知的错误的行为是不能宽恕的，因为人本身是无知的原因。如果一个人说他不知道法律，我们则说，"你应该留心知道法律"。如果他说他生就对这样的事情不关心，我们就说，"是的，但是你正是由于放荡的生活才变成这样；正是由于行为过程才产生出品格。"不道德的人过去有能力不变成不道德的；但得不出他现在可以不再是不道德的。

　　① 　1111ᵇ4—1113ᵃ14，1139ᵃ17—ᵇ13。
　　② 　似乎明确提及手段的段落只有《形而上学》，1025ᵇ24；《尼各马可伦理学》1145ᵃ4，1162ᵇ36，《修辞学》1363ᵃ19。
　　③ 　最清楚的情况是《论辩篇》172ᵇ11；《气象学》339ᵃ9；《形而上学》1004ᵇ25；《政治学》1269ᵇ13，1271ᵃ32，1301ᵃ19，1324ᵃ21；《修辞学》1355ᵇ18，1374ᵃ11，ᵇ14；《尼各马可伦理学》1102ᵃ13，1110ᵇ31，1111ᵇ5，1117ᵃ5，1136ᵇ15，1151ᵃ7，30，1152ᵃ17，1163ᵇ22，1164ᵇ1，1179ᵃ35 以及尤其是 1144ᵃ20。其中有些段落本身并不完全明确，但毫无疑问是逐渐明确的。

还可以另想办法逃避对行为负责。可以这样说：由于所有人都追求其表面的善，所以他们对自认为善的东西不负责任。对此亚里士多德回答说，如果像我们看到的那样，"一个人以某种方式为他的道德状态负责，他就以某种方式为他认为善的东西负责；否则，美德和恶德同样不是自愿的，每一个人的目的对他来说也就不是由选择而是由自然或由其它某种方式所决定的①。"这也许是亚里士多德最接近自由意志的讨论，其结果不太确定。与其说这是回答那些妄图逃避对不道德行为负责而又自以为善行的人们，倒不如说这是对自由意志的断定。要评论亚里士多德关于自由意志的一般观点，必须记住以下几点：(1)做出一个特定行为必定来自对适当前提的理解（他有时这样认为）。"如果一切甜东西应该被品尝，并且这个特定对象是甜的，那么一个可以品尝它而又不受阻止的人一定要品尝它②。"(2)德性一旦建立，就不能随意改变③。(3)在亚里士多德看来，"自愿"不意味任何与意志自由相等的东西，因为它适用于动物的行为④。此外还必须看到：(1)亚里士多德似乎相信一种客观或然性，这不是单纯地委婉表示我们对未来的无知。他对因果联系的普遍规律没有清楚的概念⑤。(2)他坚决反对苏格拉底的观点：无人愿坏；认为行为必然得自我们的信仰状态⑥。总之，我们必须说，亚里士多德也有普通人对自由意志的信念，但是他没有彻底检验这个

---

① 1113^{b}3—1115^{a}3。

② 1147^{a}26—31，参见1139^{a}31—33。

③ 1114^{a}12—21，1137^{a}4—9。

④ 1111^{a}25，^{b}8。

⑤ 《解释篇》18^{a}33—19^{b}4；《形而上学》1027^{b}10—14，参见80页，164页。

⑥ 1113^{b}14—17，1144^{b}17—30，1145^{b}22—28。

问题，也没有完全一致地表达自己的观点。

202

道德方面的美德

　　亚里士多德现在开始说明和检验他的美德理论，特别是适度学说。他详细地检验了各种美德。这些美德被说成与情感和行为有关。确定它们的范围有时涉及一种情感，有时涉及一种行为，但这只是为了方便。美德就是要控制某一类情感，或在某类情况下做出正确行为。美德的目录① 可以概括起来，像我们下一页表明的那样。这样我们就有（1）存在于正确对待恐惧、快乐、愤怒这三种基本情感的态度之中的三种美德②，（2）涉及人们在社会中两种主要追求的东西——追求的财富和荣誉——的四种美德，（3）社会交往的三种美德，（4）两种性质，它们因不是意志的安排，所以不是美德。上述这些性质是中介状态并受到称赞，但它们是感情的中介状态，而不是意志对感情的态度。在《欧德穆伦理学》中 ③，它们被单纯地看作本能性质，由此，节制和正义分别相应地发展起来。在《尼各马可伦理学》中 ④，对正直的对立面的描述非常混乱，在卷 IV，这个"情感适度"根本没有出现。

　　《伦理学》的这一部分对亚里士多德时代有教养的希腊人所敬佩和厌恶的性质提供了生动的，常常是有趣的描述。它采用的方法

---

①　　$1107^{a}28$ — $1108^{b}10$, $1115^{a}4$ — $1128^{b}35$。

② 　　首先探讨勇敢和节制，因为它们是"非理性部分的"美德，$1117^{b}23$。

③ 　　III. 7。

④ 　　$1108^{a}30$ — $^{b}6$。

情感	行为	过度	适度	不足
恐惧		胆怯	勇敢	无名的
自信		轻率	勇敢	胆怯
某些触觉快感（由渴望这些快感而产生的痛苦）		放纵	节制	麻木冷淡
	给钱	挥霍	慷慨	吝啬
	拿钱	吝啬	慷慨	挥霍
	大量给钱	粗俗	高贵	卑贱
	广泛地要求荣誉	虚荣	自尊	谦卑
	有限地追求荣誉	野心勃勃	无名的	无野心
愤怒		脾气大	和顺	脾气不大
	真实地描述自己	自吹	真实	自卑
社会交往	提供快乐——借助娱乐	滑稽	诙谐	粗鲁
	在一般生活中	诌媚	友好	绷着脸

情感的适度状态

		过度	适度	不足
羞耻		害羞	稳重	无耻
由别人的好坏命运产生的痛苦		妒嫉	义愤	黑心

与柏拉图的方法恰恰相反。柏拉图（在《理想国》中）接受了当时公认的四种基本美德：智慧，勇敢，自制，正义；并对它们进行了非常广泛的解释，致使各种美德濒临相互交迭的危险，而且智慧和正义这两种美德几乎要等同于整个美德。亚里士多德则严格缩小了几种不同的美德的范围，使我们能够更好地判断从亚里士多德以来，多少世纪一直带有的道德理想的扩大化和精神化。对情感或行为没有故意进行穷尽的逻辑划分，次序随意而成；首先相当详细地论述了两种基本美德（另外两种留到卷 V 和 VI 去论述）；对于其

204 它美德，亚里士多德想到就说，显然在他的论述过程中，一种美德连带提起另一种美德。在对美德的描述中，有两点特别得到注意：(1)它阐明了适度学说，(2)非道德因素的闯入，对此"高贵"，自尊（μεγα-λοψυχία）和机智提供最好的证据。比如，高贵变成主要是好的审美力问题。如果我们考虑对勇敢，节制和自尊的描述，就可以充分说明这些观点。

（1）勇敢。所有恶自然都是可怕的，但是惧怕有些恶（比如恶名声）却是对的；控制这样的恐惧显然不是真正的勇敢，其它恶（如贫困，疾病，侮辱一个人的家族，妒忌）也许不应该是可怕的；但是，控制这样的恐惧同样不是严格意义上的勇敢。勇敢必须涉及最可怕的恶，即死亡；但是，勇敢也不是涉及所有情况的死亡，比如死在海上或死于疾病，而是涉及最崇高的情况下的死亡，即死于战场上。勇士是不惧怕死于高尚的人。其实，他在海上或病中也是勇敢的，但在这些情况下，没有行为的余地，死亡也没有崇高的意义 ①。

勇士将感到恐惧，但能控制它；他将正视危险，"像他应该做的和规范要求的那样，为了达到高尚的目的（τού καλού ἕνεκα）②，因为高尚是美德的目的"。这里引用的希腊文表达有歧义。它可以意谓"因为正视危险的行为本身是高尚的"。或者它可以意谓"为了要达到高尚目的的缘故"。后一种表达方式正是亚里士多德的行为观点和对道德选择的描述所要求的：他认为行为旨在一个目的而不是行为本身，它最终的目的是理论生活，这是人的目的；他把道德

---

① 1115ᵃ6—ᵇ6。
② ᵇ7—1116ᵃ15。

选择描述成对实现目的的手段的选择。但是,这一表达在前一种意义上做过几次解释 ①,却从未在后一种意义上解释过。似乎十分清楚,亚里士多德在对美德的实际论述中多少有些忘记了自己的形式观点;他从未想从要达到的最高目的推出任何一种美德的必然性。他认为行为者是考虑到善行本身的"美好"才做出行为的,因而他在详细的论述中变成一个直觉主义者。形式的学说悬而未决,我们 205 得到的是这样一种印象:当亚里士多德面对道德事实时,他感到这个学说不合适。

亚里士多德继续说,除道德上的勇敢本身以外,还有五种勇敢。它们是(a)政治勇敢,这种勇敢为了获得荣誉和避免堕落而面对危险。据规定,荣誉的原因是勇敢,堕落的原因是胆怯。这最像真正的勇敢,因为其动机是高尚的,即荣誉。政治勇敢的低等形式的动机是害怕惩罚。(b)经验勇敢,即职业士兵表现的勇敢。当他们失去来自经验的信心,他们很可能比以前描述的公民士兵更胆怯。(c)愤怒或痛苦所激发的勇敢,这类乎野兽表现的勇敢,这是"最自然的"勇敢;如果加上选择和正确的目的,它就发展成为严格意义上的勇敢。(d)多血质的勇敢。一旦失去希望,这种勇敢立即消失,因为它没有正确的动机。(e)无知的勇敢,它甚至不如前一种勇敢持久 ②。

尽管勇敢是对待恐惧和信心这些情感的合适态度,它却在引起恐惧的情况下表现得最为显著;它主要是蔑视痛苦。它的目的的确是快乐,但是较之伴随的痛苦则相形见绌。亚里士多德承认,有德

---

① 1116^{a}11, 15, ^{b}3, 1117^{a}17, ^{b}9。

② 1116^{a}15—1117^{a}28。

行的活动只有在目的可以达到时，一般才是快乐的。① 有德行的活动和快乐之间没有像卷 I 中所轻易假设的对幸福的描述那样预先建立的和谐。

考虑这个描述，我们首先想到的也许就是把勇敢和胆怯以及轻率对立起来是不自然的。勇敢的对立面是胆怯，轻率的对立面是慎重。我们也许倾向于认为轻率和慎重之间的差别在心智方面而不在道德方面，亚里士多德想要支持他的适度理论，所以提出一种心智方面的不足，就好像一方面胆怯与这种不足相关，另一方面这种不足也是道德方面的恶，与勇敢相关。我们一般可以说，美德和恶德的这个三元式是错误的；每种美德只有一种对立的恶德；节制的对立面是不节制，慷慨的对立面是吝啬，自尊心的对立面是缺少自尊，好脾气的对立面是坏脾气，正义的对立面是非正义。根据美德和恶德不同的实质，难道不是这样吗？ 恶德被动地服从自然本能，美德以责任感或某些其它高尚动机，用亚里士多德的话说，就是以理性所辨别的规则，来控制本能。这样的控制可以没有，却不能过多。然而亚里士多德的观点还有更多的含义。他虽然没有明确表达，却已经看到在许多情况下，对刺激的自然反应必然以成对的对立面出现。不仅有避免危险的倾向，而且有遇险的倾向，后一种倾向较之前者更为少见，但它存在，并且"为了高尚的缘故"，它和前者同样要被掌握。这种倾向要求，一个士兵不能成为自己"恐惧"的奴隶，另一个士兵同样不能成为自己"愉快"的奴隶②。二者都要遵守这条规则。对于亚里士多德的三元说，我们必须代之以两个二

---

① 1117ᵃ29—ᵇ22。

② J. L. 斯托克斯：《经验的检验》，载于《心灵》XXVIII.(1919)，79—81 页。

元说，而不是一个二元说，我们可以这样表达：

情感	美德	恶德
恐惧	勇敢	胆怯
热爱危险	慎重	轻率

关于钱财，我们类似地有

情感	美德	恶德
存储本能	慷慨	吝啬
花费本能	节俭	挥霍

　　从表面上看，有德行的行为处于两个极端的中间，但是，避免这两个极端却要克服不同的冲动；内在地看，勇敢与慎重极不相同，慷慨与节俭极不相同。篇幅有限，我们不能把这个分析用于其它情况，但它肯定适用于许多情况。

　　在对勇敢的描述中还要注意一点，就是其范围的大大缩小。亚里士多德提到勇敢一词的一个更广泛意义，即它适用于那些不怕耻 207 辱或丧失财产的人，但他否认这是严格意义下的勇敢[1]。然而，要说他的勇敢仅意谓肉体勇敢则是不正确的。纯本能的勇敢被描述成不过是可以发展真正勇敢的胚胎；它的发展必须加上真实的动机；我们必须正视危险，不是因为我们喜欢它，而是因为这样做很高尚。在"肉体"的另一种意义上，肉体勇敢是他唯一认识到的一种勇敢；我们必须克制的恐惧是惧怕肉体灾难，严格地说只是惧怕死在战场上。水手和探险者的勇敢被排除了，当然这种排除是不合理的。然而，如果我们没有忘记这些勇敢不是像士兵那样面临为国捐躯，那

---

① 1115ᵃ14—24。

么排除它们是可以解释的。在亚里士多德看来,正是欲达目的——国家安全——的伟大使士兵的死亡成为唯一崇高的,尽管他没有明确谈到这一目的,而是把它融合在高尚行为之中。

(2)节制。这种美德的范围同样被缩小了。它被说成是涉及快乐和痛苦,实际上却限于快乐。精神快乐首先被排除;我们用与“放荡的人”不同的名称来表示精神快乐的奴隶。视觉、听觉、嗅觉的快乐也被排除;节制只涉及使低级动物和人直接获得愉快的感觉,即触觉和味觉。触觉和味觉的快乐并不全包括在内,而只包括最纯肉体的快乐,即吃、喝和性交的快乐[①]。节制涉及的痛苦仅仅是由于未能满足这些快乐的欲望而造成的[②]。

除了节制概念的过分狭窄以外,这里应看到的主要问题是适度学说的破产。这里承认,不足这种恶德没有名字,而且它几乎根本不存在。唯一与自制对立的东西是缺乏自制,在这种情况下,只需克制一种本能,这就是获得那些快乐的本能。这里没有不足这种恶德;“不足”只能或者是内在的冷漠麻木,一个人不能为此而受责备,或是禁欲主义,它不是受本能的奴役,而是使本能服从于规则,尽管可能不是“正确的规则”。

(3)“具有高尚灵魂”,或者用我们的话说,自尊心或自尊,它在美德目录中占有特殊位置,具有高尚灵魂的人表现在他们的功过和主张都是高尚的。因此这种美德预先假设其它美德并使之发扬光大;它是“美德之冠”。具有高尚灵魂的人主张的是荣誉,但

---

① $1117^b23 — 1118^b8$。
② $1118^b28 — 1119^a5$。

是，即使崇高的荣誉，即使好人给予的荣誉也只给他带来有节制的
快乐，因为他至多只得到自己的荣誉；然而他仍然接受这些荣誉，
把它们作为自己阶层的人给予的最高荣誉。他看不起普通人给予
的荣誉，同样看不起他们给予的耻辱。如果他出身高贵，有权或有
钱，那么这些都增加他对自己价值的感觉。他绝不喜欢危险，但是
面临危险将不吝惜生命，认为献出生命将获得更高的价值。他时刻
可以提供好处，耻于接受好处而使自己处于劣等地位；他以丈报尺
使朋友对自己感恩不尽。他不忘自己恩惠的受益者，却忘记自己的
恩人；他喜欢记住自己提供的好处，而不喜欢记住自己接受的好处。
他对别人无甚要求，却时刻准备帮助别人。他对伟人表现得傲慢不
逊，对中层人物表现得谦恭有礼。他不去争夺名誉，也不去争夺地
位。他行动缓慢，除非有什么壮举在等待他。他爱憎分明，言行坦
率；不愿意按照别人的意志生活，但朋友的意志除外；不轻易崇拜，
不准备记仇；不说三道四，也不背后伤人，不为小事伤感；喜爱美
观而无用的财产，他的步履缓慢，声音深沉，言词庄重。①

　　这里描述了一些可敬的品质，但整个说来，这幅画是令人讨厌
的；它是斯多亚圣人形象的前身，但又没有其在义务理想前的自卑。
如果我们记住，一个如此所作所为的人，假定他可能有最崇高的优
点，那么这幅画的讨厌程度就会减轻，但不会消除。我们也不能完
全以为这种对美德的描述不同于其它描述，是讽刺的或者仅仅是流
行观点的罗列。这一段不过是有些明显地暴露出热衷于自我，这是
亚里士多德伦理学不好的一面。

---

① 1123ᵃ34—1125ᵃ35。

209

正　义

　　柏拉图的四种基本美德还有两种（正义和智慧）要探讨，卷 V
论述正义 ①。亚里士多德首先认识到这个词的两种意义。② 所谓"正
义"可以指（1）合法的，或（2）合理的、平等的；这分别是"普遍"和
"特殊"的正义。第一种意义不是我们应赋予"正义"一词的自然的
意义；它部分地要这样解释：δίκαιος 原来意谓一般地"遵守习俗或
规则"（δίκη）③。在希腊后期，人们倾向于把正义等同于全部公正④。
尤其是，ἀδικεῖν 一词在雅典法律中用来表示违反法律。正如在民
事诉讼中被告被指控为侮辱一个人，在刑事案中罪犯也被认为对国
家有害。亚里士多德认为，法律应该控制人类生活的整个范围并且
加强适合所有美德的行为，而不是加强道德，因为道德不能保证人
们"为了高尚的目的"而做出行为；如果某一特定国家的法律只是
部分地这样做，则因为它只是真正法律的粗略的和初步的轮廓⑤。正
义在服从法律这种意义上与美德范围等同。但这两个语词的意义
却不等同；"正义"一词是指所有道德方面的美德所暗含的社会特
点，而"美德"一词对此却不予以注意。

---

　　①　关于亚里士多德论述正义及其与希腊实践的联系，参见维诺格拉多夫：《历史
法学概论》Ⅱ. 43—71。

　　②　1129ª3—1130ª13。

　　③　参见荷马：《奥德赛》3，52，这里佩西斯特拉图斯是正义的，因为他首先向雅
典举杯；这在荷马史诗中屡见不鲜。

　　④　参见 1129ᵇ29 引用的格言"总之，所有美德都在正义之中"。

　　⑤　亚里士多德特别依靠法律确立的教育来产生美德，1130ᵇ25。

　　然而，亚里士多德的主要兴趣在于"特殊的正义"。谁若在这种意义上是"不正义的"，谁就是多得了他分享的那些本身好而并非对一特定的人好的东西，即多得了财富和荣誉这样外在的东西。一个人临阵脱逃或发火，可以说是更广义的不正义，但不是贪婪；贪婪显然是区别于其它恶行的一种特殊的恶行，特别是它被称为"非正义"。特殊的正义分为两类，公民中荣誉和财富分配方面的 210 正义和补救人与人之间的关系方面的正义①。在这两种以及后来引入的第三种正义中，亚里士多德旨在说明正义是确立一种 ἀναλογία（这主要意谓"比例"并包括一些其它数字关系）②，并且同时表明这三种正义确立三种不同的 ἀναλογία，不一定是柏拉图说的比例③，也不是毕达格拉斯学派说的相互作用。

　　分配方面的正义涉及两个人和两个东西，其任务是：给定了某些要分配的利益，要以 C：D 的比率在 A 和 B 二人之间分配，这个比率要相应于 AB 二人之间的价值比率。然而，价值在不同国家得到不同的评判；在民主制国家，自由是标准，所有自由人都被视为平等的；在僭主制国家里，标准是财富或出身高贵，在贵族制国家里，标准是美德。如果现在

$$A：B=C：D，那么$$
$$A：C=B：D，因而$$
$$A+C：B+D=A：B。$$

---

①　1130ᵃ14—1131ᵇ9。

②　希腊人最初似乎认识到三种方法，算术，几何和声学，并且只有一种 ἀναλογία，即几何学，后来，他们把 ἀναλογία 应用于这三门学科。参见希思：《欧几里德原理十三卷》，Ⅱ. 292。

③　《高尔吉亚篇》508ᵃ；《法律篇》757a，b。

就是说，如果把 C 给 A，把 D 给 B，双方的相对地位就与分配之前相同，这样做就将是正义的。因此，正义是在给 A 多于其分享的利益和给 B 多于其分享的利益之间的适度 ①。

对分配方面的正义的这种描述，在我们听来多少有些陌生；我们不习惯认为国家在其公民之间分配财富。我们认为国家以纳税的形式来分摊负担。然而在希腊，像前面说过的那样 ②，公民自认为是国家的股东而不是纳税人；公共财产，比如新殖民地的土地，常常在他们之间划分，而对贫民的公共援助也得到承认。亚里士多德似乎也考虑到合股人之间根据其投资比例进行的利益分配 ③；而且一笔遗产的分配同样要在他的原则之下进行。亚里士多德的所谓荣誉分配是指官职分配，这种分配的标准是根据特定国家的基本"假设"：自由地位，财富，高贵的出身，或美德。这种概念在《政治学》中起很大的作用 ④。

补救方面的正义又分成（1）像卖，借这样自愿交易的正义，和（2）像盗窃或袭击这样不自愿交易的正义，这包括欺诈或武力。自愿交易和不自愿交易之间的区别是：在前者，"交易的开始是自愿的"，即后来受到伤害的人开始是自愿订立合同的。这两类非正义同违反合同和不法行为或民事的侵权行为之间的区别相符；在这两种情况下，对个人是有伤害的，法官的目的不是惩罚，而是给以补救。亚里士多德提到的"不自愿交易"实际上大部分也是罪行，若是在现代法律制度下，通常要受到刑事诉讼的处理；但是这些交易

① 1131ᵃ9—ᵇ24。

② J. 伯内特，根据上述引文。

③ 1131ᵇ29。

④ 《政治学》III. 9，V. 1。

常常根据民法也是可指控的，正是在这一点上，亚里士多德根据希腊实践看待这些交易 [①]。

据说，补救方面的正义像分配方面的正义一样，不是根据几何比例而是根据"算术比例"起作用的；用我们的话说，这涉及算术级数而不是算术比例。查清两人之间的价值比率是毫无疑问的；法律不问是一个好人欺骗一个坏人还是一个坏人欺骗一个好人，而是把他们同等看待。它只注意伤害的特殊实质，这包括参考双方的地位以及行为的自愿性或不自愿性 [②]；它考虑肉体或财务方面受到的伤害，还考虑"道德和心智方面的损害"。双方分别被认为有得有失，"得"和"失"这两个词从贸易交往扩展到其它交易。双方在受到伤害之后处于 A+B，B−C 的位置，A 被当作 =B。法官就是从 A 取 C 给 B，这样使双方处于得失之间算术适中的位置。同分配方面 212 的正义一样，双方的相对位置（这里是同等的）保留下来，因为（由于 A=B）A+C−C=B−C+C。 [③]

毕达哥拉斯学派把正义定义成"相互性"，即他对 B 做什么，A 就对他做什么。换言之，"以眼还眼，以牙还牙"。亚里士多德指出，这个简单的表述既不适用于分配方面的正义，也不适用于补救方面的正义，而是有第三种：交换正义或贸易正义；在这种正义中

[①]　它们若被看作罪行，看作触犯国家而不是触犯个人，它们就是非正义的"普遍"情况，而不是"特殊"情况。

[②]　参见 1132ᵃ2，还有 ᵇ28。

[③]　1131ᵇ25—1132ᵇ20，我觉得我不能接受伯内特教授和格兰特（迟疑不决）的观点："完全正直的"正义调节正当交易并补救错误交易。我不认为亚里士多德区别了 A 的得和 B 的失的量，即 A 的错误举动和 B 受到的损害的量，尽管事实上 A 伤害 B 肯定可以比意想的多些或少些。在某种程度上，希腊法律（以及柏拉图《法律学》767e，843cd，862b，915a）考虑了这一点。

这个表述适用,只要我们使它成为"符合比例的相互性",而不是"基于平等的相互性"①。使国家团结一致,相互性是必要的,因为国家通过服务的交换而团结一致,如果人们得不到相当于他们所给出的东西,就不会进行交换。但是简单的相互性,比如一天工换一天工,是不够的。因为交换的双方具有不同的价值。他们和他们的产品在交换之前必须是相等的。因此,我们需要一种单位,以此可以计量他们的产品。真正的单位是使人们团结一致的要求。但是,B 需要 A 的产品,A 却可以不需要 B 的产品,或当 B 需要 A 的产品时 A 却不需要 B 的产品。为了避免由此产生的交换价值的波动,引入了货币,它是"需要的约定的代表","保证你若此时不需要交换什么东西,则在需要时可得到它"。货币本身容易受价值浮动的影响,但比其它商品好些②。如果一座房屋值五玛拉(货币单位——译者),一张床值一玛拉,我们就知道一座房屋值五张床,所以如果相应地发生"交叉联系",即如果 A(一个建筑师)从 B(床的创造者)得到 D(五张床),而且 B 从 A 得到 C(一座房屋),就会有"合乎比例的相互性"(即考虑双方技术和产品价值的比较的相互关系),这样的交换将是公平合理的。货币促进贸易而不是(实际上)排斥贸易,这是一个难以理解的概念。但是必须记住,如同在其它许多领域中一样,亚里士多德在经济学领域中几乎也是最早的开拓者③,如果考

213

---

①　希腊数学没有把"相互比例"当作与几何比例和算术比例并列的第三种情况;第三种是"调和比例"。"相互比例"(参见亚里士多德《力学问题》850ᵃ39;欧几里得《几何原理》VI. 14, 15, XI. 34)只涉及对几何比例的语词进行重新安排。如果 A:B=C:D, A, B 就与 C, D 是几何比例,而且 A, D 与 B, C 是相互比例。

②　《政治学》1257ᵃ34 注意到货币的另一大优点;可携带性。

③　柏拉图在这方面也做过杰出的工作。

虑到这一事实,就会看到这一章①与《政治学》的几章②一起形成对经济学的杰出贡献。

然后,亚里士多德描述了采取正义行为的三种人,他们是(1)政治家,分配荣誉和奖赏,(2)法官,确定赔偿金额,(3)农民或手艺人,合理交换其产品。此外,违反合同和民事的侵权行为属于非正义,因此实现合同和制止民事侵权行为就属于正义。亚里士多德相当完全地论述了"正义"和"非正义"所适用的行为范围,但是他没有指出各种类型之间存在的区别。政治家和法官的行为是否正义,个体公民是否履行合同并制止对他人权利的侵犯,取决于他们自己的意志。他们可能受各种诱惑而采取不正义的行为,他们的正义行为完全可以叫作美德,但是在贸易正义中没有亚里士多德所描述的道德方面的美德。"正义"在这里不是美德而是经济机器中的一种"调节器",使交换价格的摆动不过多地脱离被交换商品的实际价值,从而符合人们的需要。可能由于看到这种区别,使得亚里士多德不认为贸易正义是正义的基本类型之一,因而只是后来才引入这种正义。

亚里士多德说,这个讨论说明,正义的行为是不正义行为和受不正义对待之间的适度。这与上述讨论不一致。政治家和法官正义地分配物品或确定赔偿金额,却没有受不正义对待的危险;个体公民由于政治家或法官的非正义行为可能得到的东西过多或过少,214却不会就此采取行动,而是纯粹被动的。这两个观点混淆起来了。唯一真正在过多过少和正确行为之间做出选择的人,就是选择或者

① 1132ᵇ21—1133ᵇ28。

② I.8—11。

恰好取自己一份，或者取多，或者取少的人。没有沿第三条路线的
自私本能；如果他采取它，他的行为就不是恶的。这样，把正义表
示为适度的企图破灭了。亚里士多德指出，正义是适度，但不是像
其它美德那样，而是在这种意义上，即它在 A 有过多和 B 有过多的
事物状态之间产生出适中的事物状态①。

    亚里士多德进而得出两种区别。(1)政治正义和非政治正义的
区别。政治正义存在于"生活中旨在达到自足的自由和平等的伙
伴"之间，即存在于处在自由状态的公民之间。但是除此之外，存
在于主仆之间、父母和子女之间的某些东西也可以类似地叫作正
义。在这些情况下，附属的一方在某种意义上是在上的一方的一部
分；他们不是相互对立的自由人，正义在完全的意义上不能存在于
他们之间。夫妻关系和可以存在于其间的正义同样是适中的；即公
民有完全意义的权利，妻子有较少程度的权利，子女和奴隶最没有
权利②。(2)第二种区别是自然正义和习惯正义之间的区别。有一类
普遍公认的权利和义务，但是一些国家的法律又以此创造出附加的
权利和义务。亚里士多德反对"凡正义都是习惯"这种普通的智者
的观点。在他看来，即使自然正义也容许有例外③。

    亚里士多德现在说到正义的内在方面。正义不是仅仅达到适
度或一个比例，而是预先假设一定的心灵状态；它是以某种方式
通过慎重选择而采取行动的意向。对于所有实际上未达到适度的
行为，人们并不同等负责。(除强迫的行为外)有四个阶段。(1)如

---

① $1133^b29 — 1134^a16$。

② $1134^a17 — {}^b18$。

③ ${}^b18 — 1135^a15$。

果你的行为出于无知并且造成预想不到的伤害，这就是偶然事件。215
（2）如果你的行为出于无知，并无恶意，但造成可以预想的伤害，这
就是错误（我们的法律称它为过失）。（3）如果你的行为有意识而欠
考虑，比如出于愤怒，那么这个行为是非正义的，但不意味你是非
正义的。（4）如果你的行为是慎重选择的，则行为和你本人都是非
正义的①。

　　在做出这些区别的时候，亚里士多德在某种程度上是根据希腊
法庭的实践，但他的意图完全在道德方面而不在法律方面。然而，
他的理论对法学影响极大。例如，习惯法和平等之间的区别尽管其
严格的形式产生于各种各样的历史事实，却在很大程度上得自亚里
士多德把平等当作一种优于法律正义的正义的认识，是"对法律的
修正，其不足之处是由于它的一般性"②。

心智方面的美德

　　亚里士多德现在从道德方面的美德过渡到心智方面的美德。
后者必须予以研究，原因有二。（1）有德行的人被定义为其行为符
合"正确的规则"③。这种规则的形成是心智方面的作用，所以我们
必须考虑其实质。（2）幸福被定义为"符合美德的灵魂活动，或者，
如果有多种美德，则符合最好和最完善的美德④。"如果我们要知道

---

① 1135ᵃ15—1136ᵇ9。

② 1137ᵃ31—1138ᵃ3。参见《修辞学》1374ᵃ26—ᵇ22。P. 维诺格拉多夫在《法学简史》（II. 63—69）正确地说出在希腊的正义管理中，衡平法所占的重要位置。

③ 1103ᵇ32，等等。

④ 1098ᵃ16。

幸福是什么，我们必须考虑道德方面和心智方面的美德的实质，并且问这两类美德中，哪一种美德最好？

我们表述规则的因素，即理性因素，被分成（a）科学能力，我们以此思考不容许有偶然性的对象（我们可以说，它表述的规则是这种类型："S 总是 M 并且 M 总是 P，所以 S 总是 P"）；（b）计算能力（后来叫作见解能力 ①），我们以此研究含有偶然性的事物；其规则（应用三段论）具有这种类型："A 是达到 B 的手段而 B 是目的，所以应该做 A"，这里 A 和 B 的出现都是偶然的 ②。灵魂的三种主要的因素——感觉，理性，欲望——中，感觉决不能确定行为，我们从低级动物有感觉而不行动就可以看到这一点。其它两种因素确实以不同的方式确定行为，因为我们已经看到，道德方面的美德是一种选择性的气质，而选择是慎重的欲望，即包括带有某种目的的欲望和发现达到这种目的的手段的理性（即理性的"计算的"种）。理性对象就其科学形式而言是真理；就其计算形式而言是相应于正当欲望的真理，即关于满足正当欲望的手段的真理。空洞的思维没用，有用的只是针对某一目的的思维。人被看成是行为的发源者，本身就是欲望和理性的统一。由于这两种理性因素的目的都是真理，每一种因素的美德就必须是这种因素达到真理的手段 ③。

我们借以达到真理的心灵状态有五种，它们的名字恰恰意味着其正确可靠性——科学，技艺，实践智慧，直觉理性，理论智慧 ④。（1）科学考虑（a）必然和永恒的东西和（b）用教育可以传授的东西。教育

216

---

① 1143ᵃ35—ᵇ5。

② 1138ᵇ18—1139ᵃ17。

③ 1139ᵃ17—ᵇ13。

④ ἐπιστήμη，τέχνη，φρόνησις，νοῦς，σοφία。

总是从已知的东西开始，以归纳法或三段论进行。但是，归纳法不是科学过程；它为科学的三段论过程的进展提供最初原则。科学是"我们进行证明所凭借的意向"①。

(2)对付偶然情况，我们可能希望或者做些什么，即以某种方式积极行动；或者制造什么东西，即生产某种不同于生产活动的东西。技艺是"我们借助真正规则制造东西所凭借的意向"。它涉及既不是必然的也不是按照本性的东西，就是说，它既不涉及这样一种 A 的东西：它必然是 B；也不涉及这样一种 A 的东西：它根据某些内在原则趋于成为 B；而是涉及这样一种 A 的东西：它通过外在动因的作用可以制成 B。技艺工作是"制造"活动摆在自己面前的对象，因此本身就是进一步实现某种东西，（即使用技艺）的手段和最终实现某种作为自己目的的行为形式（与制造相对立）的手段，因此，技艺附属于实践智慧②。技艺包括有用的技术和美的艺术。亚里士多德一般考虑的是前者，在这种情况下，对技艺的应用将是作为某些心智活动或道德活动的工具，而在后一种情况下，其应用可以认为是美学考虑，但是很难看到亚里士多德认为这是本来的目的。

(3)实践智慧是善于深思熟虑的能力，不是考虑特定事物如何制做，或特定状态如力量或健康如何产生（这些是技艺的对象），而是考虑"适合自身的事物"，即如何产生一种将使我们满足的存在状态。它是"要做出行为的真正意向，它要借助规则，考虑到对人好坏的东西"。因此，有实践智慧的人首先应该知道什么是"对人好"的东西；根据亚里士多德的观点，他们应该知道他在 X 卷得出

217

---

① ᵇ14—36。

② 1140ᵃ1—23，参见 25—28。

的那个结论：对人最好的事情是沉思的生活，他们应该慎重选择可以达到这种生活的方法。它就是这种意向而不是科学意向，这很容易由快乐和痛苦造成歪曲；以追求快乐和逃避痛苦为生活目的是恶，这粉碎了"最初原则"，即实践三段论的大前提，因此使我们认识不到生活的真正目的①。

(4) 直觉理性是我们掌握科学起点的最终前提所凭借的理性。它通过"归纳法"掌握最初原则。不要把这种归纳法理解为现代逻辑学家的"完全归纳法"，因为后者不能导致真正普遍的认识；也不要理解为他们的"不完全归纳法"，因为后者仅得出可能性结论；而要理解为一个过程，通过这个过程，在体验若干特殊情况之后，心灵抓住普遍真理，这在当时或以后可以看到是自明的。归纳在这种意义上是"直觉理性"的活动②。

(5) 理论智慧是直觉和科学的统一，旨在最高级的对象。它远远高于实践智慧，它的对象（比如天体③）同样高于人，因为人的善是实践智慧的对象④。提到天体，这说明"理论智慧"在这里不是像
218　在有些段落⑤那样只用于哲学而与科学对立；它很可能包括《形而上学》中⑥认识到的"智慧"的全部三种划分：形而上学，数学，自然科学。如同我们在 X 卷看到的那样，亚里士多德认为思考这些问题是人的理想生活。

---

① ᵃ24—ᵇ30。

② ᵇ31—1141ᵃ8，参见 1139ᵇ27—31；《后分析篇》100ᵇ3—17，参见 38—41 页。

③ ἐξ ὧν ὁ κόσμος συνέστηκεν (1141ᵇ1)。

④ 1141ᵃ9—ᵇ8。

⑤ 例，1142ᵃ17。

⑥ 1026ᵃ13—23。

　　"实践智慧"的范围与政治科学一样，但其本质不同；就是说，获得个人的善和国家的善是同一智慧，但是，称它为实践智慧时，我们认为它在获得一种善，而称它为政治科学时，我们认为它在获得另一种善。从这二者的同一可以看出，《伦理学》（被认为是一部政治学著作）不是一部科学著作，而是一部实践智慧的著作。亚里士多德实际上从幸福到真正产生幸福的方法倒着进行了某种程度的慎重分析；他让个体行动者根据其个体环境再进行深入的分析。亚里士多德告诉我们说，"实践智慧"已倾向于缩小到涉及个体的善的那一部分，因为人们相信如果他只考虑善，他就得到自己最大的幸福；但是这种倾向是错误的，因为在不完善的国家中不能有最好的个人生活。"政治科学"已被缩小到其行政部分，但这同样是错误的[①]。完整的划分模式如下：

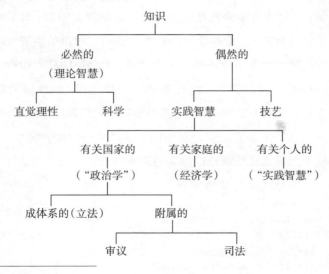

到目前为止，实践智慧与感知和直觉理性明确地区别开来，但
219 是亚里士多德现在想要把它们加以合并①。实践智慧涉及特殊行为，
因此知道没有大前提的实践三段论的结论强于知道没有结论的大
前提。②换言之，亚里士多德认识到一种次要的实践智慧，这种智
慧知道应做的事情，却没有通过审慎的分析过程达到它；这是关于
细节的智慧，它存在于有一定生活经验的人之中，即使他们不能表
述一般原则。③因此，实践智慧依然与直觉理性对立，同时又被说
成是一种感知——不是那种对凭一种感觉并且只凭一种感觉而理
解的性质的感知，更不是理解像形状一类共同可感觉物的感知，而
是第三种。④感知的本质在于它是对个别事实的理解，正是在这种
广义上，直接的、非理性形式的实践智慧是一种感知；善对于有教
养的人是一种共同可感觉物，就像形状对于所有人都是可感觉的一
样。而且，尽管直觉理性被定义为对一般原则的理解，其最终本质
却在于它是直接的、非推论性的理解。证明三段论的主要大项以及
实践三段论的主要小项不是由推论掌握，而是由同样可以称为直觉
理性的感知掌握。这样的前提被进一步描述成"终极因的起点"，
因为普遍是从特殊得到的。⑤这里似乎有小前提和结论之间的混乱，
毫无疑问这是由于它们都是有相同主项的单称命题。完全可以说，
在亚里士多德这里所谈论的预先考虑的阶段，所理解的是特殊行为

---

① 参见 1143ª25。
② 1141ᵇ14—22。
③ 1142ª11—20，1143ᵇ7—14。
④ 1142ª23—30，参见 1109ᵇ23，1126ᵇ3。
⑤ 1143ª35—ᵇ5。

的正当性，并且由此我们得以表述"如此如此一类的行为是善"这样一种形式的一般原则，从这些原则我们以后演绎出同一类其它特殊事物的正当性。这大概类似于纯理智范围发生的情况，在这种范围里，通过归纳，从特殊达到普遍，然后又从普遍演绎出新的特殊。但是，对特殊小前提的认识不能导致对一般原则的认识，因为小前提仅仅是事实的陈述，"如此如此一个行为有这样一种性质"，谓项根本不是一个道德方面的说明。其它地方①（在亚里士多德或其篡改者的著作中）也有同样混乱的迹象。

　　亚里士多德现在开始考虑理论智慧和实践智慧的效用问题。理论智慧可能看上去没有用，因为它不研究达到幸福的方法；实践智慧可能看上去也没有用，因为它研究一个善人将做出的行为，无论他有没有实践智慧。如果以为实践智慧的目的是我们能够变善，那么它对已经是善的人就没有用。至于那些不善的人，他们完全可以不使自己变成一位智者，而是自己去请教一位智者，就像一个人去请教医生那样吗？对此可作如下回答。(1)除两种智慧的结果以外，其两种形式本身也是善，这仅仅因为它们是美德。(2)两种智慧都产生幸福作为其形式因，以区别于其动力因；智慧，或严格地说，智慧的使用是幸福的本质。当然，亚里士多德成熟的观点是，人的目的是理论生活；他这里似乎是（不太清楚地）说，具有实践智慧的生活也是目的的一部分②。(3)实践智慧确实产生结果。美德无疑使我们选定正确的目的，而实践智慧使我们选择实现这种目的的正确

──────────

① 例如，1141ª20，也许还有1142ª23—30。

② 1144ª3—5。

手段。但是，实践智慧不能独立于美德而存在。一个人达到目的的能力，无论好坏，都不是实践智慧而是聪敏。假定以正确的目的作目标（只有美德可以保证这一点），聪敏就变成实践智慧；假定以错误的目的作目标，聪敏就变成狡猾捣乱①。正像实践智慧暗含着道德方面的美德，道德方面的美德在严格意义下也暗含着实践智慧。我们的确可以从自然美德出发，比如；从做出正义或节制行为的倾向出发，但是，如果这样做而不知道行为可能产生的结果，它就绝不能变成道德方面的美德，而只能是无益的并且（比如在有意识的迫害者的行为中）可以变成有害的。因此可以看到：看不到美德和实践智慧的相互依赖性，因而以为完整的美德可以脱离实践智慧，这
221　是错误的。

　　亚里士多德现在能够阐述他和两个争论不休的问题的关系。(1)美德不是苏格拉底所说的简单智慧，尽管它暗含着某种智慧：实践智慧。正确的规则不是美德的全部内容，尽管没有正确的规则，美德不能存在。(2)尽管自然美德可以相互独立地存在，道德方面的美德却不能，因为任何道德方面的美德都暗含着实践智慧，而实践智慧暗含着所有道德方面的美德。这是因为，由于实践智慧意味着一个人不按照其本能的倾向，比如这些本能可能有好有坏，而是把整个生活对准主要的善，所以它与片面的道德发展是不相容的。

　　最后简略地阐述了道德方面的智慧与心智方面的智慧的关系。实践智慧的确决定着一个国家追求哪种研究，但是它这样做不是向理论智慧提出要求，而是为它提出要求。实践智慧低于而不是高于

---

① 　1143^{b}18—1144^{b}1。

理论智慧^①。

    Ⅵ卷卷首提出的问题"什么是正确规则"没有用如此多的话来回答，但是亚里士多德的回答现在清楚了。正确规则是有实践智慧的人通过慎重分析而达到的规则，并且告诉他人类生活的目的是由两极间的适中行为妥善达到的。服从这样的规则就是道德方面的美德。

节 制 与 无 节 制

    亚里士多德在Ⅶ卷依然考虑心智和欲望之间的关系，但是从不同的观点来考虑的。他说，坏可以区别出三种程度：无节制（或意志薄弱），恶行，兽性；好相应地可以区别为：节制，美德，"英雄的和神圣的美德"。对于极端情况，即兽性和超人的美德（或圣人），他没有说什么。超人的美德是少见的；兽性主要发现于野蛮人中间，但是有时文明人中也由疾病或残废产生兽性；有时，这个名称用于普通恶行的过度^②。后来兽性类型与疾病类型明确区别开来。^③对超人的美德的谈论仅此而已。亚里士多德的学说随着它的逐渐成熟，确实没有为高于"美德"的东西留下任何位置。克制（这是人类水平的一种美德）被描述为使坏欲望完全消失，在它的范围之外，没有超人的美德的地位。^④

①　1145ᵃ6—11，参见1094ᵃ28—ᵇ2，1141ᵃ20—22，1143ᵇ33—35。
②　1145ᵃ15—ᵇ20。
③　1148ᵇ15—1149ᵃ20。
④　1151ᵇ34—1152ᵃ3。

主要兴趣在于讨论节制和无节制以及某些类似状态。无节制的本质被正确地认为在于行为受感情支配,并且知道所做行为的恶;节制的本质在于一个人知道其嗜好是不好的,就抵制它使之服从"规则"。主要有三个问题:(1)无节制的人是否有知识而做出行为,如果是,在什么意义上?(2)无节制的范围是什么;是一般的快乐和痛苦还是某种特殊的快乐和痛苦?(3)节制和忍耐相同吗? 若是说无节制本身的范围与给放荡指定的范围相同 [①],则第二个问题立即得到简明的回答 [②];然而,无节制的人和放荡的人是不同的,因为后者经过选择做出行为,并认为他应该时刻追求眼前快乐;而前者追求眼前快乐时却不这样考虑。

(1)第一个问题最重要。我们应立即放弃这一看法:我们的行为可以违反意见却不能违反知识。这种看法不会帮助我们解决我们的困难,因为意见可以带有实在的感情,同样可以带有知识。亚里士多德一步接一步地提出自己的解答:(a)得出潜能和现实性之间的通常区别;如果你是在思想深处有对正确行为的认识,你有可能做出错误行为,尽管实际上知道正确行为时不可能做出错误行为。这是对这个解答的真正贡献;亚里士多德认为它的缺陷在于没有区别认识的各种种类,根据他的理论,这些种类使人们认识到应该做什么。亚里士多德现在着手论述它们。(b)你也许实际上知道大前提,比如"清淡食品益人";你也许实际上知道使用单称的小前提,"我是人",也许还知道小前提"某种食品是清淡的",等等。

---

① 参见 207 页。
② 但是,参见 224 页。

但是，如果你实际上不知道具有决定性的小前提"这种食品具有那种性质"，缺乏这一点就可能使你做出无节制的行为。这第二种解答的弱点在于使无节制依赖于对陈述非道德方面事实的小前提的无知，根据卷 III 的学说，① 这种无知将使行为变成不自愿的。如果 223 无节制的行为是自愿的，显然它是这样，那么有关的无知必定或是对大前提的无知，或是由于某种使行为者应该受到责备的东西，致使他（根据卷 III 的区别②）做出无知的行为，但却不是由于无知而做出行为。这是亚里士多德采取的另一种解答。因为（c）现在补充了对潜能和现实性之间区别所作的改进，所以认识到了一种更远离现实性的潜在认识，即处于睡、疯、醉三种状态的人的认识。他与现实认识相距两个阶段；他必须首先醒来，变得神智健全或清醒，然后他仍需从潜在的认识过渡到现实的认识。无节制的人的状况实际上与此类似；感情像睡、疯、醉那样改变了身体状态，有时实际上使人变得疯狂起来。有时，无节制的人在做出无节制的行为时大声疾呼道德箴言，但这绝不证明此时他实际上懂得它们。（d）亚里士多德现在更接近于解答这些事实。当实际的三段论的两个前提出现时（我们前面已经看到，这个推理过程实际上是复合三段论，为简化起见而被看作三段论），你必须做这个三段论所指明的行为；这是肯定的，恰如当你在前提的联系中抓住了理论三段论的前提时，你就必须得出结论。因此，如果你有前提"凡甜物都应尝，并且此物甜"，那么如果没有妨碍的话，你一定尝这个甜东西。这当然

---

①　$1110^{b}31 — 1111^{a}24$。

②　$1110^{b}24 — 27$，参见 198 页。

不会是无节制；这也许是放荡。但是还可能有另一种情况。你可能
有一个大前提"任何事物若是 × 都不应尝"，但对小前提"此物是
×"根本不知道或只是模糊地知道，正如我们看到的，在模糊地知
道的意义上可以说一个醉汉知道"恩培多克勒的诗文"；另一方面，
你可能知道另一个大前提"凡甜物皆令人愉快"和小前提"此物甜"，
并且你可能想望令人愉快的东西；这样你就会吃甜食。你将受一条
规则的影响而做出无节制的行为，而这条规则在理论上与正确规则
224　相当一致。正因为无节制服从一条规则，所以它不能存在于低等动
物之中①。

　　这个解答的结果在一定程度上维护了苏格拉底的观点：谁也不
能违反知识做出行为。当你做错事时，你当时不知道这是错的。现
在无需怀疑可以存在着这里所描述的情况。但是这种解释只不过
说明亚里士多德后来区别出的无节制的两种形式之一：与软弱相对
的急躁。它没有谈到道德斗争；道德三段论的小前提（以及结论"我
不应这样做"）根本没有出现，或者它已经被嗜好抑制住了②。这种
描述虽然解释了缺乏这种认识而做出错误行为的原因，却没能说明
为什么缺乏这种认识。但是亚里士多德在别处③表明他注意到存在
着道德斗争，即合理的愿望和嗜好之间的冲突，在这种斗争中，行
为者实际上知道他所做的特定行为的错误。我们必定以为亚里士

---

① 　1146ᵇ8 — 1147ᵇ19。

② 　在 1147ᵇ13 — 17，亚里士多德指出苏格拉底的观点在某种意义上是正确的。我
们的行为与认识本身，即科学认识并不对立，因为实际的三段论的小前提不是普遍的，
因而不是科学的。

③ 　例如，1102ᵇ14 — 25, 1145ᵇ21 — 1146ᵃ4, 1150ᵇ19 — 28, 1166ᵇ6 — 10；《论灵魂》
433ᵃ3 — ，ᵇ5 — 8, 434ᵃ12 — 15。

多德对自己主张的潜能和现实性，大前提和小前提之间的区别很感兴趣，因此使他误用关于形式的学说，而这与他自己对这个问题的真正看法是不合的。他的关于形式的学说所缺乏的正是下面这个认识：无节制不是由于缺乏知识，而是由于意志薄弱。

（2）亚里士多德现在开始考虑无节制的范围。产生快乐和激起欲望的东西有三种：（a）本身值得挑选但是允许过度的东西，比如胜利，荣誉，财富；（b）本身值得避免的东西；（c）本身是中性，但对肉体生存（营养组织和性活动）是必要的东西[①]。无节制在严格的意义上说，是关于最后一种，这也是放荡本身的范围；在更广泛的意义上说，无节制的表现可能涉及第一种，因此由于对象本身的意义而可以不太受到责备[②]。至于第二种，即实质上或本身都不令人愉快的东西，仍然可能从它们得到快乐，而且无节制在限定意义上的表现是与它们相联系的，这种无节制可能是（i）野蛮的，这时，行为者的整个本性接近兽性（例如，吃人肉），或（ii）病态的，这时，渴望起因于疾病（例如，鸡奸）。这样的无节制是在人类之下的，正如相应的放荡被描述为在人类之下并且是与超人美德相对立的另一极端[③]。但是第三种限定意义的无节制涉及愤怒[④]。因此，不仅克制，而且"美德目录"中其它几种美德（原则上说肯定是全部美德，但是亚里士多德没有分析到这一步）都有与之相应的（区别于恶的）意志薄弱的形式。

225

---

① 　1147^{b}23 — 31，1148^{a}22 — 26。

② 　1147^{b}20 — 1148^{b}14。

③ 　1148^{b}15 — 1149^{a}20。

④ 　1149^{a}24 —^{b}23。

(3)亚里士多德回答第三个问题说，节制和无节制的范围是一定的快乐，因此忍耐是抗拒由渴望这些快乐所造成的痛苦的能力，而软弱是对这些痛苦的屈服。在后来的思考中，无节制又被分成两种：懦弱，它深思熟虑却不能采取决定的方针；急躁，它等不得考虑。急躁的人比懦弱的人强，因为用强烈的和突如其来的诱惑就可以战胜他①。同样，无节制一般不如深思熟虑的恶那样不可救药；它是不连贯的，而放荡则浸透在性格中，不知悔改，毁坏品格的幼芽，即毁坏对人类生活目的的真正认识。放荡的人认为应该永远追求眼前快乐（这就是他凭理性所相信的一切），而且，这种观点正好表达了他的性格②。

快　乐

亚里士多德自然地过渡到对快乐进行一般考察。他提出三种
226 观点进行讨论③：(1)任何快乐都不是本来善的或偶然善的，这是斯彪西波的观点；(2)有些快乐是善，但大多数是恶，这是柏拉图在《斐里布篇》表达的观点④；(3)即使所有快乐都是善，快乐也不能是至善，这也是《斐里布篇》表达的观点。⑤

这里的主要意义在于亚里士多德讨论了下述理论：因为快乐是一个过程，即填补虚空的过程，所以不是善。他作如下论证：(1)即

---

① 1150ᵃ9—ᵇ28。
② ᵇ29—1151ᵃ28。
③ 1152ᵇ1—24。
④ 48a。
⑤ 53c，66e。

使在所谓恶的快乐中，有些快乐仍可能对某个人或在某个时间是善，而另外一些快乐暗含痛苦，则根本不是真正的快乐。(2)一种活动或状态，可能是善；使我们恢复自然状态的活动也带来快乐，但是有关的活动却是我们本性中保持自然状态的那一部分的活动；有些活动，如思维活动，它们是令人愉快的，却根本不引起不足或不自然的状态。当我们处于自然状态时，我们从快乐的东西本身得到快乐；当我们被恢复到自然状态时，我们从本身不是快乐的东西得到快乐。(3)快乐不是过程，而是活动和目的；此外，只有某些快乐伴随过程，这是随我们的本性的完善而产生的快乐；另一些快乐伴随行为。快乐不是"感到的过程"，而是处于自然状态下的没有阻碍的活动。(4)有些快乐是恶，因为它们加重弊病，这种推论就像是说有些健康的东西是恶，因为它们为了赚钱；甚至思维有时对健康也不好。只有不相容的快乐才是任何事物的障碍，思维产生快乐，快乐有助于思维。(5)有克制能力的人避免快乐，聪明人不追求快乐，而是力图摆脱痛苦，儿童和野兽追求快乐，从这些事实得出的论证都是由于没能对涉及嗜好与痛苦的肉体快乐和彻底的善这种快乐做出区别①。

痛苦是(人人承认的)恶，快乐与痛苦的对立恰恰在于痛苦是恶，因此，快乐是善。即使大部分快乐是恶，幸福也必定是我们全部能力或部分能力的顺利发挥，而这是快乐，所以只要这个反驳成立，快乐就可以是至善。一般的观点把快乐看作至少是幸福的一种成分，这是对的，因为幸福是完善的活动，它必须不受阻碍；说善 227

---

①　1152ᵇ25—1153ᵃ35。

者在受刑时是幸福的，纯属胡言。所有动物都追求快乐，这说明快乐在某种意义上是至善；也许实际上所有动物追求的不是它们自以为正在追求的快乐，但是它们都在追求相同的快乐；因为它们实质上都有一些神圣的东西①。

肉体快乐由于我们熟悉的缘故常常被等同于全部快乐，甚至在某种意义上它必定是善，因为对立的痛苦被认为是恶。肉体快乐是善，这仅仅因为它不是恶，还是它在相当可靠的程度上确实是善？这样的快乐被认为比其它快乐更可取，因为(1)它比不太强烈的快乐更好地解除痛苦（另一方面，反对快乐的偏见是由于有些快乐以恶为先决条件，另一些快乐以受到损害的本性为先决条件）。(2)除了特殊的痛苦之外，正如一些生理学家所说，痛苦是动物创生的正常状态；这种痛苦产生的快乐强烈得使这种痛苦得到缓和，无论如何，性情冲动的年轻人总是不安定的，需要这样的缓和。

但是，缓和一种要求或纠正一种缺陷，实际上只是间接的快乐；提供这种纠正和使我们快乐的正是使我们保持健康的那种东西的活动。本质上快乐的东西促进了所与的本性的活动。我们可以对照为了解除痛苦或忧虑而欣赏音乐和一个音乐爱好者"真正地"欣赏音乐，以此说明亚里士多德的意思。如果我们的本性简单而又没有对立面，我们就可以享受单一不变的快乐，这是上帝的经验，它的活动不涉及过程，而是"不变的活动"，即自己随时达到自身目的的活动。②

---

① 1153^{b}1 — 1154^{a}7。

② 1154^{a}8 —^{b}31。

　　X卷从不同观点出发论述了快乐。亚里士多德迄今一直为快乐辩护，使之免受过多的攻击，并且证明它在幸福中占有一席位置。他在一个方面把这个位置过分夸大，以致以为(他从未这样明确地说)它是主要的善。他现在更平稳地陈述并确定自己的观点，不仅针对快乐的极端反对者的观点，而且针对欧多克苏的观点，后者认为快乐是善。这个讨论和前边的讨论有很多重复，还有点相互矛盾，但是二者的重复并不过分相近，矛盾并不十分严重，以致很难设想它们是亚里士多德本人所写的相互独立的论文。若论矛盾之处，X卷必占首位，因为亚里士多德在这里不仅批评了别人的观点，[①]而且正面阐述了自己的观点。[②]他的观点如下：快乐像看一样，在其存在的每一瞬间都是完整的；它不会由延长而使性质变得更完善。因此它不能是运动，即过程或转变；因为所有运动都需要时间，都以某种目的为目标，并且只有达到目的时才是完整的，就是说或者在它所处的被看作整体的时间中，或者处于完成的瞬间。运动的各部分是不完整的，并且与其它部分的性质，与整体的性质都不同。石块的堆积不同于在圆柱上刻出凹槽，而且这又不同于整个圣殿的建筑；圣殿的建筑是完整的，而打地基或制做三陇板却不是完整的，而是整个圣殿的辅助物。即使在一个相对同质的运动中，比如散步，任何两个阶段都是从不同点到不同点，因而是不同的运动。另一方面，快乐在每一瞬间都具有完善的性质，因为感到快乐不需要时间，而且也不能说我们很快或很慢地快乐，尽管我们可能很快或

228

---

①　1172ᵃ19—1174ᵃ12。

②　1174ᵃ13—1176ᵃ29。

很慢地变得快乐起来。这一段的意思证实了卷 VII 所阐述的观点：根据快乐是转变这一假设而反对快乐，这种看法彻底垮台了。如果快乐是转变，是满足或完成，它就会低于它最终形成的东西；我们感到快乐时，就应该激动不已，直至达到快乐产生的状态。但是实际上，快乐是自身完整的，在每一瞬间都是令人满意的，就像感知或思维活动一样。

　　亚里士多德从快乐的实质过渡到快乐的条件。当我们的一种感觉处于健康状态并接触一个完好的对象（例如一个清晰可见的对象）时，这种感觉活动必然是最快乐的，思维活动也是同样。而且快乐使这些活动完满。亚里士多德在其它地方说，快乐加剧活动，就是说，使下一瞬间的活动比没有快乐时更剧烈①。但是这里他的意思似乎是说，快乐在某种意义上使产生它的活动变得完善。然而，快乐不是有益活动的先决条件；动因（例如，可感觉对象）和接受者（例如，感觉或感官）是先决条件。快乐像青春一样，是伴随这些条件下所产生的活动而出现的东西，这些活动本身是理想的，快乐却要使它们变得更理想。这很像康德的观点：幸福的增加使至善变成完善。

　　快乐与活动的联系十分密切，以致可以设想人们渴望快乐是因为人们渴望生活，是因为快乐使构成生活的活动完善起来。亚里士多德排除了为了快乐而渴望生活还是为了生活而渴望快乐的问题。没有活动就不会产生快乐；没有快乐，活动就是不完整的。我们说我们渴望快乐的活动，或者说渴望伴随活动而产生的快乐，这是无

---

① 　1175ª30—36，1177ᵇ21。

关紧要的。[①]

　　由于各种活动性质不同，使之完满的各种快乐的性质也不同，因为各种活动只能由其相当的快乐来完善。我们如果在所做事情中感到快乐，就会做得好些；我们在所做事情中得到乐趣越少，就越趋于做别的事情，"正如人们在剧院里越是吃糖，表演者就越差"。我们受到外来的快乐的干扰，事情就做得很差；外来的快乐与"严格意义上的痛苦"，即眼前活动所产生的痛苦，有大致相同的结果。因此，一种快乐与另一种快乐区别很大。由于活动在善或可取性方面有差别，其严格意义上的快乐也有相应的差别。每一类动物都有自己的快乐，但是不同的人在不同事物中得到快乐。那么，哪些快乐是真正的人类快乐呢？真正的人类快乐是有实践智慧的人感到愉快的快乐，或者更客观地说，是使功能或人类特有功能完全的那些快乐[②]。

　　在这一段，亚里士多德区别了快乐与活动；他认识到快乐同感知或思维这些真正活动之间的区别。快乐不是我们所做的事情，而是一种附属于我们行为的特殊性质。在这一方面，这一段比卷 VII 有显著的进步。对快乐种类所做的区别比那里的任何内容都更为 230 成熟。但是这一段的后半部分却有一种倾向，那就是混淆正当的问题（哪些快乐是有价值的）与不正当的问题（哪些快乐是真正的快乐）。所有快乐都是真正的快乐；一个有教养的人要评判快乐是不是善，而不是评判快乐是不是快乐。

---

①　$1174^a13 — 1175^a21$。

②　$1175^a21 — 1176^a29$。

友　谊

令人有些惊奇的是《伦理学》以整整两卷论述友谊。① 但是必须记住，友谊在希腊文中具有更宽的意义；它可以代表两个人之间的任何相互吸引。对友谊的讨论很有意义，它纠正了《伦理学》其它部分易于造成的印象。亚里士多德的道德体系主要是以自我为中心。他告诉我们，人的目的和应该达到的目的是自己的 εὐσαιμονία。在论述正义时，隐含地承认他人的权利。但除去论述友谊的两卷以外，《伦理学》其它各卷没有什么说法意味着人能够并且应该对他人怀有深情；几乎完全没有提到利他主义。甚至在对友谊的论述中也出现利己主义观点的迹象，它们应该这样，因为友谊不仅是给予，而且要求回报。但是正义是由利他的因素来完成的；对于友谊而言，爱比被爱更基本 ②；一个人为他的朋友祝福是为了朋友之故，而不是为了自己的幸福 ③。亚里士多德提到的各种形式的友谊，都是对人的基本社会本性的说明。在最低水平上，人需要"实用的友谊"，因为他经济上不能自足。在较高的水平上，人形成"快乐的友谊"；他在伙伴们结成的社会团体中获得自然的快乐。在更高的水平上，人形成"善的友谊"，朋友们以这种友谊互相帮助，过最美好的生活 ④。

---

① 　VIII，IX。
② 　1159ª27。
③ 　1155ᵇ31。
④ 　1155ᵇ17—1156ª5，1169ᵇ3—1170ᵇ19。

亚里士多德为论述友谊提出两个理由。友谊是美德，或（更严格地说）包含着美德；友谊是生活最必要的东西[①]。后一个理由得到更多的强调。卷 I 朋友被当作幸福的必要条件的一个重要部分。这里则从多种观点出发阐述了朋友的必要性。没有朋友的帮助，我们怎能使成功万无一失呢？没有朋友的共同分享，我们又怎能享受成功的快乐呢？我们年轻时，需要朋友的忠告，年老时，需要朋友的照顾；而当我们年富力强的时候，朋友给我们提供做出崇高行为的机会并且帮助我们进行有效的思维。

231

这个讨论中最有意思的部分是，亚里士多德提出友谊基于善人自爱的观点。他在别处警告我们不要以为"自我关系"是一个准确的语词。"用一个比喻，我们可以说不是在一个人和他自己之间，而是在他的两部分之间存在着正义。"[②]亚里士多德实际上是在批判柏拉图的观点：正义基本是自我内部的关系。但是，他提出一个不无类似的关于友谊的观点——根据这种关系的更为内在的性质，自信无疑被证明是正当的。亚里士多德说，友谊的四种特点（可归为两个：漠不关心和同情）标志着善人与自己的关系。善人希望并且尽最大努力获得他最真正的理智因素；他在任何时刻都保持与自己最大的协调一致，并且保持从此刻到彼时的最大持久性。由于这些关系存在于善人内部，还由于他的朋友是他的另一个自我，因此友谊被认为具有这些特性。[③]这里，亚里士多德的理论主要是想说明一个善人的利己主义恰恰同样具有利他主义的特性，以此打破利己

---

① 　1155^{a}3 — 5。

② 　1138^{b}5 — 7。

③ 　1166^{a}1 — ^{b}29。

主义和利他主义之间的对立。但是，企图在自我内部发现一个人能够感兴趣并与他人共表同情的静态因素，纯属徒劳；这些关系涉及两个不同的自我。亚里士多德在别处似乎采取一种较好的方法，设想自我不是静态的东西，而是能具有不确定的广延。当他说到人们把自己的朋友看作“另外的自我”①或“自己的部分”②时，他指出以下事实：一个人可以这样扩展自己的兴趣，使得他人的利益可以变成像自己的利益那样的成为直接关注的对象。例如（亚里士多德常常用这个例子）③，一位母亲由她孩子的痛苦而感到痛苦，如同自己切身的痛苦一样。她的利他主义可以因此称为利己主义。但是这
232 样说并不是指责。既有善的自爱，又有恶的自爱；问题是你爱什么样的自我。自我可以是在钱，荣誉和肉体快感方面获得快乐的自我。这些所谓“有争议的善”，一个人获得的越多，别人获得的一定就越少。自我也可以是在朋友或同类公民的利益中找到自己利益的自我。这样的人将花费自己的钱财，而他的朋友却可能有更多的钱，但即使这样，他仍占上风，朋友们只得到钱财，他却得到“崇高”，即正确行为的满足。即使他为别人献出生命，他得到的依然比失去的多④。

在《伦理学》的这一节，亚里士多德的唯理智论变得愈益明显。理性表述成为人的最有权威的因素，这是人的最真正的因素⑤，是善

① 1161^b18，1166^a32，1169^b6，1170^b6。

② 1161^b18。

③ 1159^a28，1161^b27，1166^a5，9。

④ 1168^a28—1169^b2。

⑤ 1156^a17。

人以自我牺牲的行为所满足的因素 ①。这样就为他在《伦理学》的其它部分阐述构成幸福的东西铺平了道路。②

理 想 生 活

我们从卷 I 已经看到，幸福必定不是一种状态或意向，而是一种活动，一种本身合乎需要的活动。为自己的目的所需要的东西是：(1)符合美德的活动，(2)娱乐。娱乐不能是生活的目的，尽管它本身是所需要的，但是为了娱乐的娱乐却没有价值。它只适合我们放松一下紧张的活动，幸福必须是符合美德的活动 ③。从卷 VI 我们得知，心智方面的美德和道德方面的美德相互区别，我们已经知道，理论智慧和实践智慧除去它们产生的善以外，本身也是善，因为它们是灵魂的不同部分的美德。我们明确地知道，理论智慧不是或不仅仅是实现幸福的手段，而是在其运用中构成幸福。我们不太明确地知道，实践智慧亦是同样。但是我们还知道了理论智慧高于实践智慧，而且实践智慧的价值全在于帮助产生理论智慧。在亚里士多德看来，沉思显然是幸福的主要成分；道德行为是幸福的另一成分，还是仅仅是实现幸福的手段，则不是特别明确。卷 X 没有完 ₂₃₃ 全清除这种疑问。我们得知，幸福必定是符合我们最好部分的美德的活动，这部分就是理性。幸福活动就是理论活动。这是我们能够进行的最好的活动，因为这是把我们的最好部分运用到最好的对

---

①　1168ᵇ30。

②　1176ᵃ30 — 1179ᵃ32。

③　1176ᵃ30 — 1177ᵃ11。

象，即永恒不变的对象上；这是我们所能做的最持续的事情；它产生奇妙的、纯洁的、稳定的快乐；它最不依赖于别人，而道德方面的美德却要求别人作为活动的对象；它仅仅由于自身似乎就是可爱的，而实践活动——特别是最伟大的活动，政治家和士兵的业迹——旨在达到自身之外的善；它是我们必须归之于神的那种生活，因为把道德生活归之于神是荒诞的①。但是，沉思生活对于我们过于崇高；我们作为人，作为肉体、作为无理性的灵魂和理性构成的存在物，不能过这种生活，而只能凭借内在的神圣因素过这种生活。然而，我们一定不能像那些人说的那样，作为人，只考虑人类事物；我们必须尽可能地"掌握永恒的生活"，因此我们要过这样一种生活：我们自己内在部分最好的东西的生活，最真正是我们自我的生活，不管它是我们内在的多么小的一部分。这样生活的人就是最幸福的人②。

然而，他不是唯一幸福的人。具有道德方面的美德和实践智慧的生活，由于涉及出自我们肉体本性的感情，因而是完整的复合生物-人-的生活并且产生可以称为"人类幸福"的幸福③。亚里士多德为道德生活指定的作用似乎是双重的。(1)它形成幸福的次要形式，这是我们不得不依赖的形式，因为我们并不都是理性，也不能时刻在沉思的水平上生活。(2)它有助于产生幸福的更高类型。亚里士多德几乎没有说它怎样做到这一点。政治家的实践智慧通过立法，为追求科学和哲学研究做出准备，我们必须假定亚里士多德认为道

---

① 1178^{b}8—22。

② 1177^{a}12—1178^{a}8。

③ 1178^{a}9—22。

德行为在个体生活中通过控制感情也为心智活动的存在做出准备。但是，尽管他的关于形式的学说以这种方式使道德生活附属于心智活动，却没有详细阐明这种关系。当亚里士多德进行道德活动的研究时，他把道德活动看作本身是善的，认为道德动机不是在行为之外，而是在行为自身的崇高之中。实际上，他赋予道德生活的价值 234 超过他的关于形式的学说所承认的。

如果要问亚里士多德是什么意思，特别是所谓沉思生活是什么意思，那么回答就是：他的意思是要对两门，也许三门学科的真理，即对数学、形而上学，也许还有自然哲学的真理，进行沉思[1]。幸福生活不是探索真理，而是对已经获得的真理进行沉思[2]。有人以为在亚里士多德看来，幸福生活是美学、宗教以及科学沉思的生活。但是，没有任何迹象表明美学沉思在亚里士多德那里形成理想生活的任何部分；在《诗学》中，他考察美学经验的一种特殊形式，即悲剧形式，他将悲剧的价值说成在于其有益的效果。另一方面，由于沉思的最高分支叫作神学[3]，因而完全可以认为沉思生活的这一部分有一种特点，那就是对具有神圣本性的沉思非常崇拜。《欧德穆伦理学》特别强调了理想生活的这一方面，这里，理想被定义为"对上帝的崇拜和沉思"。[4]

---

①　这三门都是理论智慧的分支（《形而上学》1005^{b}1, 1026^{a}18），但是，物理学是研究偶然事件（1140^{a}14—16），而理论智慧具有非偶然性（1139^{b}20, 1140^{b}31, 1141^{a}3, 1141^{a}19）。物理学是研究偶然事件中的非偶然因素：可变因素是不可计算的并且根本不能研究；认识到这一点就可以消除矛盾。

②　1177^{a}26。

③　《形而上学》1026^{a}19。

④　《欧德穆伦理学》1249^{b}20。

第八章 政治学

　　《政治学》一书的结构是一个颇有争论的难题。大多数现代学者认为（1）VII，VIII 两卷应该在 IV—VI 卷之前，有些学者认为（2）VI 卷应该在 V 卷之前。（1）III 卷的最后一章宣布要过渡到对最佳政体的讨论，而这种讨论却在 VII 卷。VII 卷的第一句话和 III 卷的最后一句话都是不完整的，似乎说明亚里士多德或某些早期编者企图把这两卷联系起来。而且，IV 卷重新提到对理想政体的讨论，[①] 而 VII、VIII 两卷却根本没有再明确提到 IV—VI 卷的讨论。[②] 此外，III 卷划分了政体，并在后半部分讨论了君主制（间或地讨论了贵族制），按说应该像 IV—VI 卷那样，接着讨论其它形式的政体，但是，VII、VIII 两卷严重地打断了这种思想的连续性，因为它们主要考虑的是教育问题，而不是政体。（2）VI 卷接着 IV 卷结尾的思路，讨论各种形式的政府的特有组织，V 卷（论革命）打断了这个思路。此外，VI 卷多次重提 V 卷的内容，[③] IV，V 两卷顺理成章，完成了

　　　　────────────

　　① 1289^{a}31。但是，这几乎不是指 VII，VIII 两卷。参见 257 页，注，2。泽勒引证的其它段落，1289^{b}15，1290^{a}2，39，1293^{b}2，是不确定的。

　　② 但是，1325^{b}34 大概指这些卷，而不是指 II 卷。

　　③ 1316^{b}34，1317^{a}37，1319^{b}4，37。

IV 卷一开始所制定的计划，①VI 卷似乎是事后的考虑，其中，亚里士多德进一步发展了 IV 卷的主题。

但是，设想《政治学》一书的各卷有一个原始的或严格的顺序，大概是错误的。研究一下各卷的开头②就可以看出，这部著作是由五篇独立论文组成的：(1)论家庭，即研究国家的初步准备，因为国家产生于家庭（I 卷）；(2)论已经提出的理想联邦和现存的最令人尊重的政体（II 卷）；(3)论国家，公民和政体分类（III 卷）；(4)论低级政体（IV—VI 卷）；(5)论理想国家（VII，VIII 卷）。除(2)以外，这几部分均未完成，或不完整。总的看来，传统的顺序（至少追溯到公元一世纪）提供了最连贯的思路，但 V 卷最好放到 VI 卷之后来读③。

VII、VIII 两卷不同于头三卷，笔调更为独断，其更细腻的风格说明它们至少在某种程度上是根据一些已出版的著作写成的④。IV—VI 卷不同于其它几卷，语气讲究实际，而不是那样玄妙。尤其是 V 卷，它甚至研究维持最腐败的政府形式的方法，在这一点上，它是马基雅维利的《君主论》的雏形。IV—VI 卷不同于其它几卷，还在于它们包含着大量的历史细节。我们应该记住，亚里士多德编辑描述了（或者受命编辑描述了）158 个希腊政体。我们在《政治学》的 IV—VI 卷比在其它任何一卷都更加感到，亚里士多德完全掌握有关城邦的全部知识，他在历史上占有不可动摇的地位。

---

① 1289^{b}12—26。

② 一些卷首没有连接词，这一特点虽小，却很重要。

③ 关于各卷的写作顺序，参看 19 页。

④ 也许是根据《规劝篇》。

　　亚里士多德的方法主要是归纳法，其它卷也是同样。但是，他同时常常把自己的政治观点建立在内容更广博和更基本的理论上，比如形而上学或伦理学。他设想整体（在某种确定的意义上）先于部分；事物的性质等同于它运动的目的；灵魂优于肉体，理性优于愿望；极限重要，适度也重要；有机部分不同于附属的条件。他的政治观点构成一个宏大、严密的思想体系的一部分。但是有些时候，对于一般原则的使用则有些武断；我们觉得，提出这些原则不过是作为坚持亚里士多德在任何情况下都会坚持的一些信念的理由。

237

　　《政治学》第一节①的目的似乎是(1)针对诡辩派认为国家按照约定而存在并且无权要求其成员为它尽忠的观点，为国家进行辩护，(2)区别国家与其它公社，以揭示国家的性质。亚里士多德在论述中断言，每一个公社的形成都是为了某种善，国家是最高的和包括一切的公社，所以国家必须以最高的善为目的。他采取的目的论观点充分体现他的整个体系的特点。世界上的一切事物，无论是活的生物，工具，还是公社，其意义和性质都要在其存在的最终目的中寻找。就一个工具而言，它的意义和实质就是其使用者所需要的目的，而且根据这种目的，工具的形式外在地加到工具的材料上。就一个活的生物或公社来说，目的是事物本身内在的东西：对于植物来说，生命的生长和繁殖是内在的；对于动物来说，生命的感觉和食欲是内在的，因为这是加给有生长能力的生命的东西；对于人和人类社会来说，理性生活和道德行为是内在的，因为这是加给人

---

① I. 1, 2。

和人类社会的东西。对于事物的解释，不在于它们从什么发展过来，而在于它们正在发展成为什么；发现事物的本性，不在它们的起源，而在它们的命运。

我们译为"国家"的这个词同样意谓"城邦"。亚里士多德处于希腊城邦生活的黄金时代的末叶，他与菲利普和亚历山大交往甚密，但是，他不是在帝国，而是在城邦中，看到新型政治生活的最高形式，还看到它可能具有的最高型式。他认为，任何更大的团体不过是部落或人的散乱聚集。一个帝国不会把自己的文明强加给落后不堪的民族，也不会考虑一个民族国家。除了马其顿帝国以外，希腊还有一些有意思的政治发展，比如雅典帝国、斯巴达帝国以及同等国家的各种联盟，但是亚里士多德没有考察它们。他只有一次提到希腊国家结盟可能产生良好结果①。他对于希腊政治生活的洞察力是无与伦比的，但是他的想象力却稍逊一筹。他凭空设想，如果一个小公社的每一个公民都相互认识并且有权选择自己的统治者和有权"轮流统治"，那么这个小公社就可以有最完满的人类生活。历史的过程已经证明，城邦不能与更大更有力的团体抗衡，它们没能保留下来。但是这并没有证明它们是低级的。关于亚里士多德的观点，说法很多。但是我们最好还是看一个为它辩护的说法。

国家的属是"公社"，这是清楚的；但是它的种差就不那样清楚。亚里士多德要表明国家不像人们所设想的那样大。他发现国家的种差的方法是把国家分析成部分，从国家的起源研究它。有两种基

---

① 1327^{b}32。

本的本能使人们组织起来①；繁衍后代的本能使男人和女人结合起来，自我保护的本能使主人和奴隶结合起来，即远见卓识的头脑和强健的体魄结合起来，以便相互帮助。这样，我们得到一个三人组成的最小社会，即家庭。家庭是"以满足每日需要这种天性建立起来的组织"。亚里士多德没有深入分析这些需要，但是我们可以推测，他考虑的是村社可以进行更大的劳动分工，因此能够满足更大变化的需要，并且更能免遭人和野兽的侵袭。他补充说，村社是同血统的家庭结合而成的最自然的形式。第三个阶段是几个村社结合成"一个完整的公社，它大得足以基本上或完全自给自足，它为生活而出现，但是为了善的生活而存在"。这就是国家的种差。它出现的原因和村社相同，即为了生活。但是它热衷于满足进一步的愿望，即向往善的生活。在亚里士多德看来，善的生活包括道德活动和心智活动。比起从前，国家为道德活动提供了更合适的领域，更多样化的关系，这些关系可以体现德行；国家为心智活动提供更大的范围，可以进行更完全的脑力劳动分工。思维的相互影响，进一步推动了每个心灵。"如果早期社会形式是自然的，那么国家就是自然的，因为国家是早期社会形式的目的，而事物的实质正在于其目的。我们称完全发展起来的每一个东西为它的实质。……因此，国家显然是自然的创造物，人实质上是政治动物。……能在社会中生活，或者他没有需求（因为他是自足的），那么他一定是一个野兽或神仙"。亚里士多德为政治思想尽力帮忙，他坚持认为：国家不是仅仅按照约定而存在的，而是植根于人性之中，国家的实质

① I.2。

就其最真实的意义而言，不是在于人类生活的起源，而在于人类生活的目标；文明的生活并不偏离遐想的高尚的原始生活；国家不是对自由的人为限制，而是获得自由的手段。这里，他含蓄地攻击了希腊时期颇受赞许的两种观点：(1)吕克弗隆[①]或特拉西马库思一类诡辩家的观点：法律和国家不过是约定的产物，是对个人自由的干涉，这种干涉或者是某人的主人强加给这个人，或者是这个人仅仅为了免遭伤害而接受的。(2)西尼克斯的观点：聪明人是自足的，他不应该是国家公民，而应该只是世界公民；这种观点由于卡罗尼阿的战败以至对希腊幻想的破灭而盛行起来。

亚里士多德把国家描述成自然的，但不意谓使国家独立于人的意志。根据人的意志，国家过去得以形成，现在依然存在，根据人的意志，它也可以变得"接近人们心中的愿望"。但是，亚里士多德断定国家是自然的，因为它植根于事物的本性之中，而不是在人的任意遐想之中。

亚里士多德热衷于国家，但是他不像柏拉图那样贬低家庭。他认为国家是一些公社组织而成的公社。家庭在生活模式中有自己的作用。然而，我们却认识不到以人作其成员的其它公社，比如，教会、职业、民间团体。许多人认为，亚里士多德说人是政治动物，而我们则更愿意说人是社会动物，他需要同伴绝非仅仅作为公民，而是需要同伴的各种能力。的确，任何希腊思想家都不清楚国家和社会之间的区别。过去，宗教完全是民族的东西，并且大部分是外在的和习惯的东西，它与崇拜关系很大，它与定罪和情感关系甚微，

---

① 1280^{b}10。

因此，希腊人甚至没有想到把教会和国家截然分开，没有想到区分
240 一个国家有许多教会，一个教会的成员分布在许多国家。那时，还
没有那种使我们从对国家的过分考虑解脱出来的影响。因此，道德
教育在许多人看来是教会的天然职责，亚里士多德却毫不迟疑地把
它赋予国家。而对于国家内的其它民间团体，由于希腊国家深深浸
入生活的一切领域，希腊人也把这些团体看成国家的职能。

　　但是，如果我们想补充亚里士多德的思想，说人是社会动物，
那么说人是政治动物仍然是正确的。政治联盟是自然的，正如那些
比较明显的自愿联盟一样；就其重要性和价值来说，除了教会，任
何自愿联盟都无法与之比拟。毫无疑问，有人可能会为经济组织大
声疾呼，但是人们对经济组织的忠诚往往不如对教会和祖国的忠诚
那样坚定。如果以"纯生活"为目的的社会竟优先于寻求人的更高
尚东西的社会，那么这将是人类的不幸。

奴　隶　制

　　亚里士多德在指出国家的起源是家庭之后，进而考虑"家庭管
理的部分"。他最终讨论的是两个问题：主人与奴隶的关系，以及
财富的获得。就奴隶制而言 [①]，他面临两种观点。一种观点认为，对
奴隶的统治实质上等同于政治统治，是高贵者统治卑贱者的一种正
常情况；另一种观点认为，主人和奴隶没有自然的区别，奴隶制依
赖于非自然的约定，因此是非正义的。亚里士多德首先致力于指出

---

① 　I. 3—7。

奴隶的本质。① 奴隶本质上是"进行生活的工具"，换言之，"活的财产"。他补充说，如果不用手就可以穿梭，那么主人就不需要奴隶，这里他无意识地预见到机器时代。但是，奴隶不是生产的工具，而是行为的工具，不是为了制造某个特殊物品，而是在一般的生活过程中帮忙。这就是说，他讨论的不是农业奴隶或工业奴隶，而是家庭奴隶。

接下来的问题是有没有人按其本性要起这种作用。② 亚里士多德在回答这个问题时指出，高贵和卑贱的对立实际上到处可见，灵魂和肉体，理性和欲望，人和动物，阳性和阴性之间都存在这种对立，而且只要两种事物之间存在这种差别，一方统治另一方则对双方都有好处。自然界有助于造成人们之间的区别，它使一些人强壮，适合去做工；使另一些人适合于政治生活。因此，有人按其本性是自由人，有人则是奴隶。

然而，另一个方面也要说一说③。许多现存的奴隶制仅仅是征服的产物，这种奴隶制当然是令人憎恶的。上述两种观点都很过分，并且都相互指责。权力有助于蕴含某种高贵，因而有人认为强权构成公理。相反，有一种倾向认为只有相互友好的关系才能是正义的。针对应该由杰出的高贵者统治这种中间观点，前面两种观点都站不住脚。此外，有一种看法，认为一种正义是根据习惯建立的，因而根据战争习惯，证明奴隶制是正义的，这种看法也站不住脚。若是让持这种观点的人证明对出身高贵的人或希腊人进行奴役是

---

① I.4。

② I.5。

③ I.6。

正义的，他们也会犹豫的。归根到底，他们过分地企图把奴隶制建立在天性的卑贱基础上。只要这种卑贱存在，奴隶制就有利于主人和奴隶。

亚里士多德居然把希腊日常生活的一部分，像奴隶制那样为人熟悉的一种安排看成是属于事物的本性，这是非常遗憾的，但是并不奇怪。应该看到，希腊奴隶制大部分没有滥用，而滥用奴隶制曾使罗马奴隶制并且经常使近代奴隶制蒙受耻辱。必须看到，亚里士多德赞同奴隶制是有条件的。(1)他承认，天生的自由人和天生的奴隶之间的区别并非总是像人们想象的那样清楚。天生的奴隶的孩子并非总是天生的奴隶①。(2)仅凭战争中征服的权利形成的奴隶制是不能令人赞同的。优越的权力不一定意谓优越的德性。如果战争的原因是非正义的，又当如何呢？无论如何，希腊人不应该奴役希腊人②。亚里士多德的这种观点正和他的最重要的观点一样，可能深深打动了他的同代人。在我们看来他是反动的地方，而在他的同代人看来，他可能是革命的。(3)主人和奴隶的利益是相同的。因此，主人不应该滥用权威。他应该成为他的奴隶的朋友。他应该不仅仅是命令他的奴隶，而且和他说理③。(4)所有奴隶都应该有解放的希望④。

然而，亚里士多德观点中也有不能令人赞许的地方，他把人类截然分成两部分。人类在道德品质和心智水平方面不断分化，这种

---

① 1254ᵇ32—39, 1255ᵇ1—4。
② Ⅰ.6。
③ 1255ᵇ9—14, 1260ᵇ5—7, 1278ᵇ33。
④ 1330ª32。

分化导致并且总是导致一个从属制度。但是在这样一种制度下，不应该把任何人仅仅看成一个"活工具"。亚里士多德对这个问题的处理暗含着反驳了他自己的理论。他承认，奴隶不是一个单纯的肉体，而且有那种附属的理性，这使奴隶不仅能服从命令，而且能进行争论。一个奴隶尽管作为奴隶不能是他的主人的朋友，作为人他却可以成为主人的朋友[①]。但是奴隶的性质不能这样分开。奴隶作为一个人的存在和他作为一个单纯活工具的存在是不相容的。

财 富 的 获 得

《政治学》接下来的一节[②]构成亚里士多德对经济学的主要贡献。[③]这一部分与 I 卷的主题相联系，讨论财富的获得和家庭管理之间的关系问题。亚里士多德通过区别获得财富的两种方式[④]，回答了这个问题。有一种自然方式，即收集生活所需要的自然产品。他把这种方式主要分为三类：放牧，狩猎（又分为海上抢劫和拦路抢劫，打鱼及狩猎本身）和耕种。人根据对衣食的需要，固定了这种方式的自然范围。这种方式是家庭管理和国家管理的一部分[⑤]，或者更恰当地说，是二者的先决条件[⑥]；家庭管理者和国家管理者的

---

① 《尼各马可伦理学》1161^b5。

② I. 8—11。

③ 参见 212 页。

④ 1258^b27—33，补充了第三种方式：采矿，伐木，等等，对此整个问题，参见 J. 库克·威尔逊，载《古典评论》，X184—9。

⑤ 1256^b26。

⑥ 1256^a11，1258^a19—37。

任务是使用积累起来的东西。

这种获得财富的方式和第二种获得财富的方式的中介是易物^①。

243 亚里士多德在这里得出后来著名的事物的使用价值和事物的交换价值之间的区别。你可以或者穿一双鞋，或者用它易物；不管怎样，你都是使用它"本身"，但是前者是它的"合适使用"，即这种使用只能用它而不能用其它东西。在一定程度上，易物是自然的，也就是说，只就这是获得生活真正需要的东西而言。获得财富的第二种和不自然的方式始于易物是为钱而不是为物。亚里士多德指出，货币的内在特点是(1)它比物品更易携带，(2)除了交换的便利以外，它还有自己的用处。金属货币正是这样。他没有预见到纸币的使用，这并不奇怪。奇怪的是他把用不同于易物的其它贸易手段获得财富看成是不自然的。毫无疑问，他的异议基于一种道德考虑。他指责超出生活需要，无止境地追求财富。但是他没有看到，即使在积累物品，交换尚未开始的最初阶段，仍可能出现为财富而追求财富，而且，在以物易物和以物易钱的过程中，牟取暴利同样是可能的。他也没有看到，他所指责的商业阶级提供了一种有用的公共服务，而且，他们获利也正是因为他们提供了这种服务。他的观点过多地反映了希腊人中常见的那种认为贸易是没有教养的行当的偏见。

他还认为，在获得财富的不自然的方式中，最坏的是放高利贷，因为货币本身就是不自然的产物，而这里不是用于它原来的目的（交换），而是用于一个更不自然的目的^②。这里，反对邪恶的高利贷，

---

① I. 9。

② 1258^b2—8，对于亚里士多德的学说及其后来引起的发展，参见《经济学》105—111 页。

这种正义的道德偏见同样使他看不到资本借贷人所提供的经济服务。他考虑的一定不是使工业成为可能的借贷，而是欺骗穷人的借贷，穷人为眼前需要所迫而借钱，这使他实际上成为借贷人的奴隶。

这一卷结束时，亚里士多德讨论了适合于家庭的各种统治[①]，奴 244 隶没有思辨能力；女人有思辨能力，但没有权威：小孩有思辨能力，但不成熟。因此，主人对奴隶的统治必须是专制的，丈夫对妻子的统治必须是合法的，父亲对孩子的统治必须是君主式的。这样，家庭就预先含有政府的三种主要形式。

理 想 共 和 国

亚里士多德在 II 卷主要是批判地研究前人提出的理想共和国，历史上最令人钦佩的政体和立法者，以图得出在这个领域中迄今为止思想方面和实践方面最好的结论。他从批判柏拉图的《理想国》开始，首先考察了柏拉图关于共妇女共儿童的建议[②]，他的论证主要有两个。(1)柏拉图的原则"国家越统一越好"是错的。国家的性质就在于其多样性，而且是各种不同的多样性。国家不同于民族，亚里士多德认为民族是没有差别的集合体。一个国家有各种各样的职能，归结起来可以说就是一些人必须进行统治，另一些人必须被统治。这里，亚里士多德好像忘记了柏拉图的实际计划。柏拉图清楚地认识到国家作用的多样性，因而相应地提出三个区别明确的阶

---

① I. 12, 13。

② II. 2—4。

级。其中，只有在两个阶级内（即统治阶级和武士阶级内）规定可以共妻儿，而且只有在这两个阶级内，亚里士多德才可以正确地说柏拉图过分地要求统一。(2)即使统一是国家的正确理想，它也不一定由柏拉图的计划产生出来①。柏拉图以为若是所有人对相同的事物说"我的"或者说"不是我的"，就可以得到统一。但是，亚里士多德指出，在柏拉图式的国家中，尽管一个小孩在下述意义上是所有人的小孩：即他被所有具有一定年龄的保护人抚养，但他在下述意义上却不是所有人的小孩：即他是每一个人的小孩。谁也不会以对待自己名副其实的小孩的那种感情对待他或照顾他。每一个人的事就是无名氏的事。每一个公民将有千百个儿子，每一个儿子将有千百个父亲，这种情况只会产生冷冰冰的友情。做一个真正的表兄比做一个柏拉图式的儿子要好得多！

245

　　亚里士多德的论证是：感情的强烈只能由感情的专一获得。柏拉图介绍用育婴堂和孤儿院代替父母，但不是在父母去世或不适合尽其职责的时候，而是在一切时候。这不一定产生他所期待的感情。亚里士多德信赖现存机构，驳斥对这些机构的滥用，在这里他是正确的。黑格尔恰如其分地说，如果理想主义是一种力量，它首先是追求现实中的理想因素，其次才是粉碎现实以期望在其它地方发现理想，那么，比起亚里士多德来，柏拉图还"不够理想"。

　　关于财产②，亚里士多德从现存情况区别出三种可能的变化：

　　(1)土地是私人财产，产品归公共使用。

---

　　①　II. 3。
　　②　II. 5。

(2)公共财产,私人使用。

(3)公共财产,公共使用。

他指出,(a)在公共财产的制度下,多劳少得者将抱怨少劳多得者;(b)共同生活,尤其是财产的公共占有,是争端的主要根由,比如旅伴之间;(c)人们若是着手干自己的事情,则效率倍增;(d)意识到财产是享乐的主要根由,是自爱的一种形式;(e)使用财产帮助朋友更是享乐的根由,是表现美德的机会;(f)私人财产引起争吵,不是因为财产是私人的,而是因为人性的邪恶;(g)柏拉图旨在于过分的统一,而国家不应靠过分的统一,而应靠教育成为公社;(h)柏拉图似乎希望共产主义只适用于管理人员,为什么他没有这种信念的勇气并且把它也适用于农民呢?(i)剥夺管理人员的幸福并且说使国家幸福就足够了,这样做毫无用处,幸福只能为个人分享。由于所有这些原因,亚里士多德主张用三种可能情况的第一种——私人财产,公共使用,反对其它两种情况。我们可以用下述说法说明他的意思:这是一种安排,根据它,富人允许公众自由地进入他们的画廊、公园和田野。只要社会主义意谓国家对行业更好地组织,亚里士多德就会赞同它,因为他对国家职能的看法远比个人主义的自由放任派积极。但是,只要社会主义意谓剥夺私人行业的酬金,企图创立一种占有物的平等,而能力和行业方面天生的不平等将不断打破这种平等,亚里士多德就是个人主义者,而且最清楚不过地表达了个人主义的常识。我们将看到,他不太强调个人主义的主要经济论证,即如果人们辛勤劳动的果实直接由他们自己和他们的子孙收获,而不是放到公共资金之中,那么他们将更努力地劳动。亚里士多德已经指责了超出生活和善的生活的需要而积累财富。他的公民不会从事行业劳动，也不会从公共服务中获利，他的论证归根到底就是说，财产像家庭一样，是个性的自然的和正常的扩展，是快乐的根源和善行的机会。分享财富就是试图通过议会清除私心，但是私心的根源太深，以致不能依靠立法加以根除。私心的根源在于人的邪恶。正如柏拉图实际上也考虑过的那样，医治私心在于教育，就是说，以"政体精神"① 进行教育。政体精神将引导人们慷慨地使用自己的财富，并且坦然地默认对他们私人财产的公共使用。

　　在后面的一章中 ②，亚里士多德考虑了平均财产的建议。他坚持认为，人口的增长趋于不断地打破任何已经形成的财产的平均；需要平均的不是人们的占有物，而是人们的欲望。这种建议只能解决由需要而引起的并且能由这些建议医治的那些微不足道的罪恶；决定公民的财富，不仅要考虑公社的福利，而且要考虑能够抵御外敌的必需品。整个问题的结论是"最好是培养不奢求这类高尚品质，制止贪婪这类低贱品质。"

国 家 和 公 民

　　III 卷是《政治学》的中心和基本部分。首先提出的问题是"什么是国家？"这个问题对亚里士多德有实际意义。新政府企图拒绝对旧政府的行为负责，认为它们不是国家的行为，因此产生这个问

----

① 　1337ª14。

② 　II. 7。

题。由于国家由公民组成，亚里士多德首先问谁是公民、什么是公民？(1)在某一地方居住并不成为一个公民，因为侨民和奴隶也住在这些地方。(2)拥有控告权和被控告权也不成为一个公民，因为根据条约，侨民也可以有这种权利。一个人若要成为公民，只能是在限定意义上，正如那些太小或太老的人不适合作公民。(3)祖籍是公民不能构成一个公民，因为第一批公民是什么人呢①？公民本身的特点在于参与仁政并可成为政府议会的成员。但是如果一个属的每个种可以像政体类型那样按照优劣来排列，那么它们就很少有共同之处。因此，"公民"的意义随政府的形式而有所不同。上面给定的定义最适合于民主制，而在其它国家，比如斯巴达和克里特，立法者和审判者只能是某些决策机构的头面人物，而不是所有公民②。

　　亚里士多德的公民概念和近代公民概念大相径庭，因为他看到的不是典型的政府，而是初级政府。他的公民不满足于有选择其统治者的发言权；每一个公民实际上是要轮流统治，他们不仅仅做一个行政官，而且要帮助国家立法，后者在亚里士多德看来更为重要；因为赋予行政的作用相对小些，它是在法律过于原则化的时候对法律进行的补充③。由于对公民职责的这种崇高认识，亚里士多德大大缩小了公民范围。农民或劳动者虽然可能有选择其代表的能力，却理所当然地注定不能进行实际的统治④。但是在这一点上，亚里士多

---

① 1275^{b}21—34。
② III. 1。
③ III. 16。
④ III. 5。

德不仅否定了政治特权可以在那些最初没什么资格行使政治特权的人身上产生的教育结果，而且使大量的人口丧失公民权，致使国家的稳定受到威胁。

城邦的公民权排除大量的城市人口，而且，由于这种公民权蕴涵着教会和陪审团的成员资格，因而不能扩展到殖民地或附属国。正是效忠君主的封建思想使近代国家能够"不但把被征服者同其征服者联系起来，而且把遥远的殖民地同其宗主国联系起来"。①

定义了"公民"，我们现在可以把国家定义为能够满足生活目的的公民机构。亚里士多德又回到②他开始的问题，什么是国家的作用，或什么不是国家的作用？这涉及有关国家的个性的问题，国家的个性在于地点还是在于居民？显然都不是。一个复合体随着其构成部分的有规律的变化而发生变化；多利安人（Dorian）和弗里加人（Phrygian）的形式不同，但含有相同的性质。同样，国家的相同，主要在于政体的相同。然而，这并不妨碍新政府是否应该完成旧政府的职责的问题。

随后，进一步提出关于公民的问题。③所有公民的优点显然是不同的，因为他们在国家中各起不同的作用。但是，他们有一个共同的目的：保护国家的安全。我们绝不能以为统治者的德行和臣民的德行区别非常之大，以致统治者不需要有臣民的德行。就仆人的职能来说，确实存在着懂得如何统治和如何服从的问题，主人则无

---

① E. 巴克：《柏拉图和亚里士多德的政治理论》299 页。

② III. 3。

③ III. 4。

需懂得怎样表现这些职能。但是，自由人统治自由人的知识只能通过自由人对其他自由人的服从来获得，正如军事统治只能通过军事服从来获得。统治者的特有德行只是管理方面的才智；他的所有其它德行，臣民必定同样具有。

这里有两个密切联系的问题，它们很容易混淆起来，即：公民权的本质是什么？公民权的权限是什么？"一个公民是这样一个人，其父母过去是公民"这种说法回答的是第二个问题。亚里士多德主要是对第一个问题感兴趣，但是对第一个问题的正确回答可以得出对第二个问题的正确回答。如果做一个公民是行使某些职能，那么公民权的权限就是行使这些职能的能力。在回答"做一个公民意谓什么"这个问题时，亚里士多德部分地依赖于自己的推理，部分地依赖于这个词的普通用法。一个公民必须是一个城邦的成员，而不能仅仅是城邦存在的拥护者或手段。那么一个成员的最低职能是什么呢？控告权和被控告权这种法律地位是不够的。这里亚里士多德求助于普通用法；这些权利适合于许多不能称为公民的人。他根据当时雅典的实际情况，选择了构成公民的职能；做一个陪审员和做一个议会成员，这些是最低限度的职能。陪审员的概念与公民的概念之间的联系一定有些偶然。有些管理方式中也许没有陪审团制度，因而公民权被大大地普及了。而且，君主议会的成员资格不一定是公民权的一部分；亚里士多德没有预见到典型政府的可能性。我们倾向于认为，最低限度的公民权在于有权投票选择议会的成员。

亚里士多德排除了小手工业阶级的公民权，这也许会使人感到奇怪。促使他这样做的原因是"小手工业的生活与有德行的做法是格格不入的"①。他找到两种根据。(1)首先在于没有空闲时间。随着代议制政府的发现,这种论证失去了说服力。小手工业者也许没有时间参加君主议会,但是没有任何理由说明他们不应该有选举权。(2)亚里士多德认为,体力劳动实际上限制了精神的活动范围,使它不适合于先进的美德。这里,他的判断又过于广泛了。

柏拉图承认公民权包括劳动,而亚里士多德却排除它,但实际上二者没有什么区别,因为柏拉图认为劳动只有服从的职能,没有政治职能;而亚里士多德正是由于认为劳动不能具有任何更高的职能,因而拒绝承认它作公民权。他们之间的差别仅仅表示在对公民权的定义上。柏拉图国家中的劳动,恰恰是亚里士多德称为不是国家的一部分,而是国家存在的手段的那种东西。我们几乎不能怀疑,亚里士多德在这里如同在其它地方经常所做的那样,有些草率地运用了他所偏爱的目的和手段的说法。实际上,社会不能分成两半,其中一半仅仅是达到另一半的福利的手段。每一个人都能够过一种对自己有价值的生活,国家的责任正是在于保证其最有教养的和最卑贱的成员的权利。绝对平均主义的国家理论在这方面走得
250 太远,它们容易忽视能力的差别,这种差别实际上使某些人比另一些人更能过"善的生活",亚里士多德的理论使我们认识到不平等的存在,在这一点上,它是有价值的。但是,就能力的复杂差异而言,或者就亚里士多德在其它地方强调的所有不利情况下"光彩夺目"②的美德的力量而言,任何把人简单地分成国家的部分和国家存在的纯条件的做法都是不公正的。

---

① 　1278ᵃ20。
② 　《尼各马可伦理学》1100ᵇ30。

政　体　分　类

亚里士多德从考虑公民权过渡到考虑政体分类。^① 政体被定义为国家内各管辖区的安排，尤其是最高机构的安排。政体的性质取决于最高权力机构。国家的形成是由于人们根据共同的利益而聚集起来。这种情况不同于主人和奴隶的联合，因为就后者而言，基本上只考虑主人的利益，如果奴隶堕落，则主人受损。因此，只有以共同利益为目标的政府才是真正的政府；那些只考虑统治者利益的政府是错误的体制。这样，政府的动机是我们对政府进行划分的主要根据。在这两种情况下，我们都可能有一人统治、少数人统治或多数人统治的政府。^② 我们有：

正确的政体	错误的体制
君主统治	僭主政治
贵族统治	寡头统治
共和政体 ^③	民主制

这个分类主要借用柏拉图的《政治家篇》的分类^④，但是划分原则有所不同，政体的区别是根据其对法律的尊重与否（亚里士多德用这个区别划分出民主制和寡头统治相互之间的较低种）。此外，在这 251

---

① 　III. 6—9。

② 　III. 7。

③ 　由于缺少公认的术语，亚氏给出这种政体，属名为 πολιτεία（共和政体）。在《尼各马可伦理学》1160ᵃ36，他称之为根据财产分配权力的政体（timocracy），这是一种基于财产资格的政体。

④ 　297c—303b。

两组主要的政体中,柏拉图根据统治者的人数分别区别出三个种,
而亚里士多德赞同质的区别,因为使用纯数字区别产生困难①。多数
富人的统治不是民主制,少数穷人的统治也不是寡头统治。但是,
如果我们的定义不仅比较统治机构的人数,而且包括富有程度,并
且定义寡头政府为少数富人的统治,定义民主制为多数穷人的统
治,那么在四种可能的组合中我们将省去两种。人数实际上毫不相
关。寡头统治基本是富人统治,民主制基本是穷人统治。从这种观
点出发,共和政体基本是中产阶级的治统②。把人分成富人或名人,
穷人或平民,有时还加上一个中产阶级,这种做法多半是亚里士多
德进行分类的基础③。

诚然,亚里士多德在其它地方④曾把这两个原则结合起来,定
义民主制为多数穷人的统治,定义寡头统治为少数富人的统治。但
是,这属于他分类的一部分,在这部分当中,他主要强调在政体的
主要类型中发现的区别,我们必须假定只有最严格的民主制和寡头
统治必然满足这个双重条件。另一段话更完整地阐明,寡头统治的
统治者以良好的出身,财产和教育为标志,民主制的统治者以微贱
的出身,贫困和下贱的工作为标志。⑤

阐述政体的差别还有另一种方法。可能有人问,任命政府官员
所依据的原则是什么? 就寡头政治,可以回答说,它依据的原则是

---

① III. 8。
② IV. II。
③ 1291^{b}15, 1295^{b}1, 1302^{b}40—1303^{a}13, 1304^{a}38—^{b}4。
④ 1290^{a}30—^{b}20。
⑤ 1317^{b}38。

"财产"，寡头统治认为财产是国家中最重要的东西，因此自然根据人们对于国家财产的贡献来任命政府官员。但是，民主制任命政府官员的基础不是贫困，而是自由地位，所有自由人同样有份。此外，君主制和贵族制授与权力，不是根据君主的独一无二或统治者的寡少，而是根据君主的最高德行或统治阶级的相对德行。共和政体任命政府官员同样根据财产和人数相结合的原则，或像亚里士多德有时说的，根据较卑微的一种德行，也就是广大公民的德行。僭主的 252 权力是基于武力和欺诈。

另一个地方①出现对国家的不同分析。如果我们想列举动物的种，就应该首先确定动物生活所必需的器官及其各种形式。二者有多少种结合，就可以产生多少种动物。国家的机构是生产食品的阶级、小手工业阶级、商贩阶级、农奴、武士、法官、提供奢侈的公共服务的阶级、公务员阶级、审议团体②。政体分类将符合这种对国家职能的分析。但是，一个人可以表现出多种上述职能，却没有人能够既是富人又是穷人。因此一般观点是把政体分成民主制和寡头统治。对国家职能的这种处理本来可以形成比亚里士多德实际提供的分类更有价值的分类基础；但是，尽管它在《政治学》偶然再现，却没有坚持到底，产生自己的结果③。

亚里士多德采取这各种各样的观点，使人们很难理解他的政体分类。但是这实际上却导致一个很少交叉的划分，而且这足以使他的各种政体观念比采取任何一种基础所允许的政体观念更具体。

---

① 1290ᵇ22—1291ᵇ13。

② 从 1328ᵇ2 补充了教士阶级。

③ 1297ᵇ39, 1316ᵇ39, 1328ᵃ21。

我们一定要记住他的告诫,不要根据任何单一的划分原则来划分现实的种类。①

亚里士多德的主要划分原则和再划分原则在区别政体时仍然普遍使用。他的主要划分原则适合我们对宪政统治和专制统治的区别,我们依然以和他类似的方式区别君主制、贵族制、寡头统治和民主制。但是政府的其它分界线变得同样重要,比如:初级政府和代议制政府的分界线,统一国家、联邦政府和帝国的分界线,集权政府和分封制政府的分界线,成文的宪法和不成文的宪法、灵活的宪法和不可改变的宪法的分界线。对于代议制政府,也不像初级政府那样容易说出它是君主制、贵族制,还是民主制。

253　　亚里士多德在《政治学》最精彩的章节之一指出,贵族、寡头和民主派的主张取决于对正义概念的不同运用。② 他们一致认为正义即对同等人平等,对不同等人不平等。问题是什么构成同等人,什么构成不同等人。财产优厚的人自认为事事优先,主张他们在国家中的所有权应该相应于自己的财产。与别人拥有同等自由地位的人自认为在一切方面平等,主张所有自由人应该有平等的政治权利。因此出现了寡头统治和民主制。但是,国家的存在不是为了联盟和防止非正义(在联盟和防止非正义的情况下,每一个人应该只算一个人,没有人应该算多个人),也不是为了商品的交换(在交换的情况下,财产将有力量)。如果财富是国家的目的,那么两个有贸易协定的国家就是一个国家。单独一个国家必须有一般管理机

---

① 《动物的分类学》I. I。

② III. 9。

构，并且要尊重它的所有成员的优良品质。没有道德目的，一个国家就变成一个纯粹的联盟，法律就变成纯粹的约定和防止非正义的手段，但不会有任何积极的力量造就人类的善。即使两个国家是邻邦并且有通婚权或贸易权，它们也不成为一个国家。使两个国家不能成为一个国家的原因并不全是它们之间的距离，而是它们交往目的的有限性质。一个国家是一个福利公社，目的在于完善的和自足的生活。共同的地域、通婚、防止罪恶和调节贸易的法律，这些是国家的必要条件，但不构成一个国家。这样，如果国家为高尚的行为而存在，权力就不应该属于自由人、出身高贵的人和富人，而应该属于善人。以任何缺乏善的东西解释平等，"仅仅是在说正义的一部分"。

从未有过一种说法，比上述说法表达出更高或更积极的国家理想。我们可以看到，它优于赫克斯利所说的"行政虚无主义"，后者即关于国家的"警察"理论，根据这个理论，只有当个人企图干涉他人自由时，国家才应该干涉个人的自由。但是我们可以问，亚里士多德是否并没有朝"管辖"的对立面走得太远。他不相信议会活动能够使人变得有道德，但是他相信，通过对一定类型的行为的奖惩，国家可以创造出行善和抑恶的习惯。这不是道德，但是他认为这是道德的先决条件，道德根据它得以产生。而且经验确确实实地说明他是对的。

III 卷还剩下的是一大段讨论，其中公正地讨论了各种正确政体的优点，以便确定哪一种政体是理想的。在最后两章，亚里士多德对这个问题做出最明确的回答，同时，他常常提起另一个问题，即人至上还是应该法律至上。

254

开始，他倾向于多数人的统治，并提出四条理由说明，主张多数人统治是有一定意义的。(1)许多普通人一起可能胜过少数几个有教养的人。亚里士多德似乎是说智慧和美德可以融为一体，并且他过于轻易地假定在其它范围，比如判断音乐和诗词，多数人的意见比少数人的意见更可取。然而在实际事物中，他的论点却有很大程度的合理性。常常发生这样的事情，一个或少数几个聪明人所制定的方案在一些普通人的常识眼光注视下，很容易表现出其作者所没有察觉的缺陷。经常有人说，一个委员会比其最聪明的委员更聪明。亚里士多德不承认这个论证的普遍有用性。他指出，不管怎样，这个论证只允许多数人有某些集体职能，而不给缺少文化的阶级的个人以行政职能。(2)长期剥夺广大群众的一切管理权力是危险的，因为这引起广泛的不满。(3)特别是对于把选择、改选或罢免统治者的职能归于一般平民，还有许多事情要说明。就罢免职能而言，在任何技艺中，聪明的外行很可能像专家一样做出正确判断。就选择职能而言，房屋的使用者比其建筑师可以更恰当地判断房屋的好坏，宾客比厨师可以更好地评判一桌宴席。一个人不能恰当地判断自己进行统治的能力或自己实际统治的优点。统治者应该由那些因其统治而获益或受害的人选举出来和罢免下去——穿鞋的人方知鞋的大小[①]。(4)个人可能控制不住感情，一群人不太可能同时都控制不住感情[②]，这里亚里士多德好像把群体当作一些孤立的个体来处理，并根据这种假设，运用概率的规律。他忽视了这样一个

---

① III. 11。

② 1286ª31——ᵇ7。

事实：一群人很容易被其最狂热的分子的感情冲昏头脑。但是他只 255
承认这样一个结论：有同等德行的一些人较之与他们有同等德行的
一个人，不太容易步入歧途。

有一种情况，显然会使多数人统治的主张注定要碰壁[①]。这是一
种不可能的情况：在一个国家中，一个人的优点不仅超过所有其他
个人，而且超过所有其他个人一起形成的优点，对这样的人制定法
律是不可思议的。民主国家由于知道与这样的人格格不入，因此对
他们的做法就是排斥他们。但是唯一恰当的方针是欣然服从他们。
在亚里士多德看来，这种"完人的君主制"是理想政体。但是他知
道这样的人是罕见的或者从来没有过。

君 主 制

上述观点自然而然地引起对君主制更详细的讨论[②]。亚里士多
德列举五种君主制——斯巴达式（不负责任和终身制的战争领导
权，还有宗教监督）和绝对君主制，还有三种中间形式。斯巴达式
或最低形式几乎无需考虑。这不是独立的政体形式，因为任何政
体都可能承认一个终身统帅。我们只需要考虑最高形式[③]。考虑君
主制的优点，涉及已经提出的赞同多数人统治这种主张的论证，因
此得出结论：多数有教养的人的统治（即贵族制）胜过同样有教养
的一个人的统治。亚里士多德指出了君主制偶然遇到的反对意见。

---

① III. 13。
② III. 14—18。
③ III. 15。

国王自然愿意把其权位传给自己的子孙，但是根本无法保证他们是称职的。国王一定有卫兵，也可能不适当地使用他们。但是这里主要讨论的问题在于应该国王至上还是法律至上①。一方面可能说，法律是不带感情的理性，应该至上；另一方面可能说，法律将带有可能有缺陷的政府的色彩，因为法律是由这样的政府制定的。可能有人会说，法律由于其概括性而不能适合所有特例；以固定的规则从事医学或任何其它科学是不可思议的。但是，法律不能决定的，个人怎能决定呢？医学一类事物也不是决定性的。医生不会不竭尽全力医治病人，但是统治者常常根据怨恨和偏心而行动。而且，如果认为成文法过于僵化，我们可以求助于更重要的那种未成文的和习惯的法律。结论是：只要可能，就应该遵守法律；只有法律没有谈及的特殊情况，才应该让个人去解决。

这里，亚里士多德的观点是有些奇怪的。法律本身是从哪里来的呢？法律一定是一个人、少数几个人或多数人组成的政府制定起来的，必然带有其制定者的缺陷。在某种程度上，亚里士多德的意思符合于我们对脱离立法机关控制的行政活动的不信任。但是，他没有再深入一步。他甚至不信任公民大会——几乎相当于议会的雅典公民大会——的法令，他认为，法令优先于法律实际上毁了雅典。也许，他根本不满意议会在其日常活动中可以使某些事物成为合法的，使某些事物成为不合法的这样一种制度。也许，他对预防法律发生根本变化特别经心。也许，他希望法律相对持久，赋予立法机关补充法律的职能，因此，应该把法律的改变看成特殊的事情。

---

① 1281^{a}34—39，1282^{b}1—13，1286^{a}7—24，1287^{a}18—^{b}23。

亚里士多德认为①，国王和他的臣民的关系，正如主人和他的仆人的关系一样，不一定是一种不自然的关系。有两个事情至关重要，（1）国王应该追求他的臣民的幸福，而不应该追求自己的幸福；（2）国王的才智和德行应该无可争议地高于他的臣民。实际上，不考虑平民的特殊性质，我们就无法说明，对于平民来说，什么是最好的政府。如果最好的政府是一个人或一个家庭在美德方面超过其他人或其它家庭，那么最好由一个国王来统治。如果最好的政府是这样一个机构：平民可以作为自由人而受那些凭其才智和德行而成为政治领袖的人的统治，那么最好由贵族制统治。如果最好的政府是人民，其中"根据富有阶级依其功过而获得统治权这样一条法律，自然就有一批能够轮流统治和服从的军事家"，那么这适合于共和政体。亚里士多德赞同"人中天才"的君主制，因为超验的美 257
德与其说是在多数人身上，不如说是在一个人身上。但是，他承认这是几乎不可能实现的理想。他后来（VII卷）描述的理想国家是由一些具有高度文明的美德的人的统治的，在这种统治下，凡没有这些美德的人，不能被接受为公民；所有公民轮流统治和被统治。但是他也看到，这种理想对人性来说高不可及，因此，他相应地提出共和政体作为当时希腊国家切实可行的理想，在共和政体下，统治资格不是具有高度文明的美德，而是中产阶级坚定的军事美德。他觉得，民主制很可能已经存在②，政治家所能做的最实际的事情，就是把它和寡头政治的许多东西掺和起来，以便使它对世界是安全的。

---

① III. 17。
② 1286^{b}20。

国 家 形 态

我们在 IV—VI 卷好像接触到这样一部分,它原来是一篇独立的论文,其技术性超过其它部分。这部分详细探讨了政体的种和更小的种。对于政府的六种形式,已经讨论过君主制和贵族制 ①;还需要讨论共和政体,僭主政治,寡头政治,民主政治 ②。IV 卷 3—6 对立地讨论了寡头政治和民主政治,IV 卷 8,9,11 讨论了共和政体,IV 卷 10 讨论了僭主政治。

僭主政治滥用了最好的政府形式,因此一定是最坏的;寡头政治是其次坏的;尽管民主政治也是最好政府形式的滥用,却是这三种坏形式中最说得过去的。亚里士多德规定上述为公理,然后大致描述了一个他要深入讨论的计划;要研究:

(1)政体有多少不同的形式(IV. 3—10),

(2)在正常情况下,最理想的政体是什么,次最理想的政体是什么(IV. 11),

(3)这三种较差的政体中,哪一种适合各类国民(IV. 12),

(4)这些形式的政体是如何组织的(IV. 14—16. IV.),

(5)政体是怎样摧毁的和保留的(V)。

258   亚里士多德认识到民主政治的五种不同形式,其区别不仅在于

---

①   这一说法(1289ª30)似乎意味着 III 卷遗失了探讨贵族政治的一节。参见 235 页,n. 1. 亚里士多德在 IV 卷 7(参见 1293ᵇ33—42,1294ª19—25)对不太严格的所谓贵族统治的三种形式补充了一点说明。

②   IV. 2。

这些体制的性质，而且在于产生这些体制的国民的性质。① (1)有严格基于平等的民主政治，富人不比穷人重要，穷人也不比富人重要②。(2)有根据较低的财产资格而选举行政官员的民主制，这是农民或牧人的政体。根据亚里士多德，这是民主政治的最好形式。亚里士多德有些讥诮地强调说，这些国民的优点在于他们过于繁忙，居住甚远，以致除了出席议会偶尔召集的会议，选举行政官员并且让他们负责之外，再也做不了什么事情，而且，他们将非常乐意地把自己的行政职位交给更合适的人选。亚里士多德眼中形成的这种完好的民主政治，几乎根本不是民主政治。在这样一个国家中，法律不因公民大会的法令的侵入而受到损害；最好的人进行统治，却又受到广泛选举的制约③。

经过两个中间形式④以后，我们得到(5)这样一种形式，其中，议会人员是雇佣的，公民大会的法令大有取代法律的倾向；平民受到蛊惑人心的政客的影响；富人受到欺骗；行政机构的权威被破坏；手工业者和劳动者至上。这与僭主政治非常类似，并且和它一样，在亚里士多德看来几乎根本不是政体⑤。亚里士多德不仅认识到政体从君主政治形式经过贵族政治形式、寡头政治形式和僭主政治形式过渡到民主政治的历史倾向，而且认识到民主政治自己从最温和

---

① 参见 1317ª18—33。

② 这种形式的区别只出现在 1291ᵇ30—38；在 IV 卷 6 和 VI 卷 4，它与第二种形式并列，但似乎是不同的，因为它没有财产资格。

③ 1291ᵇ39—41, 1292ᵇ25—33, 1318ᵇ6—1319ª42。

④ 第三种形式，见 1292ᵇ1, ᵇ34—38；第四种形式，见 1292ª2—4；ᵇ38—41；1319ᵇ24—ᵇ2 提到它们，但没有区别。

⑤ 1292ª4—37, ᵇ41—1293ª10, 1296ᵇ26—30, 1298ª28—33, 1317ª24—29, 1319ᵇ1—11。

的形式走向最极端的形式的进程。^① 同样,寡头政治的四种形式^② 和僭主政治的三种形式^③ 也得到区别。

　　然后,亚里士多德转到一种由于少见,而被以前的思想家忽略了的政体上^④,这就是共和政体。共和政体是寡头政治和民主政治的混合物,但是(亚里士多德指出)这个术语通常适用于偏重民主政治方面的混合物,而偏重于寡头政治的混合物不确切地可叫作贵族政治^⑤。共和政体的特点是它既考虑人们贡献给国家机构的财产,又考虑人们的自由地位。亚里士多德说明了三种混合方法^⑥。其中,两种方法都在于从两种政府形式整个地或部分地借用体制。第三种方法是折衷地采取这两种政府条令。这样,共和政体既不以万贯财产作参政资格,也不以一贫如洗作参政资格,自然走在寡头政治和民主政治的中间道路上。实际上,它将把权力委托给中产阶级;这正是亚里士多德后来主要强调的共和政体的特点。

　　我们现在可以谈谈对于大多数国家来说,什么是最好的政体,而不考虑那些仅仅是渴望的理想国家^⑦。我们在《伦理学》中得知,幸福生活是适度的生活。当财产过多或不足时,我们就很难遵守理性。财产过多的人容易产生暴行,财产过少的人容易产生偷摸行为,前者即使在学校也没有学成服从的习惯,因此不能服从别人;

---

　　①　$1286^{b}8 — 22$, $1292^{b}41$, $1297^{b}16 — 28$。
　　②　$1292^{a}39 —^{b}10$, $1293^{a}12 — 34$, 参见 $1298^{a}34 —^{b}5$, VI. 6。
　　③　IV. 10。
　　④　IV. 7。
　　⑤　IV. 8。
　　⑥　IV. 9。
　　⑦　IV. 11。

后者根本不能当领袖，因此必然像奴隶一样被统治。这样就产生"主人和奴隶的城邦，主人蔑视奴隶，奴隶忌恨主人。"因此，如果这个城邦有大量的中产阶级公民能够平衡这对立的双方，这个城邦就是幸福的。中产阶级是唯一不怕其对立面联合起来的阶级；（亚里士多德坚持认为）富人和穷人总是信任中产阶级，自己却相互不信任。如果没有中产阶级，就会出现寡头政治或民主政治，二者可以轻而易举地变成僭主政治。然而，民主政治比寡头政治可靠，因为民主政治容易有更大的中产阶级。大部分政府一直是民主政治或寡头政治的，这不过是因为中产阶级太小了。

亚里士多德在说明他的"共和政体"时，除了斯巴达，没有举任何实际例子，但是毫无疑问，他考虑的是公元前411年的雅典政体。这个政体把权力交给全副武装的5,000人，而且取消了出席会议的俸禄制度。我们在《雅典政制》①中看到，亚里士多德和托斯蒂茨一样，把这种政体的创造者塞拉曼斯看成希腊政治家中最杰出的260 伟人之一。

现在亚里士多德转到他所讨论的最技术性的部分，即讨论审议、行政和司法部门②。他在这里比在任何其它地方都更清楚地承认，这些部门是国家的最关键部分。他的目的是想说明，这些部门怎样安排才适合于政体的各种形式。在他对审议部门的探讨中，最值得注意的是他提议审议者应该平均地选自不同的阶级③。这其实是代议制政府；但是亚里士多德没有认识到它的深远意义。他随后

---

① 28。
② IV. 14—16。
③ $1298^b21—23$。

考虑了行政部门^①，把任命的各种方式区别为：

(1)所有公民或有些公民任命，

(2)所有公民或一个阶级(以财产资格、出身或功劳来区别)是合适人选，

(3)通过选举或抽签来任命。

而且，上述每一种方式的两种选择可以结合起来，(例如)所有公民任命到某些机构，只有某些公民任命到其它机构。这样就有 $3 \times 3 \times 3$ 种的可能性。亚里士多德论述了大部分可能性，并说明它们适合于哪一种政体。他在其它地方还非常有趣地、详细地描述了国家中(a)基本的和(b)合乎需要的政府机构^②。

他在 VI 卷继续详细地讨论民主政治(1—5章)和寡头政治(6—7章)的专门组织。他发现，民主政治的主要特征在于主张平等，但是不考虑功绩的差异；主张自由，但是把自由解释为允许"行其所乐"^③。这两种主张结合起来，就产生下述要求：一个人或者根本不受统治，或者至少有自己进行统治的机会。亚里士多德发现，这些要求就是那些很容易在所有民主政治国家中或多或少发现的政体安排的根源。但是他坚决认为下述设想是错误的：最切实的民主措施将是建立最典型的民主政治的措施；最利于民主政治的措施是使它持续最长久的措施^④。真正的智慧不是欺骗对立的阶级，而是慷慨待之。而且，虽然出席会议的平民有俸禄是民主政治的特点，

261

---

① IV. 15。

② IV. 8。

③ VI. 2。

④ VI. 5，参见 1309^{b}18—1310^{a}36, 1313^{a}20—33, 1321^{a}26—^{b}1。

但贤明的民主执政者却不会使之过分，以致发生贫困——尽管他将热心地想办法资助这些穷公民的农庄或买卖，从而促进他们的繁荣和提高他们的自尊。

国 家 的 病 态

现在亚里士多德转到革命的原因、过程和阻止它的方法等问题上来。Ⅴ卷包括大量的历史资料，但是我们更感兴趣的是亚里士多德在对革命原因的诊断和治愈政治机体的疾病的处方中所表现出来的成熟的政治才华。

亚里士多德指出，有各种不同程度的革命。它可能采取改变政体的形式，或者，革命者可能使政体保持不变，而满足于把大权掌握到自己手中。此外，一场革命可能仅仅使寡头政治的形式得到加强或减弱。或者，使民主政治的形式得到加强或减弱。而且，革命可能是针对某一机构的，而使政府形式的其它方面保持不变。

亚里士多德首先集中考虑革命的一般原因。革命的根源在于人们对正义得出片面的和歪曲了的认识。民主派认为人有同等的自由，因此应该绝对平等。寡头政治派认为人在财产上是不平等的，因此应该绝对不平等。这就是革命者的精神状态①。革命者的目的是名利，或避免名利受到损失。导致他们这种精神状态的原因是对别人占有名利的愤怒，目空一切，恐惧，个人不适当的出人头地，受辱，国家某些方面不相称的增长，选举阴谋，随便接纳不忠诚的人参政，忽视细小的变化，国家组成部门的差异。亚里士多德的渊

---

① Ⅴ. 2。

博的历史知识使他能够恰当地说明革命的这些原因 ①。

　　然后，亚里士多德考察了特殊形式的国家——民主政治（5 章），寡头政治（6 章），贵族政治和共和政体（7 章）——中发生革命的原因。民主政治被推翻，这通常是由于政治煽动者的暴行，因为他们的行为导致富人联合起来反对政府；或者，政治煽动者可能建立一

262　种僭主政治。寡头政治被推翻，这是由于（1）其压迫制度引起暴动，或（2）寡头统治内部的争端，这使其统治者扮演政治煽动者的角色。在贵族政治下发生革命，有时是因为国家的荣誉被限制在非常狭小的集团内。然而，贵族政治或共和政体的崩溃，通常是民主政治因素和寡头政治因素不适当地混合所致。共和政体容易变成民主制，贵族政治容易变成寡头政治。但是，反动有时使共和政体变成寡头政治，使贵族政治变成民主政治。外来影响在产生革命的过程中造成的结果也得到注意。②

　　预防革命的措施随即得到考虑 ③。最重要的事情是保持服从法律的精神，尤其是在小事情上；必须注意一开始的变化。第二条规则是不要依赖于欺骗人民的手法，经验已经证明这是没有用处的。此外，贵族政治和寡头政治可能延续，不是由于其政体的内在稳定性，而是因为统治者和他们的臣民保持良好关系，既不沾污那些希望获得声誉的贵人，也不虐待希望得到钱物的平民，而是在统治中运用指导性的精神，并且在某种程度上采取民主体制。统治者还应该告诫人民存在着外国进攻的危险，而且，如果必要的话，应该制

---

①　V. 3，4。

②　1307^{b}19 — 24。

③　V. 8，9。

造出危险来警告他们。统治阶级无论如何必须保持其自身的团结，必须谨慎注意财产分配的变化所产生的政治影响，不应该允许任何个人或阶级变得过于强大；应该使富人和穷人互相制约，或者应该把权力交给中产阶级。

亚里士多德非常强调的一点是，统治者不应该有机会在参政过程中牟取暴利。他如下这样说也许有些夸大：只要平民相信没有受其主人的掠夺，就不会不满足于无权。因而他规定要对账目的管理进行仔细监督。他不但不主张寡头政治约束穷人，民主政治约束富人，而且指出，统治者对被统治者特别应该采取审慎的行为，这一点非常重要。除了最高机构以外，被统治者在所有机构中都应该得到平等或选择的权力。

最高统治机构需要三件事：对政体的忠诚，执政能力和正直①。如果得不到这三点，我们如何选择呢？我们必须考虑什么品质是普通的，什么品质是罕见的。选择将军，我们必须考虑他的军事技术，而不是考虑他的正直，因为军事技术是罕见的。选择财政官员，我们必须考虑他的正直，因为这个工作的必要知识是普通的。这是亚里士多德详细论述候选人怎样适合他们参政的各种专门工作的少数段落之一。他常常谈到正义，认为参政是对美德的报酬。在某种程度上，这是因为雅典实行的是把行政权再分到许多部门，使得个别行政官无法产生很大影响。但是更重要的是应该记住，我们所译的"美德"一词既表示杰出的道德，也表示杰出的理性。实际上，亚里士多德和我们的原则都意谓最适合统治的人应该进行统治。

亚里士多德指出，许多貌似民主的实践其实毁了民主政治，许

①　V. 9。

多貌似寡头政治的实践也毁了寡头政治。民主政治和寡头政治一定不能走到极端，否则，它们将自掘坟墓；必须追求适度。但是，教育首先必须适合于政府形式；必须培育人们"不做取民主派或寡头派喜欢的行为，而做使民主政治或寡头政治能够得以存在的行为"。不能在奢侈的环境中培养年青的寡头派，也不能以自由在于行其所乐的观点教育年青的民主派。"人们不应该认为遵守规章制度的生活是受奴役，因为这是对他们的挽救。"

亚里士多德还需要谈论在君主政治和僭主政治下发生革命的原因和预防措施①。君主政治具有贵族政治的性质；僭主政治是极端民主政治和极端寡头政治的混合物。因此，前面对这些政府形式的论述也适合君主政治和僭主政治。王权保留下来，但它的权力范围受到限制②。僭主政治保留下来，一方面可以用传统方式侮辱人民，在他们中间制造纠纷，剥夺他们的权力；另一方面也可以使僭主的统治更像国王的统治；僭主必须表现成国家的创造者，公民的保护人，生活有节制的人，名人的好友，群众中的英雄。"这样，他的气质将是美好的，或至少是半美好的；他将不会是卑鄙的，而仅仅是半卑鄙的"。

理 想 的 国 家

《政治学》的几卷虽然说是探讨最佳政体③，实际上却没有怎么

---

① V. 10, 11。
② V. 11。
③ VII, VIII。

探讨政体问题。它们成为有关理想国家结构的一般文章，其考虑的更主要的问题是理想国家的教育安排。

为了描述理想的政体，我们必须首先确定哪种政体的生活最为适宜。亚里士多德首先概述了某些专属于伦理学的学说。所有善可以分成外在的善、肉体的善和灵魂的善，幸福的人必须具备这三种善。但是它们不具有同等价值，因为(1)经验表明，高度的美德和适宜的外在的善的结合，比没有美德的极大的外在的善，产生的幸福更大。只有当我们在一定限度内具有外在的善，它们对我们才是有利的；超出一定限度，它们可能就是有害的。但是谁也不会认为一个人的美德会太多。(2)不是由于外在的善和肉体的善，灵魂才是适宜的，而是由于灵魂，外在的善和肉体的善才是适宜的。

如果美德是个人最重要的东西，它必然是国家最重要的东西，因为国家是个人的整体。但是，国家必须有足够的外在的善，以表现出善的行为。

即使承认有德行的生活是最好的，我们仍然可以问①，经商和政治生活是最好的，还是沉思的生活是最好的？有些人认为，甚至立宪统治也有碍于个人幸福；另一些人(斯巴达政体的崇拜者)认为只有专横的统治与幸福并存。其实，在大多数国家里，如果说法律有某种目的，那么它就旨在维持政权。但是，(1)实际上不能认为统治别人是对的，除非被统治者是"天生的仆从"；不论统治别人有什么好处，决不能证明它是正当的。(2)一个孤立的城邦可以是幸福的；其相互作用的各部分使它有足够的范围从事幸福的活动。

---

① VII. 2。

　　这两种观点各有对错 ①。前者认为自由人的生活强于专制君主
265 的生活，这是对的；认为所有统治都是专制的，把僵死置于活动之
上，这是错的。后者认为最高的权力是一切事物中最好的，这是错
的。只有在统治天生的低贱者时，统治才是好的；并且只有这时，
统治是好的。此外，行为生活不一定牵涉到与别人的关系。思想本
身是一种活动，而且它是最高的活动，因为它最像是上帝的生活。

　　亚里士多德经过这些初步评论，开始描述他的理想国家 ②。有
些条件是必要的。其中，(1)首先是人口，重要的不是纯粹的人数，
尤其不是非公民(农民，商贩，工匠，劳动者)的人数，而是从事城
邦专门工作的能力。长仅一㕙的东西根本不是海船，长达四分之一
里的东西亦不是海船；而且在这些条件限制内，就有一些海船——
它们是海船，然而却太短或太长，以致不能像海船那样航行。国家
若是想要自给自足，则必须有某种最低限度的人口；但是如果超出
某种极限，则不可能有良好的管理和秩序。"没有声震寰宇的嗓子，
谁能成为如此广大民众的传令官呢？"如果是公民进行评判并且根
据功绩分配职位，那么他们必须了解相互的品格；如果人口太多，
这些事情将不太可能。总之，国家必须可以在一个人的视野范围
之内。

　　这里的最低限度和极限都是不确定的。亚里士多德认为，完美
不是仅仅取决于大小，而是取决于一定条件的限制。他的观点有益
于改正对大帝国的狂热赞美。但是，无论我们是考虑物质的、道德

————————————

① VII. 3。

② VII. 4—12。

的需要还是考虑精神的需要，自给自足的要求证实一个公社确实比亚里士多德本人所考虑的要大，而且的确需要这样的公社。我们应该把他的上述限制观点在某些方面看成是区域限制。我们不应该为一个传令官对付不了大不列颠的人口而感到不安。我们认为，在法律判决中，陪审团对受审双方的一般品格最好不要知道得过多，或者，如果他们知道许多，也不要考虑这些东西；在选择政府的时候，不一定非得认识我们选来执政的那些人，一般说来，我们对他们的履历即使知道得不是很多，也有足够的了解；至于被统治者的秩序，我们完全可以说，超过亚里士多德考虑的人口，依然可以保 266持秩序。

（2）领土[①]。领土应该大得足以保证自由和悠闲的生活，但又不是大得促成奢侈的生活。它应该使敌人难以进入，使居民易于外出。像人口一样，它应该能够在一个人的视野范围之内。以大海与外界交流，对于战时的安全和必需品的供应都是有利的[②]；一般人担心，人口的增长以及受不同传统熏陶的外国人的流入将有害于秩序，对此不必考虑得过于认真。但是，城市应该是为自己的市场，而不是为他人的市场；就是说，它在贸易中的目的应该不是获得无限的财富，而是进口需要的专用商品和出口多余商品。

（3）公民的品格[③]。希腊民族把北部民族的崇高精神和东部民族的智慧结合起来。因此，它自身就结合了自由与完好的管理，如果它能形成一个国家，它就能够主宰世界。这种智慧与精神最完善的

---

① VII. 5, 6。

② VII. 6。

③ VII. 7。

结合是国家公民最好的品格。

正如每一自然混合物需要某些不是有机部分的东西做条件一样,一个国家除其有机部分以外也需要某些条件①。为了区别国家的部分与其必要条件,我们必须列举它的职能。它必须有(1)农民,(2)工匠,(3)尚武阶级,(4)富有阶级,(5)教士,(6)判断正义和机谋的法官。②

这些职能在一个人身上应该结合到什么程度呢?③ 行使政治责任,工匠没有这样的美德,农民也没有它需要的时间。而且,我们的武士和法官或议员需要不同的气质,前者需要膂力,后者需要智慧。但是,那些具有同等膂力的人将不会同意永远被剥夺统治权力。因此,让我们使一些人在年青时做我们的武士,在年长时做我们的统治者,在经过轰轰烈烈的生活之后做我们的教士。最后,土267 地财产应该掌握在这个阶级手中,而不能掌握在土地耕种者手中,因为他们将不是公民,而是奴隶或野蛮的农奴。这样我们得到一种体制:

(1)武士,他们后来是统治者,再往后是教士,一直是富有者。

(2)农民。

(3)工匠。

我们的六个阶级化归为三个,而且只有第一个阶级是国家的一个有机部分。

尽管亚里士多德反对土地公有制,但是他考虑土地要部分国

---

① VII. 8。

② 在 1290^{b}39 补充了贸易阶级和官吏阶级。

③ VII. 9。

有化,以便支付被他评价为促进统一的手段的公共礼拜和共餐的消费①。至于私人土地,每个公民都应该有一块地靠近疆界并且有一块地靠近城市,这样,分配就可以是公平的,而且大家都会关心保卫国土的工作。

亚里士多德十分有趣而生动地描述了理想的希腊城市的设置②,然后开始考虑教育问题,直到 VIII 卷完,这个问题是他考虑的中心。我们的目的是发现政府的最好形式,这将是为幸福提供最大机会的形式。幸福首先依赖于美德,其次才依赖于外在的善;美德依赖于三种东西:本性、习惯和合理的生活规律。教育与后两种东西有关。

统治的职能和服从的职能要相互变化或持久化,教育随之也要变化③。在公民中,一般来说,谁也不是无可争议地高于别人,以致他应成为永恒的统治者④。因此,我们应该训练我们的公民,使他们首先成为良好的公民,并由此成为英明的统治者。这样的服从不是卑劣,因为行为的荣辱不在于行为本身,而在于行为的目的。人的目的显然不是仅仅在能服从统治的那一部分,而是在能够形成统治的那一部分;即在理性。而理性具有两种,实践的和思辨的,尤以后者为高。实践的理性涉及战争,一般涉及买卖,思辨的理性涉及和平,一般涉及悠闲;而买卖和战争显然旨在于获得悠闲和和平。268
因此,最大的政治错误莫过于把战争和统治当成国家存在的最高目

---

① VII. 10。
② VII. 11, 12。
③ VII. 14。
④ 这等于放弃了由少数最佳者统治的贵族理想。

标。(亚里士多德这是对狂热拥护斯巴达政体的批判)。人们应该首先预防受奴役；第二，为了臣民的利益要有一个帝国；第三，争取只做那些应受奴役的人的主人。因为民族道德与个人道德有相同的规则；"这些相同的东西最适合个人和国家。"亚里士多德以对国家的全都热情，摆脱了下述糊涂观念：即将国家置于道德之上或认为它有一套较之约束个人的道德规则更为适宜的专门的道德规则。

肉体的发展早于灵魂，嗜好的发展早于理性[1]。因此教育将从肉体开始，然后到嗜好，最后解决理性。但是，要为了灵魂而训练肉体，为了理性而训练嗜好。立法者对年青一代的关心应该从他们出生之前开始[2]。因此，亚里士多德进而阐述他的优生学观点：阐述结婚的合适年龄以及父母应该具有的那种体质。他还规定了儿童的食物、训练和娱乐[3]。

每一种政府方式都是由公民的特定品格形成并保留的；国家的任务就是通过教育来陶冶这种品格，因此这个任务不应留给父母而应留给公众，所有公民责无旁贷。任何公民都不属于自己，所有公民均属于国家，国家必须关心其每一部分[4]。

这里，我们不能详细地阐述亚里士多德进而描述的教育。必须记住，这里说的教育是公民教育，而不是对作为国家条件而不是作为国家部分的阶级的教育。这既说明它的一致性，又说明它不重功利，而重道德。[5]公民根本不需要挣钱糊口，所以专业和技术训练

---

① VII. 15。
② VII. 16。
③ VII. 17。
④ VIII. 1。
⑤ 缺少论述科学和哲学教育的部分。

是不必要的。他们从事专业和技术训练仅仅是为了成为勇敢的士兵和良好的公民，最后再成为英明的统治者。亚里士多德认为国家是直接的道德动因，而不是仅仅消除美好生活的障碍的东西，因此，他自然比我们更强调道德教育。我们也认为游戏和上课有道德结果，但是我们认为这种结果不像他认为的那样直接，我们认为，游戏和上课越是可能产生良好的道德结果，这种目的就越不会引起人们的注意。

在理想国家的探讨中，不仅教育的讨论没有完，而且还缺乏其它许多东西。我们没有看到审议会、行政或司法的组织或程序。我们无从得知是亚里士多德的想象使他没有这样描述，还是部分卷帙丢失了。但是，他很有可能像柏拉图一样，认为有了良好的教育，国家需要的所有其它东西就会随之产生。

第九章　修辞学和诗学

修　辞　学

　　希腊人曾经是一个有政治头脑的和能言善辩的民族，言语的艺术是影响别人的重要手段，非常有用，就像今天在一个民主国家里那样。正是由于他们生性好奇，富于探索精神，说话的理论才得到他们的高度重视，而这种理论在现代交流中却不太受重视，尽管它的应用同样重要。在亚里士多德以前，"言语的艺术"就已经多次见诸于文字，但是，他抱怨说，它们都忽略了演说术中的论证因素，只形成诸如引起听众同情一类的琐碎内容。亚里士多德本人认识到求助同情所起的作用，但是他坚持认为，引起听众的同情必须借助言语本身，而不能用希腊法庭上司空见惯的那些低级的表面手法。① 实际上，他认为先前学者们论述演说术的这些缺陷不是由于更高尚的政治学艺术，而是由于这些学者对法庭演说术的看法。在这些方面，他对前人都进行了改进②。演说术中的论证因素自始至终

---

① 例如，像孤儿寡母那样哭哭啼啼。
② 《修辞学》I.1。

得到强调。修辞学被描述成论辩术的组成部分或分支 ①。它与论辩
术相联系，而不是与科学证明相联系。它和论辩术一样，研究那些
既不预先假设任何特殊科学知识，又可以被任何有头脑的人加以使
用并理解的论证。原则上，演说术和论辩术一样，可以讨论任何题
目，但是实际上它多半限于人们思考的那些题目，因此它与逻辑之
外的另一门科学相联系。它是"论辩术和那种具有可恰当地称之为　271
政治学特点的学科的一个分支" ②，它从前者获得形式，从后者获得
内容。

　　修辞学是"就任何给定的题目发现可以说服人的方法的能
力" ③。说服有两种：非技术性的，它已经存在，只需加以使用即可（比
如，人证，压服，文件证据）；技术性的，它需要演说家创造出来。
技术性的说服又分为三种，一种与演说家的性格有关（即一种言语
手段，演说家以此诱导听众形成有利于他的性格的看法），一种在
于引起听众的同情，一种凭论证的奇异力量提出证明或证明的外
观。第三种说服予以最先考虑，它基本上又分为两种：举例，这是
归纳法在修辞学中的对应部分；省略三段论，这是三段论在修辞学
中的对应部分 ④。其中，省略三段论是典型的修辞学方法，"说服的
主体" ⑤。"通过举例进行论证同样有说服力，但是省略三段论更赢得

---

①　1354ᵃ1，1356ᵃ30。

②　1356ᵃ25。柏拉图在《斐德罗篇》把修辞学定义为建立在论辩术和心理学基础
之上的哲学科学。亚里士多德关于修辞学的概念在很大程度上来自这个定义和学园派
在这些方面的修辞实践。

③　1555ᵇ26。

④　参看 41 页。

⑤　1354ᵃ15。

人们的赞扬"①。演说家使用论证的方式当然要受到他所处条件的支配。他要说的题目就是我们考虑的那种事情，其范围不属于确定的艺术和科学；他演说的对象就是那些不能理解一长串推理的人。因此，他必须对付或然性（因为确实性不用考虑），而且他将使用较短的推理，因此他以那些可能被承认，但不是从最初原则演绎出来的前提做基础。

省略三段论主要有两种：专门论证和一般论证。前者探讨某些科学论题，如伦理学或物理学；后者得自 τόποι，字面意思是出现论证的地方，可谓发生争论的地方。随着演说家使用专门论证，他逐渐脱离修辞学的范围，但是由于可采用的一般论证相对较少，亚里士多德也允许演说家使用专门论证，并且打算先讨论它们。根据演说家所处的条件，这些论证大部分将得自伦理学和政治学②。

但是亚里士多德首先区别了修辞学的三个分支。听众可以是旁听者或法官，法官要检验过去或未来的行为。因此有（1）律师的演说术，表明某些未来的行为是有利的或有害的；（2）辩护人的演说术，表明某些过去的行为是合法的或不合法的；（3）"表明"演说术，它的目的是表明现时存在的某种东西是高尚的或卑劣的。亚里士多德挖苦地说，政治演说家可以承认他维护的行为是不正义的，但是他决不会承认这是不明智的；辩护人可以允许他的当事人做出

---

① 1356ᵇ22。

② I. 2。τόπος 被定义为"包括许多省略三段论的东西"（1403ª19），它也被称为στσιχεῖα，"论证的构成因素"（同上）。西塞罗和昆提良把它比作比赛之地，可以寻找金属的岩层、矿山，以及可开出支票的店铺。

有害的行为，但是绝不会允许他违反法律；赞扬者可以承认他的颂词的主题与自己的利益没什么关系，但是无论如何必须自诩道德秉正①。

　　亚里士多德接下来指出政治演说（I. 4—8）、雄辩（I. 9）和法庭辩护（I. 10—14）中各种适当的论证，并补充了前面提过的"非技术性"证明（I. 15）。这些章的主要内容是一种流行的政治-道德哲学，这种哲学与亚里士多德在其它一些地方表达的科学观点比较起来，有些意思（例如，法庭辩论一节清清楚楚地说明有关义务和正义的伦理学说）。但是亚里士多德小心翼翼地指出了他这里所论述的这些内容具有十分通俗的特点。"谁要是把论辩术或修辞学不是作为一种技巧而是作为一门科学建立起来，他将由于企图重建它们，因而陷进不是纯论证而是具有确定内容的科学中去，从而不知不觉地破坏了它们的实质"②。最后一章生动地、引人入胜地描述了辩护人所玩弄的各种各样的花招，比如，诉诸成文法和未成文法；这一章也许比其它任何段落都更好地说明了亚里士多德已充分注意到的修辞学的特点，即它"证明对立面"③。

　　以上他一直在探讨得自伦理学和政治学的"专门证明"。④出乎意料的是，他没有继而探讨"一般性"论证，而是转到其它主要说服方法上来，探讨演说家造成有利于自己性格的印象的说服方法

273

---

①　I. 3。

②　1359ᵇ12—16。

③　1355ᵃ29—36。

④　但是，他偶尔也把作为"相对的大小"的 τόπος 用于 I. 7 中的谋略和 I. 14 中的正义；参见 1393ᵃ8—16。

（II.1），以及他煽动听众的各种情绪所使用的说服方法（II.2—11）；直到第 18 章，才讨论一般性论证。12—17 章形成一体，探讨"性格"，其方式与以前不同。这里论述了根据听众年龄大小，财产地位的不同所期望的性格，演说家将根据这种性格自然地采取演说方式，以便在听众中唤起他所期待的那种情绪。因此，这一部分附属于前面的章节。在 18 章和 19 章，亚里士多德终于论述了"一般性"演说，在这种演说"范围"中，将获得最一般的论证，它们一共有四个："可能与不可能"和"未来"，这特别适合于政治演说；"过去"，这特别适合于法庭辩论；"大小"（包括相对的大小），这特别适合于雄辩。它们分别产生出各种各样的一般论证，例如，"如果一事物是可能的，则它的反对物也是可能的"；"如果一事物是可能的，则类似物也是可能的"；"如果更难的东西是可能的，则更容易的东西也是可能的"。亚里士多德接着转向某种更一般的东西，即"一般说服"或所有修辞学论证所采用的形式——举例（第 20 章）和省略三段论（21—24 章）。省略三段论包括 γνώμη 或一般道德情感，它是一个三段论的大前提或结论，其它东西没有表达出来。在 23 章，我们发现一套新的 τόποι，一共二十八个，它们与 18 和 19 章所提到的那四个不同。这两套之间的相互关系有些令人困惑不解，也许最恰当的解释莫过于设想：《修辞学》体现了许多门讲课的笔记。23 章的论题选自《论辩篇》，有关于"反对物"、"类似变形"、"关系词"、"毋庸置疑"等论题。24 章还有一系列类似《辨谬篇》中的谬误。最后，25 章描述了反驳方式，26 章做了补充说明，批驳了两个可能是错误的概念。

在第二卷末和第三卷初，修辞艺术的内容被重新分为说服材料

（即迄今探讨的题目：论证，性格，情绪），风格和安排。这似乎是一个拼凑，第尔斯曾比较有把握地论证说[1]第三卷原来是论述风格和布篇的独立著作，后来亚里士多德把它附加到论述演说的两卷上。

2—12 章论述风格，13—19 章论述布篇。首先草草了结了朗诵，即控制嗓音的高低、大小和节奏，因为这是非技术性的并且只是由于听众的粗俗才是必要的。至于风格，亚里士多德指出，早期修辞学家摹仿诗歌的措辞方式，但是散文风格与诗歌风格迥然不同。他又说，如今诗人已采取较之一般演说更为适宜的风格，而散文作家却摹仿诗歌的措辞方式，这是荒唐可笑的。[2]

风格的基本特点是首先应该清楚，其次应该适度，即既不平庸，也不浮华。亚里士多德首先考虑这在字词选择方面的意义。若要清楚，就必须使用普通的、直截了当的词来表达思想，但仅此还不够；为了避免平庸，必须引用某些华美而奇异的东西，“因为人们对不太熟悉的东西感到惊奇，而令人惊讶的就是令人快乐的。”[3]但是，散文没有诗歌这么大的能力，因为它的格调要低些；即使在诗歌中，我们也不喜欢出自奴隶或孺子之口的呆板语言。人们必须根据其主题的庄严来升降音调，并且不为别人察觉。讲演必须看上去是自然的，正如最优秀的演员的声音完全相似于他所演的人物。亚里士多德注意到欧里庇得斯以精心选择最普通的词而产生诗的效果这种不同凡响的力量。必须避免使用诗歌的独特词、复合词和重

---

① 《论文集》，科学院版，1886。

② III. 1。

③ 1404ᵇ11。

叠词;演说家必须使用大家使用的词,即普通词和比喻①。无论如何,一定不要采用陈旧和空洞无味的修饰②。

275　　　亚里士多德从单个字词的选择进而考虑把它组合成语句。这里的标题有:文法的纯洁(第5章),庄严(第6章),得体(第7章),节奏和谐(第8章),句子构造(第9章),生动活泼(第10、11章)以及适合政治、司法和雄辩这三种修辞划分的风格(第12章)。这些章有许多锐敏和真实的观察材料,它们从此成为著述风格的共同用语。有几点也许尚未变成陈词滥调,对此,我们必须感到满意。亚里士多德坚持认为,散文应该有节奏而无韵律。过分的节奏将是不自然的并且会转移人们对演说内容的注意;完全没有节奏的演讲似乎是无限延长的字词。扬抑抑格和扬扬格对散文而言过于高雅;抑扬格对日常语言而言节奏过强;扬抑格是过于轻快的韵律。因此,亚里士多德表示支持四音节韵脚的节奏,这不是一种确定的韵律的基础,因而不如其它节奏那样令人注意。他主张把句子的开始——∨∨∨和句子的结束∨∨∨——组合起来。在论述整个句子的更大的节奏时,他主张采用紧凑的掉尾句风格而不用希罗多德的松散风格。他在把句子组织成有开始、中间和结尾这样一个掉尾句的时候,注意到对偶、平衡和半谐音的意义。他认识到语言有"把事物带到我们眼前"、"代表活动的事物"等优越性。"充满青春活力的人"比"直率的人"要生动得多③!

---

①　III. 2, 1。
②　III. 3。
③　1411^b24—29。

转到讨论布篇的时候，亚里士多德嘲笑把讲演分成几部分的流行做法，有些部分实际是一定阶级特有的。基本部分有两个：阐述情况和证明它。但是他至多愿意接受伊索克拉底的划分，即把演讲分成开场白，阐述事实，证明，结束语。在随后几章中，参照政治、司法和雄辩这三种演说形式，讨论了这种划分的四个部分；14、15章讨论开场白，16章讨论事实的阐述，17章（以及18章，这一章补充了问句的使用）讨论证明，19章讨论结束语。

乍看起来，《修辞学》似乎是掺有二流逻辑学、伦理学、政治学和法学的难以理解的文字批评的拼凑，一位通晓如何利用人类心理弱点的人以其娴熟的技巧把这些内容揉合起来。理解这本书的关键是要记住其纯粹的实践目的。它不是论述这些论题的理论著作；而是演说家的指南。它的题目使希腊人深感兴趣。正如亚里士多德自己所说，他在这方面的开拓工作不如在其它某些方面。但是，他的著作极有权威；他的学说在希腊、罗马以及现代作家论述这方面问题的著作中一再重复出现。他的许多思想只适用于希腊社会的条件，却具有永恒的价值。如果说《修辞学》今天不如亚里士多德的大部分其它著作有生命力，这大概是因为演说家现在更趋于依赖自然能力和经验，而不依赖训练，而这是正确的；还因为听众尽管还像往常一样易于被修辞学所左右，却耻于这一事实，并且对知道如何耍小手腕不太感兴趣。因此，我们非常扼要地论述了这部著作，仅满足于描述它的一个基本轮廓，也许这能帮助读者对它进行自己的探索。

诗　学 ①

　　与《修辞学》相反,《诗学》属于亚里士多德的最有生气的著作之列。他的任何著作都不如《诗学》那样引起一批才华横溢的解释者的注意,他的任何著作的意义都不像《诗学》那样有许多争议。即使他留给我们的仅仅是这一小部分残篇,而且它讨论的题目与他的主要兴趣相去甚远,我们仍然承认它的作者是最伟大的分析思想家之一。

　　亚里士多德使用的 ποιητική 一词有多种意思。在其最基本的意义上说,它包括与生活技艺和科学相对的有用的技艺和美术。它在《诗学》中的意思更狭,属于“摹仿”的属②,摹仿与美术的外延相等;但它不是这个属的整体。颜色和形状的摹仿同嗓音的摹仿这两种技艺是有区别的③,嗓音的摹仿技艺大致相应于亚里士多德所称呼的,与造型艺术相对的诗;但仅仅大致如此而已,因为我们应该把“嗓音”概括成“声音”,以便引进器乐,而且我们应该进一步概括,以便引进舞蹈。那么,音乐、舞蹈、我们所说的诗,以及使亚里士多德把它们归为一类的共同因素是什么呢?他没有用很多笔墨说明这一点,但是,考虑他分类的原则就可以明白他的意思。这些原则就是方法、对象和摹仿方式④。(1)适合这一类的方法是节奏、

277

---

　　① 下面对《诗学》的描述主要参照 R. P. 哈迪斯先生的文章,刊于《心灵》(N. S)IV. 350—364。

　　② 1447ª13—16。

　　③ 同上,18—20。

　　④ 同上,17。

语言和曲调，它们的共同之处是有时间连续性；与此相反，绘画和雕塑以空间广延产生自己的结果。视觉的空间现象在戏剧中固然有自己的作用，但是在亚里士多德看来却是非常次要的作用①；我们可以推测，他也许认为，演员即便在幕后表演，效果也不会太差②。

没有节奏，就不存在曲调，因而这三种方法的七种配合可以减为五种。因此，"诗"具有下列划分：

节奏	舞蹈
语言	散文-摹仿（笑剧，苏格拉底对话）
节奏＋语言	挽歌，史诗
节奏＋曲调	器乐
节奏＋语言＋曲调	抒情诗，悲剧，喜剧③

亚里士多德指出，诗与散文的区别不在于韵律，而在于诗是"摹仿"；人物的虚构和类乎笑剧的方式尽管没有韵律，却是诗，恩培多克勒尽管用韵文写作，却不是一位诗人。那么什么是摹仿？亚里士多德从来没有说明。他把这个词当作文学批评的手段的一部分从柏拉图承袭下来。对于柏拉图来说，技艺是借助处于较低水平上的现实的一个摹本对可感觉事物的摹仿④。这使他在两点上指责技

---

① 1450^{b}16—20，1453^{b}3—11，1462^{a}10—13，17。

② 如果我们考虑"节奏"区别于韵律的更广泛的意义，甚至散文据说也有节奏，（《修辞学》1408^{b}30），那么，节奏是亚里士多德称之为诗的共同方法。

③ 1447^{a}23—^{b}29。

④ 当然，很难说《理想国》中苏格拉底表达的观点在多大程度上代表柏拉图自己的信念。

艺。首先，艺人总是装作别人。如果他描述一场战斗，他就会诡称
278　他知道应该如何进行战斗。如果他叫阿基里斯说话，他就装作阿基
里斯。有人说得好，[①]"在柏拉图的国家中，生活分为片，如同棋盘
上的方格一样；他的公社的典型美德——正义——要在自己的方格
内移动，不能侵入它方。但是诗人是入侵者。"其次，艺人从不直接
摹仿现实；他摹仿可感觉事物，而可感觉物只不过是现实的虚影。
亚里士多德没有明确反驳这种观点，但是提供了改正这种观点的素
材[②]。技艺所摹仿的是"性格，情绪和行为"[③]：不是可感觉世界，而
是人的精神世界。在所有技艺中，最小的摹仿性技艺，即至少能够
试图重复某些现存事物的技艺，是音乐；但是亚里士多德认为这是
最大的摹仿性技艺[④]。这只能意谓它最富于表达，最成功地体现感
情，或者（更严格地说，由于感情只存在于灵魂之中）最卓有成效地
在类乎艺人所感觉的或想象的感情中引起共鸣。如果我们考虑不
同的技艺采用不同的方法，则会得出同样的结论。所有诗的艺术都
"摹仿"行为，但是戏剧显然更完全彻底地再现行为。如果其它艺术
旨在于再现，那么它们使用这样低级的方法就是浪费时间。而且，
"诗比历史更是哲学，更具有重要意义，因为诗的陈述具有普遍性
质，而历史的陈述是个别的"[⑤]，这段著名的话也强调了相同的意义。
诗的目的不是再现个别事物；而是重新体现普遍真理。当然，诗的

---

① 普里卡德：《亚里士多德论诗的艺术》33 页。
② 的确，因为柏拉图本人充分证明了这一点。
③ 1447^a28。
④ $1340^a18 —^b19$。
⑤ $1451^a18 —^b19$。

这种普遍性概念有些危险，它很容易蜕变为这样一种观点：诗应该表现一般类型的性格，这些性格失去了现实人物和虚构人物的那些令人奇异和兴奋的个性，亚里士多德的学说常常得到这样的解释。但是这种解释是把普遍仅仅看成是"可以谓述多个事物"的东西[①]，而忘记了对亚里士多德来说，普遍是必然[②]。历史描述事件，其中因果必然性由千百种偶然因素的干涉而变得不甚明显；诗，尤其是悲剧，描绘出命运必不可免地依赖于性格。我们可以看到，亚里士多 279 德在考虑悲剧时基本忠实于这一原则。然而，他没有完全摆脱"摹仿"一词的影响。否则，他大概会选择另一个词。我们还可以看到这一词对他的思想产生的不利影响。

　　我们必须回到他对诗的自身分类上来。(2)这是划分的第二个原则：摹仿者摹仿人的行为，而被摹仿者高于、平行于或低于普通人本性的水平[③]。这是一条独立的原则，它把上述诗的每一类分为三种。它对亚里士多德的主要意义在于使他能够区别悲剧和喜剧，即区别好性格的描绘和坏性格的描绘[④]。他后来还要改进这种观点。喜剧描绘比一般人差的人，"不考虑种种缺点，而只考虑一种特定的缺点，即滑稽。这是一种丑陋；滑稽可以定义为一种不造成其他人痛苦或伤害的错误或丑行[⑤]。"悲剧的确描绘美好的性格，但不是好得超出我们自己以致失去我们的同情[⑥]。此外，在各种诗中，有人

---

　　①　例如，《解释篇》17ᵃ39。
　　②　例如，《后分析篇》I. 6。
　　③　《诗学》第 2 章。
　　④　1448ᵃ16—18。
　　⑤　1449ᵃ32—35。
　　⑥　1453ᵃ7—8。

描绘高尚的性格,有人描绘低下的性格①。

　　诗中人物的好坏分类,说明亚里士多德深受美学批评中最早出现的而在柏拉图时尤为强烈的道德倾向的影响。亚里士多德允许戏剧中出现坏人物,但只在情节需要之时②,而且只能是配角。他完全不懂像麦克佩斯,理查德三世或撒旦这样的主角可以赢得我们非常强烈的兴趣。当然,他的思想受到希腊戏剧传统的限制,但是如果他加以充分考虑的话,那么像克里坦耐斯姆这样一个人物就可以使他用"伟大的"或"强烈的"来代替"好的"。

　　(3)划分的第三个原则是摹仿分为叙事的和戏剧的③;然而显然这只适用于使用语言的摹仿,在我们的意义上,适用于诗。这条原则提供了史诗和戏剧之间的区别,这种区别附属于第一条划分原则280 提供的区别,却更为重要;在戏剧中,行为是由行为摹仿的。

　　接着④,亚里士多德探索诗的起源,尤其是戏剧的起源。诗的起源基于两种本能:摹仿的本能和从他人所做的摹仿中获取快乐的本能。即使被摹仿的事物本身是痛苦的,我们仍从摹仿中感到快乐;这种说法表明亚里士多德的摹仿不是纯粹的重复。他以过分的唯理性的方式把第二种本能解释为追求知识的本能形式,这是所有精神活动的开端;亚里士多德告诉我们,快乐存在于对艺术品所要体现的事物的认识之中。但是,他偶尔也说明我们从艺术品获取快乐的另一种同样重要的原因:在颜色、曲调和节奏一类东西中获得感

---

① 1448^{a}11—16, 1460^{b}33—35。

② 1454^{a}28, 1461^{b}19—21。

③ 第 3 章,参见柏拉图:《理想图》392d—394^b。

④ 第 4 章。

官方面的快乐。

诗由于是这样起源的，因此它根据诗人性格的不同而分为几类。"较庄重的诗要再现高尚的行为……而较鄙陋的诗要表现卑贱者的行为。"[1] 所以一方面产生出讽刺诗，另一方面产生出赞歌、颂词和史诗。这两种潮流最终分别集成为喜剧和悲剧，"因为这些新的艺术形式比旧形式更庄重，更受人重视。"[2] 更准确地说，悲剧和喜剧的产生是由于采用了分别同酒神颂歌和男性颂歌相结合的即兴说唱。早期悲剧与舞蹈的结合也得到注意。

史诗和悲剧都是对"以一种庄重的诗文表达严肃主题"的摹仿[3]；它们的差别在于(1)史诗是单独一类诗文，采用叙述形式，(2)史诗没有固定的时间限制，而悲剧"力图尽可能在太阳环行范围内或在邻近的事物中。"[4] 亚里士多德这里考虑的其实是希腊以及后来的戏剧和史诗之间长度的区别，并且从所描述的更持久的情节推论出这种区别。他在这一段假设了"时间的统一"，但是这里没有阐述他自己的准则，而仅阐述关于希腊戏剧的一个历史事实——尽管他一定考虑了有益于"情节的统一"的时间的统一，因为只有前者才是他主张的统一[5]。对"地点的统一"同样很少提及[6]；他只是说，悲剧不能再现在不同地点同时出现的情节。此外，(3)史诗和戏剧

281

---

① 　1448ᵇ25。

② 　1449ᵃ5。

③ 　ᵇ9（拜沃特读物）。

④ 　ᵇ12。

⑤ 　8—11章。

⑥ 　1459ᵇ22—26。

的区别还在于其组成部分。除了史诗所使用的节奏和语言之外，戏
剧还使用曲调。

　　亚里士多德现在开始定义悲剧。① 悲剧是"严肃的行为的摹仿，
并且具有一定的长度，本身是一个完整的东西；在语言方面带有一
些附属装饰，各种装饰分别在作品的各部分中出现；它的形式是戏
剧性的而非叙述性的，带着能够引起怜悯和恐惧的细节，以此来完
成它对这些情感的净化作用。"② 我们已经熟悉这个定义的若干部
分：属（摹仿）；涉及对象、方法和摹仿方式的种差；"带有若干附属
装饰的语言"被理解为"语言＋节奏＋曲调"。"各种装饰分别在作
品的各部分中出现"指悲剧不同于酒神颂词，只有在合唱部分才用
曲调③。这些差别足以使悲剧与希腊的所有其它的形式，甚至与文学
的任何其它形式相区别，但是亚里士多德还补充了其它一些特点。
(1)表演的情节必须是完整的，即必须有开端，中心和结局。它一定
不能是这样一种结构：可随意在任何地方开始或在任何地方终结。④
它必须有一个开端，这个开端是相对可以理解的并且不引起人们
发问"这是怎么形成的"；它必须有一个结局，这个结局令人满意，
而且不引起人们发问"然后怎样？"；它必须有一个中心，这个中心
因开端而成为必然，并且使终点成为必然。此外，(2)它必须有一
定的长度⑤。亚里士多德非常确信，每一事物，无论是一只船，一个

---

①　6章。

②　即（我认为）"对怜悯和恐怖等其它情感的净化作用"。

③　参见 1447^{b}27。

④　1450^{b}23—34。

⑤　34—1451^{a}15。

城市，还是一件艺术品，都有适当的大小限度。特别是，美取决于
大小；如果对象太小，"我们的知觉在接触它们时就会变得模糊不
清"；如果对象太大，"它的统一性和完整性就不能被察觉出来"。
正如一个美丽的可见整体必须具有眼睛能看到的大小，同样地，一
个严肃的悲剧情节也必须具有记忆可以接受的长度。兴趣是逐渐
吸引起来的，因此情节必须有一定长度，以便引起我们的全部兴趣；
它不能超出一定长度，否则兴趣就会消散。这种差别使悲剧同它历 282
史上由之产生的即席说唱区别开来；但同时也区别出好悲剧与坏悲
剧。这两种差别很有意思，因为在这里，亚里士多德最明确地谈到
美的形式条件，戏剧家像其他一切艺术家一样追求这种形式条件。
在其它地方提到的美的三种条件中 [①]，省略了"对称性"，也许它最
适合造型艺术。有关开端、中心和结局的条件，等同于"次序"。[②]
在关于大小的规则中，我们可以发现第三个条件，"极限"。(3) 为
了完整，这个定义必须提到悲剧的终极因，亚里士多德说净化是悲
剧的目的。后来，所有书籍都是根据这一著名学说写成的。主要观
点的对立在于：有些观点认为 $κάθαρσις$ 是从洗礼得来的一个比喻，
悲剧的目的是道德目的，即情感净化；另一些观点认为 $κάθαρσις$ 是
从消除身心罪恶的情绪得来的一个比喻，[③] 悲剧的目的是非道德的。
前一种观点得到许多名人的支持，而且主要是与莱辛的观点联系起
来。后一种观点早在文艺复兴时期就有人支持，并且被伯奈斯的论

[①] 《形而上学》1078ᵃ36。

[②] 1450ᵇ35。

[③] 把诗的影响比做用药物清除罪恶的情绪，早在高尔吉亚就有。但是他没有用
唤起感情来清除感情的学说。

证确定为几乎是毫无争议的。①

我们可以区别悲剧直接的目的和间接的目的。悲剧直接的目
的是唤起怜悯和恐惧，对主人公过去和现在遭受的痛苦的怜悯，对
他面临的痛苦的恐惧。有些东西在《修辞学》的一些段落②已经考
虑过了，观众的怜悯是为主人公，他们的恐惧是为自己，害怕自己
会遇到相同的命运③。但是没有观众会害怕像亚里士多德的典型的
主人公奥狄浦斯那样的命运。为了使这种假设有意义，必须把恐惧
概括成对摆在我们每人面前的未知命运的模糊的恐惧；但是在亚里
士多德那里看不到这种迹象。事实上，他直截了当地说恐惧是为了
主人公。④的确，主人公必须"像我们自己"，我们才能为他感到恐惧，
因为没有某种程度的相像，我们不会为他感到感情上的恐惧。

悲剧引起怜悯和恐惧是众所周知的事情，也是柏拉图攻击悲剧
的主要根据之一。他说，悲剧刺激情绪，因此使我们情绪上更容易

---

① 密尔顿表达了一种中间观点。"悲剧正如在古代形成的那样，一直被认为是所
有诗中最庄重、最道德和最有教益的；因此被亚里士多德说成是具有唤起怜悯和恐惧或
惧怕以清除心灵中这些情感和类似情感的力量；即以阅读或观看这些摹仿得维妙维肖
的情感所产生的一种快感适度地缓和这些情感。自然界本身实际上不会实现他的断言，
因为这样，在物理过程中，就会以具有忧郁形式和性质的东西反对忧郁，以愠怒制愠怒，
以刺激消除刺激。"（《参孙角斗》的前言），参见——

"他让他的仆人们从这非凡壮举
学得新而真实的教训，
各自怀着和平心境和安慰，
精神宁静，无欲无痛地纷纷散去。"

关于密尔顿的观点的起源，参见拜沃特的论述，见《哲学通讯》XXVII. 267—275。

② 1341^{a}21—25, ^{b}32—1342^{a}16。

③ 1382^{b}26, 1386^{a}26。

④ 莱辛：《汉堡剧评》。

激动和脆弱。亚里士多德含蓄地回答说,悲剧的进一步结果不是使我们更加情绪激动,而是使我们净化情绪。《政治学》有两段都说这是 κάθαρσις 的意思①,亚里士多德在这两段把某些音乐——与"伦理的"或"应用的"(即摹仿人物或行为)音乐相对立的所谓"放荡的"或"狂热的"音乐——描绘成不是以教导或娱乐为目的,而是以 κάθαρσις 为目的。"在一些灵魂中存在的疯狂情绪,或多或少地存在于所有灵魂之中,例如,怜悯和恐惧,还有狂热。因为这种情绪也有其受害者,但是,当他们感觉到使他们的灵魂无比疯狂的乐曲的影响时,我们看到他们由于神圣乐曲而恢复原状,恰如得到治愈和净化。因此,这一定适用于特别易于产生怜悯或恐惧或产生一般情绪的人,也适用于其他易受这些情绪影响的人;所有人都需要得到净化,使灵魂得到解脱和快乐,正是以这种方式,净化的乐曲也给人类带来无邪的愉快。"这一段进一步指向《诗学》,以便更完整地描述 κάθαρσις;这毫无疑问是指向佚失的第二卷。

这里应该注意三点:(1)发泄的乐曲区别于伦理的和旨在"教导"的,即改进德性的乐曲。这本身几乎足以反驳那些认为亚里士多德对悲剧的描述是引起感情净化的道德描述的人。悲剧的目的 284 从属于快乐这一目的。美术一般属于旨在达到快乐的东西之列,而区别于产生生活必需品的有用技艺和旨在知识的科学②。但是,从 κάθαρσις 产生的快乐是一种特殊的快乐,不同于单纯的舒适和娱乐③。悲剧诗人必定旨在产生由摆脱怜悯和恐惧而引起的快乐,仅此

---

① 1453ᵃ5。

② 《形而上学》981ᵇ21,参见《诗学》1448ᵇ13、18,1460ᵃ17,1462ᵃ16、ᵇ1。

③ 《政治学》1341ᵇ38—41,1342ᵃ16—28;《诗学》1453ᵃ35、ᵇ10,1459ᵃ21,1462ᵇ13。

而已。亚里士多德是否明确地认识到美学快乐是一般快乐包含的
一种并且包含各种技艺产生的快乐，则不甚清楚。(2)语言有治疗作
用，越是清楚地看到这一点，越是要结合亚里士多德的生物学著作
和希波克拉底的著作来检验它①。(3)亚里士多德在其它地方的用法
表明，"这些情绪的净化"大概意谓"清除它们"，而不是(像更通
常设想的那样)"清除其中低级因素"。但这不意谓全部清除它们；
亚里士多德不会认为完全没有任何怜悯或恐惧的倾向对人是有利
的；"存在着我们应该害怕的事情"②和我们应该同情的事情。这意
谓"只要它们过度，就清除它们"。在 κάθαρσις 的治疗作用的联想
中，没有任何东西禁止这种解释，而且常识赞同这种解释。

　　这里所提示的过程很像"发泄"，即排除强烈的情绪，心理分析
学家很重视这一点。然而存在着这种区别：亚里士多德把他们试图
在特例情况产生的东西描述成悲剧对正常观众的影响。大多数人
实际上都有过分怜悯和恐惧的倾向吗？他们实际上是由目睹悲剧
主人公的痛苦而得到解脱吗？我们通过观看或阅读伟大的悲剧会
有所收益，而悲剧正是通过怜悯和恐惧产生其效果，这是毫无疑问
的；但是，其它地方看不到这种原因吗？难道由于生活没有提供怜
悯和恐惧的机会而缺少这种情绪的人，仅仅在读悲剧时才脱离自身
而变得认识到人类经验的深度和广度吗？我们经验的这种扩展以

285

------

　　① 　古代文典中有几段证实了这种解释：普鲁塔克：《论关系》3.8.657A；昆提良：
《论音乐》3.25；杨布里可：《论神秘》I.II.3.9（帕蒂编）；普鲁克勒：《论柏拉图的理
想国》I.42,43,49。
　　② 《尼各马可伦理学》1115ᵃ12。

及随之而来的"自我认识和自尊"[①]的教导,难道不是赋予悲剧价值
的真正原因吗? 亚里士多德的描述大概适合于那些趋于长久受人
生黑暗而压抑的本性。他考虑的不是普通的人,因为普通人喜欢圆
满结局,而亚里士多德对此评价甚低。[②]

　　亚里士多德从悲剧的定义过渡到列举悲剧的因素。它们按其
重要性可列举如下:(A)表演的对象所包含的因素——情节,人物,
思想;(B)表现方法所包含的因素——措词(包括前面描述成语言
和节奏的两种方法),乐曲;(C)表现形式所包含的因素——场面
(尤其考虑演员的组成)。亚里士多德竭尽全力说明,情节比人物和
思想更重要。这种观点遭到那些主张人物是剧中(或小说中)主要
因素的人的批评。(有人认为)情节若是没有人物和思想,就剩下
一套由没有特定道德素养的和特定智能的人所表演的运动;这样的
情节是木偶表演的伎俩,没有任何艺术价值。这种说法肯定是荒唐
的。舞台人物在展开情节的表演过程中怎么可能没有某种目的和
某种程度的智慧呢? 没有一定的情节又怎么可能表现人物呢? 我
们一定不能把这种抽象推向极端。亚里士多德的意思是说(1)情节
和人物的对立是现实和潜能的对立的一种例子。人物在与情节对
立时恰恰是不动的人物,根据形而上学原则,[③] 亚里士多德一定认为
情节优先,情节是行动的人物[④]。当然,大多数剧迷更关心有趣的情

---

　　① 雪莱:"诗的辩护",载于《散文集》(福尔曼编辑)III. 116 页(引自 E. F. 卡里
特《论美》140 页)。

　　② 1453ᵃ23—29。

　　③ 《形而上学》θ. 9。

　　④ 1450ᵃ16—23。

节，即使人物平庸也胜似人物勾勒得巧妙深刻而情节平淡如水。(2)
286 在《诗学》中，亚里士多德主要是用"人物"和"思想"来揭示语言
中的人物和思想①。若是现在他就会同意道德素养和智能的最有意
义的戏剧表达在于行动。这样，"情节"本身吸收了人物和思想的
最重要部分，并且毫无疑问地成为剧中主要因素。"人物"和"思想"
仅仅成为行动所体现的主要东西的补充说明；"思想"被明确说成
是修辞的质料，而不是诗的理论的质料②。

　至于其它因素，我们可以看到，亚里士多德把乐曲说成是悲剧
的最"宜人"之处，即唯一的装饰品，尽管是令人愉快的装饰品；他
还把"场面"说成是所有因素中最不是技术的因素③；他认识到，悲
剧效果不需要戏剧的实际表演。在又回到情节时，亚里士多德指
出④，情节的统一不在于它有一个人作它的主题。生活中的许多遭
遇是相互无关的。"故事……必定表现一个情节，一个完整的整体，
其中细节是如此紧密地互相联系着，以致任何一部分的移动或取消
都会肢解和破坏了整体。"⑤这是亚里士多德所规定的一种统一，不
可能再给出比这更好的规定了。因此，"诗人的职能不是描述已经
发生的事情，而是描述那种可能发生的事情"。⑥亚里士多德正是

---

　① 1450ª6, 29, ᵇ5, 9, 11, 1456ª36；特别是参见 1450ᵇ8. "剧中人物的作用是揭示
道德目的……而这不是明显的"，即从行动看出，只是在 1454ª18，"人物"才包括揭示
行动的人物。

　② 1456ª34—36，参见 1450ᵇ6—8。

　③ 参见《修辞学》1355ᵇ35, 1404ª16。这里的场面相应于那里的演说。

　④ 1451ª16。

　⑤ 同上，31—34。

　⑥ 同上，36。

在这种意义上，参照诗的内在统一性而不是一般性，认为诗所描述的事物比历史告诉我们的事情更为普遍①。悲剧保持历史上的用名，仅仅是因为已经发生的事情显然还能发生，并因此而有说服力；实际上，它有时完全脱离这种传统。

以上亚里士多德一直在解释所谓悲剧是对完整行为的摹仿的涵义。但是，悲剧也是对引起怜悯和恐惧的偶然事件的摹仿。这样 287 的事件"当它们意外出现并同时相继发生时"，产生最大的影响②。这种事件可以概括为"命运朝反面的改变"和"发现"，这是相对于简单情节的复杂情节的两个特点③。每一个真正悲剧确实意味着从幸福到不幸，或从不幸到幸福的变化；所谓"命运朝反面的改变"，亚里士多德意谓这种变化不超出一个行为或场面的极限，犹如在《奥狄浦斯》中信使说出奥狄浦斯的身世的时候那样。亚里士多德使人注意情节的第三种特别因素是"痛苦"，即舞台上表演的谋杀，折磨和类似之物④。

亚里士多德认定⑤最好的悲剧将是规定意义上的复杂悲剧。必须避免三种情节。"一定不能看到好人从幸福变成痛苦，或坏人从痛苦变成幸福。第一种情况不是煽动恐惧或引人哀怜，而是使我们憎恶。第二种情况根本不是悲剧情节……它既不引起我们的人类感情的赞同，也不唤起我们的怜悯或恐惧。另外，也不应该看到一个恶贯满盈的人从幸福陷入痛苦。这样的故事可能会引起我们的

---

① ᵇ6。
② 1452ᵃ4。
③ 第 10 章。
④ 第 11 章。
⑤ 1452ᵇ30—32。

人类感情，但不会使我们产生怜悯或恐惧；蒙冤受难引起怜悯，类
似我们自己的悲惨命运则引起恐惧。"① 因此，真正的悲剧主角是"中
性人，他不具有杰出的美德和正义感，他所蒙受的不幸不是由于罪
恶和堕落，而是由于判断错误②——而且，他也享有很大的声誉和
财产"。③ 亚里士多德对这种结构的赞同无疑是部分地基于《奥狄
浦斯》，这是他最喜欢的戏剧，正如《安提戈涅》是黑格尔最喜欢的
戏剧一样。毫无疑问，这种结构是著名的悲剧结构；例如，《奥赛
罗》。但是其它结构恐怕同样很好。很难给安提戈涅或科迪莉亚套
288 上这种结构④；他们其实属于亚里士多德拒斥（不是作为坏的而是作
为不是最好的加以拒斥）的第一种类型。麦克佩斯和理查德三世似
乎说明亚里士多德拒斥的第三种类型同样具有悲剧性，而克里奥拉
努斯和安东尼，哈姆雷特和李尔王则表明崇高人物由于意志错误而
非判断错误所造成的毁灭。

　　亚里士多德接着⑤ 详细说明最可能引起怜悯和恐惧的情况。谋
划或制造悲剧效果的人必定是悲剧受害（或将受害）者的朋友或亲
戚，而不是他的敌人或与他无关的人。在理想的情节中，他将谋划

---

①　1452ᵇ30—32，34—1453ᵃ6。

②　ἁμαρτία 似乎限于判断错误。ἁμάρτημα 是在那种意义上使用的，《尼各马可
伦理学》1135ᵇ12—18，《修辞学》1374ᵇ6；而 ἁμαρτία 常用于理性错误。它有时用于
性格缺陷（《尼各马可伦理学》1115ᵇ15，1119ᵃ34，1148ᵃ3），但这种意见似乎在这里被
ἁμαρτίαν μεγάλην δι 排除了，1453ᵃ15。性格的巨大缺陷几乎很难同 μοχθηρία 相反。

③　1453ᵃ7—10。

④　黑格尔企图说明安提戈涅的命运是由她自己的错误造成的，这肯定是错误的。
悲剧和现实生活一样，人的命运常常联系得很紧，以至人们因别人的错误而受害；这样
一种结构同样是悲剧。

⑤　第 14 章。

一场悲剧而不知道这种关系，并且及时发现这种关系。

"发现"被列举出六种形式，[①] 最佳形式属于这样一种发现：它的起因不是任何"动作和装饰品的设计"，而是"偶然事件所产生的巨大的惊奇"[②]，恰如在《奥狄浦斯》和《伊芙琴尼亚》中那样。亚里士多德说明了诗人把自己置于自己所表达的人物的地位具有重要意义，与此同时，他提出一个有意思的划分，把诗人分成两类。"诗要么要求一个人有作诗的特殊才能，要么要求一个人有一点疯狂；前者能够很容易表现出所需要的情绪，而后者实际上会变得疯狂，"[③] 这里有些东西类似于古典类型和浪漫类型，或者用尼采的话说类似于阿波罗类型和狄俄尼索斯类型；非常遗憾，亚里士多德没有展开这一设想。另一个有意思的分类是把悲剧分成命运的改变和命运的发现的悲剧，遭受痛苦的悲剧，人物悲剧和场面悲剧。所有这些有意思的因素应该尽可能地结合起来[④]。把一个史诗故事全部纳入一个悲剧之中，这种企图被恰当地指出是愚蠢的[⑤]。

关于"人物"，规定了四条规则[⑥]。人物必须是好的（尽管像我们看到的那样，不是特别好的）；他们必须恰如其分，比如适合其性别；他们必须像传说的原型；他们必须始终如一，即使原型是始终不一的。首先，人物和情节一样，必须针对必然性或偶然性；言语和行为必须出自人物。关于表示剧中人物"思想"的恰当方式，亚 289

---

① 第 16 章。
② 1455ᵃ16—20。
③ ᵃ32—34。
④ ᵇ32—1456ᵃ4。
⑤ 1456ᵃ10—19。
⑥ 第 15 章。

里士多德让我们参照《修辞学》①。他不得不论述了"措词",其中一部分是对"言语各部分"的有趣分析,② 一部分是若干设想 ③:即诗如何审慎地把普通语言和罕见的形式揉合起来,特别是和比喻揉合起来,以便把清晰性和庄严性结合起来。"这正是不能向别人学到的东西;这也是天才的标志,因为一个很好的比喻暗含着在不同事物中对相似性的直观感知。"④

　　亚里士多德比较史诗和悲剧的那些章节表现出对不同文艺形式特点的真实感情。史诗和悲剧的相似之处在于都必须有情节统一性,这使它们与历史区别开来 ⑤;还在于它们有相同的种——简单的和复杂的,人物故事和遭受痛苦的故事,等等——和相同的因素,只是史诗没有歌曲和场景。它们的差别在于(1)长度。虽然一般原则对二者均适用,即作品必须能够一看即理解,但是史诗可以更长一些,因为叙述形式使它能够描述一些同时偶发的事件。这给史诗以"庄严,还有多样的趣味以及描写不同插曲的余地"⑥,比如过分满足就会毁坏戏剧。它们的差别还在于(2)韵律。自然本身教会史诗使用"最庄严和最富影响的韵律,这使它比其它陌生词语和比喻更令人接受"⑦。(3)史诗"为不大可能的事情提供更多机会,提供不可思议的东西的主要原因,因为其中动因不是明显的。在舞台上

---

①　　1456ᵃ34。
②　　第 20,21 章。
③　　第 22 章。
④　　1459ᵃ6—8。
⑤　　第 23 章。
⑥　　1459ᵇ28—30。
⑦　　　ᵇ34—36。

追赶赫克托将是可笑的……但是在诗中则看不到这种可笑性。"[1] 然而，即使在史诗中，也只有当不可能性使结果更令人震惊而满足诗的目的时，不可能性才被证明是有道理的。

那么，史诗和悲剧，谁是更高的艺术呢？[2] 当时流行的观点认为悲剧低于史诗，因为过分粗俗的表演已成时髦。亚里士多德否定了这种反对意见，认为它毫不相关。他给悲剧戴上桂冠的理由如下：(1) 它是比史诗更丰富的形式，因为音乐和场景增添了效果；290 (2) 即使读起来，它也更为强烈感人；(3) 它更集中地达到自己的效果；(4) 它有更大的情节统一性；(5) 它更完整地产生出诗的特殊效果——由怜悯和恐惧所引起的快乐。

《诗学》中大量谈到的诗的形式仅仅是悲剧和史诗。有一章论述喜剧历史[3]，其性质似乎在佚失的第二卷中讨论过。这一卷包括的另一主要内容是对 κάθαρσις 的完整描述，对此我们应给出它具有的那些解释；喜剧大概被描述成是对产生笑的倾向的一种净化，正如悲剧是对产生怜悯和恐惧的一种净化。对于抒情诗，仅仅提到酒神赞美歌和阿波罗颂歌，而且仅仅是偶然提到；亚里士多德必定认为抒情诗属于音乐理论而不属于诗的理论。因此，《诗学》远不是一般的诗的理论，更不是美学艺术理论。从它不能得出完整的或甚至完全一致的美学理论。然而，它大概比任何其它著作含有更多的艺术胚芽。它标志着从两种错误解脱出来的开端，这两种错误是：把美学判断与道德判断混淆起来的倾向，以及认为艺术是现实

---

[1] 1460ᵃ12—17。
[2] 第20章。
[3] 第5章。

的复写或摄影的倾向。它们多次毁坏了美学理论。从亚里士多德的论述来看，显然他模糊地认识到美完全独立于物质利益和道德利益一类的东西；但是他没能进一步明确地阐述美的实质。

主要参考书目

论述亚里士多德的一般著作

格罗特，G.：《亚里士多德》，第三版，伦敦，1883。

  G. Grote: *Aristotle*, ed. 3. London, 1883.

格克，A.："亚里士多德"，载于波利的《实用百科全书》，斯图加特，1896。

  A. Gercke: art. "Aristoteles" in Pauly's *Real-Encyclopædie*. Stuttgart, 1896.

泽勒，E.：《希腊哲学》II.2，第四版，柏林，1921。英译二卷本，伦敦，1897。

  E. Zeller: *Die Philosophie der Griechen*, II, 2, ed. 4(Anastatic). Berlin, 1921. Eng.

    Tr., 2 vols. London, 1897.

凯斯，T.："亚里士多德"，载于《大英百科全书》，剑桥，1910。

  T. Case: art. "Aristotle" in *Encyclopædia Britannica*. Cambridge, 1910.

冈珀茨，T.：《希腊思想家》第三卷，莱比锡，1902。英译本，第四卷，伦敦，
1912。

  T. Gomperz: *Griechische Denker*, vol. 3. Leipzig, 1902. Eng. Tr., vol. 4. London, 1912.

布伦塔诺，F.：《亚里士多德和他的世界观》，莱比锡，1911。

  F. Brentano: *Aristoteles und seine Weltanschauung*. Leipzig, 1911.

哈梅林，O.：《亚里士多德体系》，巴黎，1920。

  O. Hamelin: *Le Svstème d'A ristote*. Paris, 1920,

罗尔夫斯，E.：《亚里士多德哲学》，莱比锡，1923。

  E. Rolfes: *Die Philosophie des Aristoteles*. Leipzig. 1923.

耶格，W.：《亚里士多德》，慕尼黑，1923。英译第二版，牛津，1948。

  W. Jaeger: *Aristoteles*. Munich, 1923. Eng. Tr., ed. 2. Oxford, 1948.

斯托克斯，J.L. :《亚里士多德主义》，纽约，1925。

    J. L. Stocks: *Aristotelianism*. New York, 1925.

穆尔，G.R.G. :《亚里士多德》，伦敦，1932。

    G. R. G. Mure: *Aristotle*. London, 1932.

库珀，L. :《亚里士多德论文》，伊萨卡，纽约，1939。

    L. Cooper: *Aristotelian Papers*. Ithaca, New York, 1939.

泰勒，A.E. :《亚里士多德》，伦敦，1943。

    A. E. Taylor: *Aristotle*. London, 1943.

罗宾，L. :《亚里士多德》，巴黎，1944。

    L. Robin: *Aristote*. Paris, 1944.

曼松，S. :《亚里士多德的存在判断》，卢万和巴黎，1946。

    S. Mansion. *Le Jugement d'Existence chez Aristote*. Louvain and Paris, 1946.

彻尼斯，H.F. :《亚里士多德对前苏格拉底哲学的批判》，巴尔的摩，1935。

    H. F.Cherniss: *Aristotle's Criticism of Pre-Socratic Philosophy*. Baltimore, 1935.

彻尼斯，H.F. :《亚里士多德对柏拉图及其学园的批判》，第一卷，巴尔的摩，
    1944.

    H. F. Cherniss: *Aristotle's Criticism of Plato and the Academy*, vol. 1. Baltimore 1944.

罗斯，V. :《亚里士多德关于秩序和权威的论著》，柏林，1954。

    V.Rose: *De Aristotelis Librorum Ordine et Auctoritate*. Berlin, 1954.

罗斯，V. :《亚里士多德的伪作》，莱比锡，1863。

    V.Rose: *Aristoteles Pseudepigraphus*. Leipzig, 1863.

尤肯，R. :《亚里士多德的研究方法》，柏林，1854。

    R. Eucken: *Die Methode des Aristotelischen Forschung*. Berlin, 1854.

舒特，R. :《论亚里士多德著作的历史》，牛津，1888。

    R. Shute: *On the History of...the Aristotelian Writings...*Oxford, 1888.

施瓦布，M. :《亚里士多德参考文献》，巴黎，1896。

    M. Schwab: *Bibliographie d'Aristote*. Paris, 1896.

海伯格，J.L.《亚里士多德的数学》，莱比锡，1904。

    J. L. Heiberg: *Mathematisches zu Aristoteles*. Leipzig, 1904.

洛耐斯，T.E. :《亚里士多德的自然科学研究》，伦敦，1912。

T.E. Lones: *Aristotle's Researches in Natural Science*. London, 1912.

贾贡，C.：《亚里士多德论未来》，帕多瓦，1947。

C. Giacon: *Il Divenire in Aristotele*. Padua, 1947.

莫罗，P.：《亚里士多德著作的古代目录》，卢万，1951。

P.Moraux: *Les Listes Anciennes des Ouvrages d'Aristote*. Louvain, 1951.

希思，T.L.：《亚里士多德的数学》，牛津，1949。

T.L. Heath: *Mathematics in Aristotle*. Oxford, 1949.

冯·德穆伦，J.：《亚里士多德，思想核心》，阿姆斯特丹，1951。

J. Van der Meulen: *Aristoteles, die Mittre in seinem Denken*. Amsterdam, 1951.

杜灵，I.：《亚里士多德的古代传记》，哥德堡，1957。

I. Düring: *Aristotle in the Ancient Biographical Tradition*. Göteborg, 1957.

亚里士多德著作的拉丁文译本：G. 拉贡布和 L. 米尼奥-帕鲁罗编注，1939，
1599。

Aristoteles Latinus: codices descripserunt G.Lacombe et L. Minio-Paluello, 1939,
1955.

一般编辑，翻译和注释

《亚里士多德作品》，柏林，1831—1870。第一，二卷，原文，I. 贝克编辑；残
篇 V. 罗斯编辑；第三卷，拉丁译文；第四卷，附注，C.A. 布兰迪斯和 H. 尤
塞那编辑。第五卷，亚氏索引，H. 博尼兹编辑。

Aristotelis Opera. Berlin, 1831-1870. Vols. 1, 2 Text, ed. I. Bekker ; and Fragments,
ed. V.Rose. Vol. 3 Latin translations. Vol. 4 *Scholia*, ed. C. A. Brandis and H.
Usener. Vol. 5 *Index Aristotelicus*, ed. H. Bonitz.

除《范畴篇》、《解释篇》、《前、后分析篇》、《气象学》、《宇宙生成论》、《动
物的起源论》和《与亚历山大谈修辞学》之外，托伊布纳编辑的所有原文均
在斯彭格尔-哈默的《希腊修辞学》第一卷中。

Teubner texts of all the works except *Categories, De Interpretatione, Prior* and
*Posterior Analytics, Meteorologica, De Mundo, De Generatione Animalium.
Rhetorica ad Alexandrum* is in Spengel-Hammer's *Rhetores Graeci*, vol. 1.

除《后分析篇》、《论辩篇》、《辨谬篇》、《论生灭》、《气象学》、《宇宙生成论》、《动物志》、《动物的起源论》以及残篇外，利奥波编辑的所有著作（原文和译文）。

Loeb editions (text and translation) of all the works except *Posterior Analytica*, *Topics, Sophistici Elenchi, De Generatione et Corruptione, Meteorologica, De Mundo, Historia Animalium, De Generatione Animalium, Fragments*.

292 牛津翻译的全集，J.A. 史密斯和 W.D. 罗斯编辑，1908—1952。

Oxford Translation of all the works, ed. J. A. Smith and W.D. Ross, 1908–52.

亚里士多德希腊文本注释（23 卷本），柏林，1882—1909；并附有亚里士多德原文（3 卷本）1882—1903。

Commentaria in Aristotelem Græca(23 vols.). Berlin, 1882–1909, with Supplementum Aristotelicum(3 vols.), 1882–1903.

理查兹，H. :《亚里士多德》，伦敦，1915。

H. Richards: *Aristotelica*. London, 1915.

逻 辑

《工具论》：原文，拉丁译文和注释，J. 帕修斯。法兰克福，1597。

Organon: text, Latin trans., and comm., J. Pacius. Frankfort, 1597.

——原文和注释，T. 韦兹，2 卷本，莱比锡，1844—1846。

— text and comm., T Waitz, 2 vols. Leipzig, 1844–6.

亚里士多德：《工具论，导言，译文和注解》，G. 科利，都灵，1955。

Aristotele, *Organon, Introduzione, tradizione e note*, G.Colli, Turin, 1955.

《解释篇》和《后分析篇》，注释，圣·托马斯·阿奎那，罗马，1882。

De Interpretatione and *Posterior Analytics*: comm., St. Thomas Aquinas. Rome, 1882.

《前分析篇》和《后分析篇》：导言，原文和注解，W.D. 罗斯，牛津，1949。

Prior and Posterior Analytics: introduction, text, and commentary, W.D. ROSS, OXford, 1949.

《后分析篇》：拉丁译文和注释，J. 扎布里拉，威尼斯，1582。

Posterior Analytics: Latin trans. and comm., J. Zabarella, Venice, 1582, etc.

《论辩篇和辨谬篇》：原文，W.D. 罗斯，牛津，1958。

    Topica et Sophistici Elenchi: text, W. D. Ross, Oxford, 1958.

《辨谬篇》：原文，译文和注释，E. 波斯特，伦敦，1866。

    Sophistici Elenchi: text, trans., and comm., E. Poste. London, 1866.

J. 扎布里拉：《逻辑作品》，威尼斯，1578。

    J.Zabarella: *Opera Logica.* Venice, 1578, etc.

H. 博尼兹：《论亚里士多德的范畴篇》，维也纳，1853。

    H. Bonitz: *Ueber die Categorien des Aristoteles.* Vienna. 1853.

O. 阿佩尔：《亚里士多德的范畴论在希腊哲学史上的贡献》，莱比锡，1891。

    O. Apelt: *Kategorienlehre des Aristoteles in Beiträge zur Geschichte der Griechischen*

      Philosophie. Leipzig, 1891.

F.A. 特伦德伦堡：《亚里士多德的逻辑基础》，第九版，柏林，1892。

    F.A. Trendelenburg: *Elementa Logices Aristoteleae*, ed. 9. Berlin, 1892.

H. 迈尔；《亚里士多德的三段论》，三卷本，杜宾根，1896—1900。

    H. Maier: *Syllogistik des A ristoteles*, 3 vols. Tübingen 1896–1900.

G. 卡罗格罗；《亚里士多德的逻辑基础》，佛罗伦萨，1927。

    G. Calogero: *I Fondamenti della Logica aristotelica.* Florence, 1927.

F. 索尔姆逊：《亚里士多德逻辑和修辞学的发展》，柏林，1929。

    F.Solmsen: *Entwicklung der Aristotelischen Logik und Rhetorik.* Berlin, 1929.

H. 冯·阿尼姆：《亚里士多德的论辩篇中的伦理学》，维也纳，1927。

    H. von Arnim: *Das Ethische in Aristoteles' Topik.* Vienna, 1927.

F.A.R. 贝克：《亚里士多德的可能性理论》，柏林，1933。

    F.A. R. Becker: *Die aristotelische Theorie d.Möglichkeitsschüsse.* Berlin, 1933.

P. 格尔克：《亚里士多德逻辑的形成》，柏林，1936。

    P.Gohlke: *Die Entstehung der aristotelischen Logik.* Berlin, 1936.

M. 格拉博曼：《从彼得·阿伯拉尔到彼得·西斯班时期对亚里士多德逻辑的编辑和解释》，柏林，1937。

    M. Grabmann: *Bearbeitungen und Auslegungen der aristotelischen Logik aus der Zeit*

      von Peter Abaelardus bis Petrus Hispanus. Berlin, 1937.

J.W. 米勒：《亚里士多德逻辑的结构》，伦敦，1938。

J. W. Miller: *The Structure of Aristotle's Logic*. London, 1938.

S. 曼松:《亚里士多德的存在判断》, 卢万和巴黎, 1946。

　　S. Mansion: *Le Jugement d'Existence chez Aristote*. Louvain and Paris, 1946.

G.A. 维亚诺:《亚里士多德逻辑》, 都灵, 1955。

　　C. A. Viano: *La Logica di Aristotele*. Turin, 1955.

自 然 哲 学

《物理学》: 原文, 拉丁译文和注释, J. 帕修斯, 法兰克福, 1596。

　　Physics: text, Latin trans., and comm., J. Pacius. Frankfort, 1596, etc.

——拉丁译文和注释, J. 托布里拉, 威尼斯, 1600。

　　—Latin trans. and comm., J. Zabarella. Venice, 1600.

——注释, 圣·托马斯·阿奎那, 罗马, 1884。

　　—comm., St Thomas Aquinas. Rome, 1884.

——原文和注释, W.D. 罗斯, 牛津, 1936。

　　—text and comm., W.D. Ross. Oxford, 1936.

——原文, W.D. 罗斯, 牛津, 1950。

　　—text, W.D. Ross. Oxford, 1950.

——第二卷, 法译本和注释, O. 哈默林, 巴黎, 1907。

　　—Bk. II, Fr. trans. and comm., O. Hamelin. Paris, 1907.

《天文学》: 原文, 译文, 导言和注解, W.K.C.格思里, 伦敦, 剑桥, 麻省, 1939。

　　De Caelo, text, trans., intrd. and notes, W. K. C. Guthrie. London, and Cambridge, Mass, 1939.

《天文学》, I—III, 《论生灭》, 《气象学》: 注释, 圣·托马斯·阿奎那, 罗马, 1886。

　　De Caelo, I–III, *De Gen. et Corr., Meteorologica*: comm., St Thomas Aquinas. Rome, 1886.

《天文学》: 原文, D.J. 阿伦, 牛津, 1936。

　　De Caelo: text, D. J. Allan. Oxford, l936.

《论生灭》：原文和注释，H.H. 乔基姆，牛津，1922。

　　De Gen. el Corr. : text and comm., H. H. Joachim. Oxford, 1922.

《气象学》：原文，拉丁译文和注释，J.L. 艾德勒（2 卷本），莱比锡，1834—
　　1836。

　　Meteorologica: text, Latin trans., and comm., J. L. Ideler(2 vols.). Leipzig, 1834-6.

《气象学》：原文，译文和注解，H.D.P. 李，伦敦剑桥和麻省，1952。

　　Meteorologica: text, trans., and notes, H. D. P.Lee. London and Cambridge, Mass,
　　1952.

——原文，F.H. 福布斯，剑桥，麻省，1919。

　　—text, F.H. Fobes. Cambridge, Mass., 1919.

——I. 杜灵，《亚里士多德的化学论文》，《气象学》第四卷，导言和评论，哥德
　　堡，1944。

　　—I. Düring, *Aristotle's Chemical Treatise, Meteorologica, Bk. iv*, with introduction
　　and commentary. Gothenburg, 1944.

J. 扎布里拉：《论自然》，科隆，1590。

　　J. Zabarella: *De Rebus Naturalibus*. Cologne, 1590, etc.

H. 柏格森：《关于亚里士多德论局部感觉》，巴黎，1889。

　　H. Bergson: *Quid Arist.de loco senserit*. Paris, 1889.

O. 吉尔伯特：《古希腊的气象学理论》，莱比锡，1907。

　　O. Gilbert: *Die Meteorologischen Theorien des griechischen Altertums*. Leipzig, 1907.

P. 迪昂：《宇宙体系》，第一卷，巴黎，1913。

　　P.Duhem: *Le Système du Monde*, vol. 1. Paris, 1913.

A. 曼松：《亚里士多德物理学导言》，第二版，卢万和巴黎，1945。

　　A. Mansion: *Introduction à la Physique Aristotélicienne*, ed. 2. Louvain and Paris,
　　1945.

H. 卡特隆：《亚里士多德系统中力的概念》，巴黎，1924。

　　H. Carteren: *La Notion de Force dans le Sysèterne d'Aristote*. Paris, 1924.

A. 伊德尔：《亚里士多德关于无限的理论》，纽约，1934。

　　A. Edel: *Aristotle's Theory of the Infinite*. New York, 1934.

G. 索勒夫：《亚里士多德的地理学：2 卷本》，哈雷，188。

293

G. Sorof: *De Aristotelis Geographia capita duo.* Halle, 188.

P. 波尔希特:《亚里士多德论亚洲和利比亚的地理情况》,载于《古代历史和地
　　理研究》,柏林,188。

　　P.Bolchert: *Aristotleles' Erdhunde von Asien u. Libyen,* in *Quellen u. Forschungen zur*
　　　alten Gesch. u. Geog. Berlin, 1908.

H.E. 朗纳:《从〈物理学〉的最初几卷看亚里士多德的发展》,坎彭,无出版日期。

　　H. E. Runner: *The Development of Aristotle illustrated from the Earliest Books of the*
　　　Physics. Kampen. n. d.

生 物 学

《动物志》:原文,德文译文和注释,H. 奥伯特和 F. 温默,2 卷本,莱比锡,
　　1868。

　　Historia Animalium: text, German trans., and comm., H. Aubert and F.Wimmer, 2
　　　vols. Leipzig, 1868.

《动物的分类学》:译文和注解,W. 奥格尔,伦敦,1882。

　　De Partibus Animalium: trans. and notes, W.Ogle. London, 1882.

H.I. 杜灵:《亚里士多德的〈动物的分类学〉评注和字义注释》,哥德堡,1945。

　　H. I. Düring: *Aristotle's De Partibus Animalium, critical and literary commentaries.*
　　　Gothenburg, 1945.

《动物的起源论》:原文,德文译文和注解,H. 奥伯特和 F. 温默,莱比锡,
　　1860。

　　De Generatione Animalium: text, German trans., and notes, H. Aubert and F.Wimmer.
　　　Leipzig, 1800.

J.B. 迈尔:《亚里士多德的动物学》,柏林,1855。

　　J.B. Meyer: *Aristoteles' Thierkunde.* Berlin, 1855.

F. 克罗尔:《亚里士多德的动物志》,维也纳,1940。

　　F.Kroll: *Zur Geschichte der aristotelischen Zoologie.* Vienna, 1940.

心　理　学

《论灵魂》：注释，圣·托马斯·阿奎那，都灵，1936。

　　De Anima: comm., St Thomas Aquinas. Turin, 1936.

——原文，拉丁译文和注释，J. 帕修斯，法兰克福，1596。

　　—text, Latin trans., and comm., J.Pacius. Frankfort, 1596, etc.

——拉丁译文和注释，J. 扎布里拉，威尼斯，1605。

　　—Latin trans., and comm., J. Zabarella. Venice, 1605, etc.

——原文和注释，F.A. 特伦德伦堡，第二版，柏林，1877。

　　—text and comm., F.A. Trendelenburg, ed. 2. Berlin, 1877.

——原文，译文和注释，E. 华莱士，剑桥，1882。

　　—text, trans., and comm., E. Wallace. Cambridge, 1882.

——原文，法文译文和注释，G. 罗迪尔，2 卷本，巴黎，1900。

　　—text, Fr. trans., and comm., G. Rodier, 2 vols. Paris, 1900.

——原文，译文，注释，R.D. 希克斯，剑桥，1907。

　　—text, trans., comm., R. D. Hicks. Cambridge, 1907.

——原文，A. 福斯特，布达佩斯，1912。

　　—text, A. Forster. Budapest, 1912.

——原文，W.D. 罗斯，牛津，1955。

　　—text, W.D. Ross. Oxford, 1955.

《阿威罗伊对亚里士多德的自然短论的注释》，L. 希尔兹，剑桥，麻省，1949。

　　Averrois Cordubensis Compendium librorum Aristotelis quod parva Naturalia
　　　　vocatur, L. Shields. Cambridge, Mass., 1949.

《自然分类》：注释，圣·托马斯·阿奎那，威尼斯，1588。

　　Parva Naturalia: comm., St Thomas Aquinas. Venice, 1588.

《自然分类》：原文和注释，W.D. 罗斯，牛津，1955。

　　Parva Naturalia, text and comm., W.D. Ross, Oxford, 1955.

《论感觉》和《论记忆》：原文，译文和注释，G.R.T，罗斯，剑桥，1906.

　　De Sensu and *De Memoria*: text, trans., and comm., G. R.T.Ross. Cambridge, 1906.

《论感觉》和《论记忆》：原文，A. 福斯特，布达佩斯，1942。

De Sensu et De Memoria: text, A. Förster. Budapest, 1942.

——《论感觉》和《论记忆》，注释，圣·托马斯，阿奎那，都灵，1928。

—De Sensu and *De Memoria*, comm., St Thomas Aquinas. Turin, 1928.

《关于〈论睡和醒〉的旧译本和西奥多里·麦多基塔的注释》，H.J. 德罗萨·卢
洛夫，莱顿，1943。

De Somno et Vigitia liber adiectis veteribus translationibus et Theodori Metochitae
commentario: H. J.Drossaart Lulofs. Leyden, 1943.

《论梦》和《论睡眠中的预兆》：原文和拉丁译文，2 卷本，H.J.D. 卢洛夫，莱顿，
1947。

De Insomniis et De Divinatione per Somnum: text and Latin trans., 2 vols.,
H.J.D.Lulofs. Leyden, 1947.

A.E. 钱格奈特：《论亚里士多德的心理学》，巴黎，1883。

A.E.Chaignet: *Essai sur la Psychologie d'Aristote*. Paris, 1883.

A.K. 格里芬；《亚里士多德的行为哲学》，伦敦，1931。

A. K. Griffin: *Aristotle's Philosophy of Conduct*. London, 1931.

F. 努恩：《亚里士多德心理学的发展》，卢万，海牙和巴黎，1948。

F.Nuyens: *L'Évolution de la Psychologie d'Aristote*. Louvain, The Hague, and Paris,
1948.

F. 布伦塔诺：《亚里士多德关于人类灵魂的学说》，荣比锡，1911。

F.Brentano:*Aristoteles' Lehre vom Ursprung des Menschlichen Geistes*. Leipzig, 1911.

H. 卡西尔：《亚里士多德的著作〈论灵魂〉》，杜宾根，1932。

H.Cassirer: *Aristoteles' Schrift 'Von der Seele'* . Tübingen, 1932.

形 而 上 学

《形而上学》：原文，德文译文和注释，A. 施韦格勒，4 卷本，杜宾根，1847—
1848。

Metaphysics: text, German trans., and comm., A. Schwegler, 4 vols. Tübingen, 1847-8.

294 ——原文和注释，H. 博尼兹，2 卷本，波恩，1848—1849。

—text and comm., H. Bonitz, 2 vols. Bonn, 1848-9.

——原文和注释，W.D. 罗斯，2 卷本，牛津，1924。

—text and comm., W.D. Ross, 2 vols. Oxford, 1924.

——原文，W. 耶格，牛津，1957。

—text, W.Jaeger. Oxford, 1957.

——译文，J. 沃林顿，伦敦，1956。

—trans. J. Warrington. London 1956.

——I—XII 卷，注释，圣·托马斯·阿奎那，都灵，1935。

—Bks. I-XII, comm., St Thomas Aquinas. Turin, 1935.

——I 卷，译文和注释，A.E. 泰勒，芝加哥，1907。

—Bk. I, trans. and notes, A. E. Taylor. Chicago, 1907.

——I 卷，法文译文和注释，G. 科勒，卢万和巴黎，1912。

—Bk. I, French trans, and comm., G. Colle. Louvain and Paris, 1922.

——II.III 卷，法文译文和注释，G，科勒，卢万和巴黎，1922。

—Bks. II, III, French trans., and comm., G.Colle. Louvain and Paris, 1922.

——IV 卷，法文译文和注释，G. 科勒，卢万和巴黎，1931。

—Bk. IV, French trans. and comm., G. Colle. Louvain and Paris, 1931.

L. 罗宾:《亚里士多德对柏拉图的理念和数的理论的看法》，巴黎，1908。

L. Robin: *Théorie Platonicienne des Idées et des Nombres d'apres Aristote*. Paris, 1908.

C. 沃纳:《亚里士多德和柏拉图的唯心论》，巴黎，1910。

C. Werner: *Aristote et l'Idéalisme Platonicien*. Paris, 1910.

W.W. 耶格:《论亚里士多德的形而上学的形成和发展》，柏林，1912。

W.W.Jaeger: *Studien zur Entstehungsgeschichte der Metaphysik des Aristoteles*. Berlin, 1912.

F. 拉外松:《论亚里士多德的形而上学》，第二版，巴黎，1913。

F.Ravaisson: *Essai sur la Metaphysique d'Aristote*, ed. 2. Paris, 1913.

J. 薛瓦利埃:《亚里士多德及其前人的必然性概念》，里昂，1914。

J. Chevalier: *Notion du Nesessaire chez Aristote et ses Prédécesseurs*. Lyon, 1914.

J. 斯坦泽尔:《柏拉图和亚里士多德的数和形》，莱比锡，1924。

J.Stenzel: *Zahl nud Gestalt bei Platon und Aristoteles.* Leipzig, 1924.

H. 冯·阿尼姆.《亚里士多德的上帝理论的形成》,维也纳,1931。

H. von Arnim: *Die Entstehung der Gotteslehre des Aristoteles.* Vienna, 1931.

N. 哈特曼:《亚里士多德和概念问题》,柏林,1939。

N. Hartmann: *Aristoteles und das Problem des Begriffs.* Berlin, 1939.

H. 韦斯:《亚里士多德哲学中的因果关系和偶然性》,巴塞尔,1942。

H. Weiss: *Kausalität und Zufall in der Philosophie des Aristoteles.* Basel, 1942.

E. 奥吉欧那:《亚里士多德,形而上学》,米兰,1950。

E. Oggione, Aristotele, La Metafisica. Milan, 1950.

K.V. 盖詹德拉盖卡:《亚里士多德对柏拉图主义的批判》,迈索尔,1952。

K. V. Gajendragadkar: *Aristotle's critique of Platonism.* Mysore, 1952.

M. 冯特:《对亚里士多德形而上学的研究》,斯图加特,1951,1953。

M. Wundt: *Untersuchungen zur Metaphysik des Aristoteles.* Stuttgart. 1951, 1953.

S.G. 诺盖勒:《亚里士多德形而上学纵观》,马德里,1955。

S. G. Nogale: *Horizonte de la Metafisica Aristotelica.* Madrid, 1955.

J. 欧文斯;《亚里士多德形而上学中的存在学说》,多伦多,1951。

J. Owens: *The Doctrine of being in Aristotelien Metaphysics.* Toronto, 1951.

伦 理 学

《尼各马可伦理学》:注释,圣·托马斯·阿奎那,都灵,1934。

Nicomachean Ethics: comm., St Thomas Aquinas. Turin, 1934.

——原文和注释,A. 格兰特,2 卷本,第四版,伦敦,1885。

—text and comm., A. Grant, 2 vols., ed. 4. London, 1885.

——原文,I. 拜沃特,牛津,1890。

—text, I. Bywater. OXford, 1890.

——注释,J.A. 斯图尔特,2 卷本,牛津,1892。

—comm., J. A. Stewart, 2 vols. Oxford, 1892.

——原文和注释,J. 伯内特,伦敦,1900。

—text and comm., J. Burnet. London, 1900.

——注释，H.H. 乔基姆，牛津，1951。

—comm., H. H. Joachim. Oxford, 1951.

——V 卷，原文，译文和注释，H. 杰克逊，剑桥，1879。

—Bk. V, text, trans., and comm., H. Jackson. Cambridge, 1879.

——VI 卷，原文，译文和注释，L.H.G. 格林伍德，剑桥，1909。

—Bk. VI, text, trans., and comm., L. H. G. Greenwood. Cambridge, 1909.

——X 卷，原文和注释，G. 罗迪尔，巴黎，1897。

—Bk. X, text and comm., G. Rodier. Paris, 1897.

《论快乐》，《尼各马可伦理学》VII，11—14，X，1—5，译文和注解，A.J. 费
　　斯杜杰尔。巴黎，1936。

Le Plaisir, Eth. Nic. VII, 11-14, X, 1-5, with trans. and notes. A. J. Festugière. Paris,
　　1936.

《欧德穆斯伦理学》：原文，拉丁译文和注释，A.T.H. 弗里切，雷根斯堡，1851。

Eudemian Ethics: text, Latin trans., and comm., A. T.H. Fritzsche. Ratisbon, 1851.

——原文和译文，H. 莱克翰，剑桥，麻省，1952。

—text and trans., H. Rackham. Cambridge, Mass, 1952.

H. 冯·阿尼姆：《亚里士多德的三篇伦理学著作》，维也纳，1924。

H. von Arnim: Die drei aristotelischen Ethiken. Vienna, 1924.

——《欧德穆斯伦理学和形而上学》，维也纳，1928。

—*Eudemische Ethik und Metaphysik.* Vienna, 1928.

——《再论亚里士多德伦理学》，维也纳，1929。

—*Nochmals die aristotelischen Ethiken.* Vienna, 1929.

——《大伦理学揭示虚假的最新尝试》，维也纳，1929。

—*Der neueste Versuch d.Magna Moralia als unecht zu erweisen.* Vienna. 1929.

K.O. 布林克：《大伦理学的伪亚里士多德的风格和形式》，俄尔拉，1933。

K. O. Brink: *Stil u. Form d. pseudaristotelischen Magna Moralia.* Ohlau, 1933.

R. 沃尔策：《大伦理学和亚里士多德的伦理学》，柏林，1929。

R. Walzer: *Magna Moralia u. Aristotelische Ethik.*Berlin, 1929.

A. 曼松：《围绕着归为亚里士多德的伦理学》，卢万，1931。

A. Mansion: *Autour des Éthiques attribuées à Aristote.* Louvain, 1931.

H. 希林:《迈奈特伦理学》,杜宾根,1930。

H. Schilling: *Das Ethos der Mesoies*. Tübingen, 1930.

N. 哈特曼:《尼各马可伦理学的意义范围》,柏林,1944。

N. Hartmann: *Die Wertdimensionen der Nicomachtschen Ethik*. Berlin, 1944.

M.E. 汉伯格:《道德和法:亚里士多德法律理论的发展》,纽黑文,1951.

M. E. Hamburger: *Morals and Law: The Growth of Aristotle's Legal Theory*. New Haven, 1951.

政 治 学

《政治学》:注释,圣·托马斯·阿奎那,威尼斯,1595。

Politics: comm., St. Thomas Aquinas. Venice, 1595.

——原文,德文译文和注释,F. 萨斯米尔,莱比锡,1879。

—text, German trans., and comm., F. Susemihl. Leipzig, 1879.

——原文和注释,W.L. 纽曼,4 卷本,牛津,1887—1902。

—text and comm., W. L. Newman, 4 vols. Oxford, 1887–1902.

——译文,带有导言,注解和附录,E. 巴克,牛津,1946。

—translated with an introduction, notes and appendices. E. Barker. Oxford, 1946.

——原文,W.D. 罗斯,牛津,1957。

—text, W. D. Ross. Oxford, 1957.

——I—III,VII,VIII 卷,原文和注释,F.萨斯米尔和R.D. 希克斯,伦敦,1894。

—Bks. I–III, VII, VIII, text and comm., F. Susemihl and R. D. Hicks. London, 1894.

《雅典政治》:原文和注释,J.E. 桑兹,第二版,伦敦,1912。

Athenaion Politeia: text and comm., J.E. Sandys, ed. 2. London, 1912.

——原文,F.G. 凯尼恩,牛津,1920。

—text, F. G.Kenyon. Oxford, 1920.

E. 巴克;《柏拉图和亚里士多德的政治思想》,伦敦,1906。

E. Barker: *Political Thought of Plato and Aristotie*. London, 1906.

H. 冯阿尼姆:《亚里士多德政治学的形成和发展》,维也纳,1924。

H. von Arnim: *Zur Entstehungsgeschichte der aristotelischen Politik*. Vienna, 1924.

修辞学和诗学

《修辞学》：原文，拉丁译文和注释，L. 斯彭格尔，2 卷本，莱比锡，1867。

　Rhetoric: text, Latin trans., and comm., L. Spengel, 2 vols. Leipzig, 1867.

——原文，注释，E. M. 科普和 J. E. 桑兹，3 卷本，剑桥，1877。

　—text and comm., E. M. Cope and J. E. Sandys, 3 vols, Cambridge, 1877.

——原文，W. D. 罗斯，牛津，1959。

　—text, W. D. Ross. Oxford, 1959.

——导言，E. M. 科普，伦敦和剑桥，1867。

　—introduction, E. M. Cope. London and Cambridge, 1867.

O. 克劳斯：《亚里士多德修辞学的新研究》，哈雷，1907。

　O. Kraus: *Neue Studien zur Aristotelischen Rhetorik*. Halle, 1907.

《诗学》：原文，拉丁译文和注释，T. 蒂里特，牛津，1794。

　Poetics: text, Latin trans., and comm., T. Tyrwhitt. Oxford, 1794.

——原文和注释，J. 瓦伦，第三版，莱比锡，1885。

　—text and comm. J. Vahlen, ed. 3. Leipzig, 1885.

——原文，译文和论文，S.H. 布彻，第三版，伦敦和纽约，1902。

　—text, trans., and essays, S. H. Butcher, ed. 3. London and New York, 1902.

——原文，译文和注释，I. 拜沃特，牛津，1909。

　—text, trans., and comm., I. Bywater. Oxford, 1909.

——原文和译文，D.S. 马戈里沃斯，伦敦，1911。

　—text and trans., D. S. Margoliouth. London, 1911.

——原文和注释，A. 罗斯塔尼，都灵，1927。

　—text and comm., A. Rostagni. Turin, 1927.

——原文和注释，A. 古德曼，柏林，1934。

　—text and comm., A. Gudeman. Berlin, 1934.

——译文和注解，T. 特文宁，第二版，伦敦，1812。

　—trans. and notes, T. Twining, ed. 2. London. 1812.

L. 库珀:《亚里士多德的政治学，它的意义和影响》，纽约，1924。

    L. Cooper: *The Poetics of Aristotle, its Meaning and Influence*. New York, 1924.

L. 库珀:《亚里士多德论文》，伊萨卡，纽约，1939。

    L. Cooper: *Aristotelian Papers*. Ithaca, N.Y., 1939.

J. 伯奈斯:《关于亚里士多德的戏剧理论的两篇论文》，柏林，1880。

    J. Bernays: *Zwei Abhandlungen über die Aristotelische Theorie des Drama*. Berlin, 1880.

F.L. 卢卡斯:《有关亚里士多德诗学的悲剧》，伦敦，1927。

    F.L. Lucas: *Tragedy in Relation to Aristotle's Poetics*. London, 1927.

L. 库珀和 A. 古德曼:《亚里士多德诗学的参考文献》，纽黑文，1928。

    L. Cooper and A.Gudeman: *A Bibliography of the Poetics of Aristotle*. New Haven, etc. 1928.

D. 德蒙特穆林:《亚里士多德的诗学：最初原文和后来的补充》，新沙特尔，1951，

    D. de Montmullin: *La Poétique d'Aristotle: Texte Primitiv el Additions, Ultérieures*. Neuchatel, 1951.

残 篇

《对话残篇》：原文和注释，R. 瓦尔兹，佛罗伦萨，1934。

    Dialogorum Fragmenta: text and comm., R. Walzer. Florence, 1934.

《残篇选集》，原文，W. D. 罗斯，牛津，1955。

    Fragmehta Selecta, text, W. D. Ross. Oxford, 1955.

《残篇选集》，译文，W. D. 罗斯，牛津，1952。

    Select Fragments, trans. W. D. Ross. Oxford, 1952.

E. 比格侬:《亚里士多德的佚卷和伊壁鸠鲁学说的形成》，佛罗伦萨，1936。

    E. Bignone: *L'Aristotele perduto e la Formazione di Epicuro*. Florence, 1936.

J. 比德兹:《古代文献的一次灾难》，布鲁塞尔，1943。

    J. Bidez: *Un Singulier Naufrage littéraire dans l'Antiquité*. Brussels, 1943.

P. 威尔伯特:《亚里士多德早期关于理念学说的两篇论文》，雷根斯堡，1949。

P.Wilpert: *Zwei aristotelische Frühschriften über die Ideenlehre.* Regensburg, 1949.

伪　作

《宇宙生成论》：原文，W.L. 洛里默，巴黎，1933。

De Mundo: text, W. L. Lorimer. Paris, 1933.

《论颜色》：原文和注释，C. 普兰托，慕尼黑，1849。

De Coloribus: text and comm., C. Prantl, Munich, 1849.

《力学》：原文和注释，J. P. 万·卡佩尔，阿姆斯特丹，1812。

Mechanica: text and comm., J. P.van Cappelle. Amsterdam, 1812.

《音乐问题》：原文，译文和注释，F. A. 盖瓦尔特和 J. C. 沃尔格拉夫，2 卷本，根特，1899——1902。

Musical Problems: text, trans., and comm., F. A. Gevaert and J. C. Vollgraf, 2 vols. Ghent, 1899-1902.

C. 斯顿夫:《伪亚里士多德的音乐问题》，柏林，1897。

C. Stumpf: *Pseudo-Aristotelischen Probleme über Musik.* Berlin, 1897.

《论不可分割的线》：德文译文和注释，载于 O. 阿佩尔特的《希腊哲学史论文》，莱比锡，1891。

De Lineis Insecabilibus: German trans. and notes, O. Apelt in *Beiträge zur Geschichte der Griechischen Philosophie.* Leipzig, 1891.

《麦里梭，色诺芬尼，高尔吉亚》：原文，H. 第尔斯，柏林，1900。

De Melisso Xenophane Gorgia: text, H. Diels. Berlin, 1900.

《论经济》，I：原文和注释，B.A. 万格朗尼恩，莱顿，1933。

Oeconomica, I: text and comm., B. A. van Groningen. Leyden, 1933.

《和亚历山大谈修辞学》：原文，见 C. 哈默的《希腊修辞学》，第一卷，8——104 页，莱比锡，1894。

Rhetorica ad Alexandrum: text, C. Hammer in *Rhetores Graeci*, vol. 1, pp. 8-104. Leipzig, 1894.

——译文，H. 拉克姆，伦敦，1937。

—trans., H. Rackham. London, 1937.

亚里士多德的继承人和注释家

学派领袖①	逍遥学派其他主要人物
公元前	
亚里士多德············ 约 334—322	
德奥弗拉斯特············322—288	欧德穆，阿里斯多塞诺斯，狄凯阿库斯，法尼亚斯，克利尔库斯，梅诺
斯特拉托 ·············288—约 269	法尔伦的迪米特里厄斯
吕科 ·············· 约 269—225	希罗尼穆斯
塞奥斯的阿里斯托 ···225—约 190	
克里托劳斯 ········· 约 190—155	菲米欧，索提欧
德奥多罗 ············鼎盛年约 140	
埃里姆纳斯··········鼎盛年约 110	
x	
y	
安德罗尼柯··········鼎盛年约 40	波爱修斯，亚历山大里亚的阿里斯托，斯塔西斯，克拉底波斯，尼古拉，索西根斯，色纳库斯
希腊注释家	
公元	
阿斯伯修斯··········鼎盛年约 110	艾德拉斯特斯，赫米努斯，阿凯库斯，亚里斯多克斯

---

① 写在学派前六位领袖后面的时期大致说明他们的领导时期。在埃里姆纳斯和安德罗尼柯之间，似乎有两位领袖的名字佚失了。

亚历山大 ············ 鼎盛年约 205
波菲利 ············· 约 233—303
德克西浦斯·········· 鼎盛年约 350
特米斯修斯·········· 约 317—388
西里阿努斯·········· 鼎盛年约 430
安莫纽 ············· 鼎盛年约 485
菲洛波努斯·········· 约 490—530　　　　波爱修斯
辛普利丘斯·········· 鼎盛年约 533
奥林匹俄多鲁斯····· 鼎盛年约 535
伊莱亚斯 ··········· 鼎盛年约 550
大卫 ··············· 鼎盛年约 575
埃斯克里皮乌斯····· 鼎盛年约 570

迈克尔 ············· 鼎盛年约 1090
尤斯特拉修斯······ 约 1050—1120
斯蒂发努斯········· 鼎盛年约 1150

索弗尼亚斯········· 鼎盛年约 1300

索　引

（本索引页码为原书页码，即本书的页边码）

后　记

40 多年前读研究生，开始学习和研究亚里士多德。为了更好地理解亚里士多德，翻译了罗斯的这本名著。那时刚刚步入研究领域，充满激情和勇气，又得到商务印书馆张伯幼老师的青睐，使译著选题被商务印书馆接受。虽然该书十几年后才出版，但是对于像我这样一个年轻学者来说，这是一次机遇，几乎也算得上是一种荣誉。

《亚里士多德》一书多次再版，在 1995 年的新版本中，著名亚里士多德专家阿克里勒（Ackrill, J. L.）写了一个导论，其开篇即说："罗斯这本书对亚里士多德的哲学著作做出了简要而全面的说明——而且没有更好的说明。"他认为，这本书对亚里士多德的著作做出直接的说明，含有对富有难度的理论和复杂的论证的出色总结，提供了简要的有启示的批判性评论；该书适合三类人：一类是有兴趣想了解亚里士多德的一般读者，一类是学生，一类是专业学者。我相信阿克里勒的眼界和水准，我认为他的说明是朴实的，但是精彩而到位。

这次再版，我做了校对：限于能力，重点校对了"逻辑"和"形而上学"两章和相关部分，主要是修正了 being 及其相关概念的翻译。亚里士多德是一位百科全书式的学者，在许多学科都具有开创性的建树。阅读和学习的同时，当年翻译时的一些场景又浮现在眼前，我不禁感叹：放在今日，我大概是不敢翻译此书的。

感谢商务印书馆的张伯幼编辑和关群德编辑！他们的帮助和参与使本书得以出版。

感谢商务印书馆所有为出版本书付出辛劳的同志！

译者

2021 年 7 月

图书在版编目(CIP)数据

亚里士多德/(英)大卫·罗斯著;王路译. —北京:
商务印书馆,2022
ISBN 978 - 7 - 100 - 20798 - 0

Ⅰ.①亚… Ⅱ.①大… ②王… Ⅲ.①亚里士多
德(Aristotle 前 384 -前 322)—哲学思想—研究 Ⅳ.
①B502.233

中国版本图书馆 CIP 数据核字(2022)第 034299 号

亚里士多德
〔英〕大卫·罗斯 著
王 路 译
张家龙 校
_____

商 务 印 书 馆 出 版
(北京王府井大街 36 号 邮政编码 100710)
商 务 印 书 馆 发 行
涿州市星河印刷有限公司印刷
ISBN 978 - 7 - 100 - 20798 - 0
_____

2022 年 7 月第 1 版　　　开本 880×1230 1/32
2022 年 7 月第 1 次印刷　　印张 12½
定价:48.00 元